21 世纪应用型财经管理系列规划教材

统 计 学

唐 志 主 编
吴开新 副主编

化学工业出版社
·北 京·

本书融统计学理论、方法与应用为一体，突出了基本理论、基本知识和基本技能的传授，在概念表述上力求准确，在内容安排上注重方法的应用，在计算公式中避免繁琐的数学推导，避免了与数理统计学内容重复的现象，强调了统计学的应用性特点，形成具有特色的内容体系。

全书概括性地介绍了统计学的产生和发展的过程，阐述了统计调查、统计整理和统计分析的方法。书中提供的习题有助于理解统计学理论，统计学实习指导则强调统计学理论和方法在实践中的应用，形成了完整的统计方法论体系。

本书可作为高等院校、高职高专院校经管类相关专业教学用书，也可供经管领域相关人士参考阅读。

图书在版编目（CIP）数据

统计学/唐志主编．—北京：化学工业出版社，2010.3（2022.9 重印）
21 世纪应用型财经管理系列规划教材
ISBN 978-7-122-07459-1

Ⅰ．统…　Ⅱ．唐…　Ⅲ．统计学-教材　Ⅳ．C8

中国版本图书馆 CIP 数据核字（2010）第 015461 号

责任编辑：宋湘玲　　装帧设计：尹琳琳
责任校对：边　涛

出版发行：化学工业出版社（北京市东城区青年湖南街 13 号　邮政编码 100011）
印　　装：北京七彩京通数码快印有限公司
787mm×1092mm　1/16　印张 13¼　字数 352 千字　　2022 年 9 月北京第 1 版第 9 次印刷

购书咨询：010-64518888　　售后服务：010-64518899
网　　址：http://www.cip.com.cn
凡购买本书，如有缺损质量问题，本社销售中心负责调换。

定　　价：39.80 元

前　言

“统计学”是一门阐述搜集、整理和分析统计数据的方法论科学，其目的是探索数据的内在数量规律性。运用统计的思维去发现数据、分析数据已成为现代社会一种必要的思维方式。“统计学”是高等学校经济类和管理类相关专业的核心课程。开设本课程的目的是使经管类各专业的学生能够学习掌握统计学的有关理论和方法，具有基本的统计思维，培养学生搜集数据、分析数据及处理数据的能力。

在当今的信息社会里，数据是一种重要的信息。作为数据分析的一种有效工具，统计方法已广泛应用于社会科学和自然科学的各个领域。本书融统计学理论、方法与应用为一体，突出了基本理论、基本知识和基本技能的传授，在概念表述上力求准确，在内容安排上注重方法的应用，在计算公式中避免繁琐的数学推导，避免了与数理统计学内容重复的现象，突出了统计学的应用性特点，形成具有特色的内容体系。

本书共分 10 章，分别为总论、统计调查、统计整理、综合指标、时间序列、统计指数、相关分析和回归分析、抽样调查与推断、国民经济核算统计、Excel 在统计学中的应用。全书概括性地介绍了统计学的产生和发展的过程，阐述了统计调查、统计整理和统计分析的方法。书中提供的习题有助于理解统计学理论，统计学实习指导则强调统计学理论和方法在实践中的应用，形成了完整的统计方法论体系。本书配有电子课件，如有需要请联系 sxl _ 2004@126. com 或 48370924@qq. com。

参加本书编写的有：唐志（第 1 章、第 10 章），吴开新（第 2 章、第 3 章），巨苗苗（第 4 章、第 5 章），方万里（第 6 章、第 7 章），吴燕华（第 8 章，第 9 章）。本书由唐志主编，负责全书的思路、框架和定稿工作；吴开新任副主编，协助主编做了大量工作。

由于编者水平所限，书中难免有不足之处，我们衷心希望广大读者批评指正，以便在今后加以改进。

编者

2009 年 12 月

目　录

1 总　论

1.1 统计和统计学的产生和发展

1.1.1 统计的含义

统计的英文词为 Statistics，其最早出自中世纪拉丁语的 Status（各种现象的状态和状况），由这一词根组成的意大利语 State，表示国家的概念及关于国家结构和国情这方面知识的总称。

统计一词作为学科名称最早使用的是 18 世纪德国哥丁根大学政治学教授阿亨瓦尔，他把国势学称为 Statistik，即统计学。在英国，早在 17 世纪就出现用数字来说明社会的科学，但使用的是另一个完全不同的名称："政治算术"（Political arithmetic），直到 18 世纪末，英语 Statistics 才作为德语 Statistik 的译文传入英国，即用数字表示事实。

所谓统计，是人们认识客观世界总体现象数量特征、数量关系和数量变动规律的一种调查研究方法。这种方法是对总体现象数量方面进行收集、整理和分析研究的总称，是人们认识客观世界的一种最有效的工具。

随着社会经济和统计学自身的发展，"统计"的涵义已经起了变化，它包含有统计工作（活动）、统计资料和统计学三种涵义。比如，"据统计……"是指统计资料；"统计一下学生人数"是指统计工作；"今天我们上统计"是指统计科学。

统计工作是搜集、整理、分析和研究统计数据资料的工作过程。统计工作在人类历史上出现比较早。随着历史的发展，统计工作逐渐发展和完善起来，使统计成为国家、部门、事业和企业、公司和个人及科研单位认识与改造客观世界和主观世界的一种有力工具。统计工作，可以简称为统计。例如，某统计师在回答自己的工种时，会说我是干统计的。这里所说的统计指的就是统计工作。

统计资料是统计工作的成果，是指用来反映各种社会经济现象和过程的数字资料，也可称为统计指标。它反映在统计资料汇编、统计年鉴、统计手册、统计图表、统计分析报告等。

统计学是一门收集、整理和分析统计数据的方法科学，其目的是探索数据的内在数量规律性，以达到对客观事物的科学认识。一般来说，统计学是对研究对象的数据资料进行搜集、整理、分析和研究，以显示其总体的特征和规律性的学科。统计学的研究对象是客观事物的数量特征和数据资料。统计学是以搜集、整理、分析和研究等统计技术为手段，对所研究对象的总体数量关系和数据资料去伪存真、去粗取精，从而达到显示、描述和推断被研究对象的特征、趋势和规律性的目的。

统计工作与统计资料是过程与成果的关系，统计资料是统计工作的直接成果。统计学与统计工作是理论和实践的关系，统计工作属于实践的范畴，统计学属于理论的范畴。统计学是统计工作实践的理论概括和科学总结，它来源于统计实践，又高于统计实践，反过来又指导统计实践，统计工作的现代化与统计科学研究的支持是分不开的。总之，统计资料是统计工作的成果，统计学是统计工作的经验总结与理论概括。

统计工作、统计资料和统计学相互依存、相互联系，共同构成了一个完整的整体，这就是统计。

1.1.2 统计工作的产生和发展

理论来源于实践。作为理论的统计学距今只有300多年的历史，但统计工作作为一门实践活动，其起源可以追溯到原始社会末期，随着计数活动而产生。到了原始社会，奴隶主国家为了对内统治，对外战争，进行征兵、征税，需要对人口、土地、财产进行统计。据历史记载，我国夏禹时代分中国为九州，人口约1355万，土地约2438万顷。《书经·禹贡篇》记述了九州的基本状况，被西方经济学家推崇为“统计学最早的萌芽”。秦汉有地方田亩和户口资料的记载；唐宋有计口授田、田亩鱼鳞册等土地调查资料；明清有专门的人口登记和保甲制度。在2000多年前，我国一些政治家、军事家就已经清醒地认识到了统计是治理国家的重要手段，对国家的强弱、战争的胜负有重要意义。春秋时管子曾说过：“不明于计数而欲举大事，犹无舟楫而欲经于水险也。”秦时商鞅的《商君书·去强篇》中提出“强国知十三数”，其中包括粮食储备、各类人口数、农业生产资料及自然资源等。

西方，欧洲的古希腊、罗马时代，已经开始了人口数和居民财产的统计工作，如公元前6世纪，罗马帝国规定每5年进行一次人口、土地、牲畜和农奴的调查，并以财产总额作为划分贫富等级和征丁、征税的依据。在封建时代，统计的发展非常缓慢，统计手段基本上是以简单的手工操作为主。

人类社会进入资本主义社会后，统计取得了广泛地发展。从内容上看，除了传统的人口、土地、税收等项目外，产生了诸如工业、农业、商业、交通、外贸、银行、保险、邮电、海关等专业统计；统计范围不断扩展，逐渐从国家管理扩展到社会经济活动领域，在19世纪30年代，出现了所谓“统计狂热时代”。从18世纪起，资本主义国家普遍设立了专业的统计机关和统计研究机构，统计成为社会分工中的一种专门的行业。后来，在一些统计学家积极倡导下，召开了国际统计会议，并建立了国际统计组织。

1.1.3 统计学的产生和发展

从统计学的产生和发展过程来看，大致可以划分为三个时期：古典统计学时代、近代统计学时代和现代统计学时代。

(1) 古典统计学时代

统计学初创于17世纪中叶至18世纪，当时主要有国势学派和政治算术学派。

国势学派又称记述学派或国情学派，产生于17世纪封建制的德国，其主要代表物人是海尔曼·康令（H. Gonring）和高特弗里德·阿亨瓦尔（G. Achenwall）。这一学说最早提出了“统计学”的名称。阿亨瓦尔在1749年出版的《近代欧洲各国国势学论》中，首次使用“统计学”(Statistik)这个名称。阿亨瓦尔认为统计学是关于各国基本制度的学问，其研究对象是一个国家显著事项的整体。这里的“国家显著事项”是指一个国家的领土、人口、财政、军事、政治和法律制度等，用这些来说明和比较国家的形势，因此称为国势学。国势学派的这些记录偏重于事件的叙述，而忽视量的分析。严格地说，这一学派的研究对象和研究方法都不符合统计学的要求，只是登记了一些记叙性材料，借以说明管理国家的方法，所以被称为记述学派。

“政治算术派”产生于英国，后人称为统计学中的政治算术学派。其主要代表人物是英国的威廉·配第（W. Patty）和约翰·格朗特（J. Graunt）。配第于1676年出版了《政治算术》一书，以一系列分析和大量计算手段清晰地描述了英格兰、荷兰、法兰西和爱尔兰等地的经济、军事、政治等方面的情况，为英国称霸世界提供了各种有说服力的实证分析资料。政治算术学派第一次运用数量对比分析方法，力求把自己的论证建立在具体的、有说服力的数字上面，依靠数量对比来反映社会经济生活，奠定了统计学分析的基础。

(2) 近代统计学时代

这个时代大致是从18世纪末到19世纪末，这时期的统计学主要有数理统计学派和社会统计学派。著名的大数法则、最小平方法、相关与回归分析、指数分析法、时间数列分析法以及正态分布等理论都是这个时期建立和发展起来的。

数理统计学派产生于19世纪中叶，创始人是比利时学者阿道夫·凯特勒(A. Quetelet)。他在统计理论上的主要贡献是把概率论引进了统计学，从而开创了统计理论和实际应用的一个新领域，即应用概率论认识随机现象数量规律性的理论和方法。凯特勒根据大数定律的原理提出了大量观察法，利用统计观察资料计算和研究社会现象和自然现象的数量规律性，并用于预测未来的情况。国际统计学界有人称凯特勒为“统计学之父”。

社会统计学派产生于19世纪末期，首创者是德国人克尼斯（Kniex），主要代表人物有梅尔、恩格尔，他们认为统计学的研究对象是社会现象，目的在于明确社会现象内部的联系和相互关系；统计应当包括资料的搜集、整理，以及对其分析研究。他们认为，在社会统计中，全面调查，包括人口普查和工农业调查，居于重要地位；以概率论为理论基础的抽样调查，在一定的范围内具有实际意义和作用。研究方法是大量观察法，提出统计学是一门实质性的社会科学。

(3) 现代统计学时代

统计学的现代期是自20世纪初到现在的数理统计时期。20世纪20年代以来，数理统计学发展的主流从描述统计学转向推断统计学。19世纪末和20世纪初的统计学主要是关于描述统计学中的一些基本概念、资料的搜集、整理、图示和分析等，后来逐步增加概率论和推断统计的内容。直到20世纪30年代，R. 费希尔的推断统计学才促使数理统计进入现代范畴。

现在，数理统计学的丰富程度完全可以独立成为一门学科，但它也不可能完全代替一般统计方法论。传统的统计方法虽然比较简单，但在实际统计工作中运用仍然极广，正如四则运算与高等数学的关系一样。不仅如此，数理统计学主要涉及资料的分析和推断方面，而统计学还包括各种统计调查、统计工作制度和核算体系的方法理论、统计学与各专业相结合的一般方法理论等。由于统计学比数理统计在内容上更为广泛，因此，数理统计学相对于统计学来说不是一门并列的学科，而是统计学的重要组成部分。

从世界范围看，自20世纪60年代以后，统计学的发展有几个明显的趋势：第一，随着数学的发展，统计学依赖和吸收的数学方法越来越多；第二，向其他学科领域渗透，或者说，以统计学为基础的边缘学科不断形成；第三，随着统计学应用日益广泛和深入，特别是借助电子计算机后，统计学所发挥的功效日益增强；第四，统计学的作用与功能已从描述事物现状、反映事物规律，向抽样推断、预测未来变化方向发展。它已从一门实质性的社会性学科，发展成为方法论的综合性学科。

1.2 统计学的研究对象

1.2.1 统计学的研究对象是什么

统计学是一门研究大量社会经济现象的总体数量方面的方法论科学，也就是说，统计学的研究对象是大量社会经济现象总体的数量方面。统计学的研究对象包括社会经济现象的数量表现、现象之间的数量关系以及质量互变的数量界限及其规律性。

这里所说的数量方面是指社会经济现象的规模、水平、结构、速度、比例关系、差别程度、普遍程度、普及程度、发展速度、平均规模和水平、平均发展速度等。需要指出的是，由于事物的质和量是密切联系的，因此，统计学在研究现象总体的数量性，首先从定性研究开始，一般要在科学假设和定性认识的基础上，应用科学方法，对搜集整理的实际数据利用各种各样的统计指标，进行数量方面的描述和分析，以达到对客观现象的定量认识，最后达到认识社会现象的本质、特征或规律，这就是质—量—质的统计研究过程和方法。

1.2.2 统计学研究对象的特点

一般来说，统计学的研究对象是自然、社会客观现象总体的数量关系。正是因为统计学的这一研究的特殊矛盾，使它成为了一门万能的科学。不论是自然领域，还是社会经济领域，客观现象总体的数量方面，都是统计学所要分析和研究的。统计学研究对象的特点有如下几点。

(1) 社会性

统计学属于社会科学，这一点与自然科学不同。社会科学研究的是社会经济问题，而自然科学研究的是自然现象。除了研究对象不同以外，社会科学由于认识主体所站立场、所持观点、所用方法的不同，会得出差别很大、甚至完全不同的结论。

统计学通过社会经济现象总体数量的调查研究，来认识人类社会活动的条件、过程和结果，反映物质资料的占有关系、分配关系、交换关系以及其他的社会关系。统计学研究的社会经济现象与各种利益关系是密切联系的。其定量研究是以定性分析为前提的，而定性分析使统计学在客观上就有了社会关系的内涵。所以，统计学在研究社会经济现象时，就必须注意正确处理好这些涉及人与人之间关系的社会矛盾。

例如，在研究劳动者的收入时，可以根据劳动者在社会再生产过程中的地位和作用，将劳动者分为经营者、管理者、技术员、普通工、农民等，然后再统计不同类型劳动者的收入，分析他们之间的相互关系，研究社会分配的合理性，从而修改或编制劳动报酬分配政策，以调整不同类型劳动者之间的相互关系达到稳定社会秩序、调动广大劳动者积极性的目的。如果不加区别地把经营者、管理者、技术员和一般工人的收入混为一谈，势必得出错误的结论，以致制定出错误的政策，从而引起不必要的各种矛盾和社会问题。所以说，社会性是统计学区别于其他自然科学的主要特征之一。

(2) 数量性

统计学的研究对象是社会经济领域中现象的数量方面，这一特点使统计学与其他定性分析学科，如心理学、哲学、法学，有了明显的区别。数量性是统计学研究对象的基本特点，因为，数字是统计的语言，数据资料是统计的原料。一切客观事物都有质和量两个方面，事物的质与量总是密切联系、共同规定着事物的性质。没有无量的质，也没有无质的量。一定的质规定着一定的量，一定的量也表现为一定的质。但在认识的角度上，质和量是可以区分的，可以在一定的质的情况下，单独地研究数量方面，通过认识事物的量进而认识事物的质。因此，事物的数量是我们认识客观现实的重要方面，通过分析研究统计数据资料，研究和掌握统计规律性，就可以达到我们统计分析研究的目的。例如，要分析和研究国内生产总值，就要对其数量、构成及数量变化趋势等进行认识，这样才能正确地分析和研究国民生产总值的规律性。

(3) 总体性

社会经济统计是要研究社会经济现象总体的数量方面，是从宏观的角度来认识社会经济现象的方面，如国民经济总体、社会总体、地区总体，部门总体等。当社会经济统计认识这些总体时，需要通过组成这些总体的个别事物的认识来达到对总体的认识，但认识这些个别事物的量的方面并不是社会经济统计的最终目的。如人口普查，需要挨家挨户地调查取得个体资料，但最终需要的是对这些个体资料加工整理的结果，即全国性的人口情况。统计的数量研究是对总体普遍存在着的事实进行大量观察和综合分析，得出反映现象总体的数量特征和资料规律性。自然、社会经济现象的数据资料和数量对比关系等一般是在一系列复杂因素的影响下形成的。在这些因素当中，有起着决定和普遍作用的主要因素，也有起着偶然和局部作用的次要因素。由于种种原因，在不同的个体中，它们相互结合的方式和实际发生的作用都不可能完全相同。所以，对于每个个体来说，就具有一定的随机性质，而对于有足够多数个体的总体来说又具有相对稳定的共同趋势，显示出一定的规律性。例如，对工资的统计分析，我们并不是要分析和研究个别人的工资，而是要反映、分析和研究一个地区、一个部门、一个企业事业单位的总体的工资情况和显示出来的规律性。统计研究对象的总体性是从个体的实际表现的研究过渡到对总体的数量表现的研究的。例如，工资统计分析，要反映、分析和研究一个地区的工资情况，先要从每个职工的工资开始统计，然后再综合汇总得到该地区的工资情况，只有从个体开始，才能对总体进行分析研究。研究总体的统计数据资料，不排除对个别事物的深入调查研究，但它是为了更好地分析研究现象总体的统计规律性。

(4) 具体性

社会经济统计要研究的是具体事物的数量方面，而不是抽象的量，这是社会经济统计与数学的一个重要区别。数学研究客观世界的空间形式和数量关系时，具有高度的抽象性，可以忽视所研究客体的具体内容，主要是通过数学公式和方法表示数量变化的规律性；而统计在研究社会经济现象的数量方面时，则必须紧密联系被研究现象的具体内容，联系其质的特征，是在质与量密切联系当中研究具体事物在一定时间、地点条件下的总体数量表现。正因为统计的数量是客观存在的、具体实在的数量表现，它才能独立于客观世界，不以人们的主观意志为转移。统计资料作为主观对客观的反映，必然是存在第一性，意识第二性，存在决定意识，只有如实地反映具体的已经发生的客观事实，才能为我们进行统计分析研究提供可靠的基础，才能分析、探索和掌握事物的统计规律性。否则，虚假的统计数据资料是不能成为统计数据资料的，因为它违背了统计研究对象的这一特点。统计不研究抽象的量是它的重要特征之一。

(5) 变异性

变异性是指总体中各单位除在某一方面必须是同质的以外，在其他方面又存在着差异，而且这些差异并不是由某种特定的原因事先给定的。就是说，总体各单位除了必须有某一共同标志表现作为它们形成统计总体的客观依据以外，还必须要在所要研究的标志上存在变异的表现。例如，高等院校这个统计对象，除了都是从事高等教育的教学活动这一共同性质之外，各高等院校在隶属主管部门、院校性质、招生规模、专业设置等各方面又有差异。工人作为统计数据资料对象，每个工人在性别、年龄、工龄、工作性质、工资等方面均存在着差异，这种差异是普遍存在的，所以才需要对大量的总体单位进行统计调查，以归纳和概括出总体的数量特征。如果总体中的单位之间不存在差异，就没有必要对大量的总体单位进行调查和统计，而只研究一个总体单位就可以掌握总体的数量特征了，实际上这种情况是不存在的。这样，统计分析研究才能对其表现出来的差异探索统计规律性。变异性是客观存在的，它构成了总体研究的主要内容。

1.2.3 统计学的分科

统计学的内容十分丰富，研究和应用的领域非常广泛，现已经发展成为由若干分支学科组成的学科体系。从统计方法的构成来看，统计学可以分为描述统计学和推断统计学；从统计方法研究和统计方法的应用角度来看，统计学可以分为理论统计学和应用统计学。

(1) 描述统计学和推断统计学

描述统计学和推断统计学的划分，一方面反映了统计方法发展的前后两个阶段，同时也反映了应用统计方法探索客观事物数量规律性的不同过程。统计研究过程的起点是统计数据，终点是探索出客观现象内在的数量规律性。在这一过程中，如果搜集到的是总体数据（如普查数据），则经过描述统计之后就可以达到认识总体数量规律性的目的了；如果所获得的只是研究总体的一部分数据（样本数据），要找到总体的数量规律性，则必须应用概率论的理论并根据样本信息对总体进行科学的推断。

描述统计学（Descriptive Statistics）包括对客观现象的度量、调查方案的设计，及时、快速、经济地收集数据，整理数据，用图表显示数据，通过综合概括与分析得出反映客观现象的规律性数量特征。具体内容包括统计数据的收集、数据的加工处理、数据的显示、数据分布特征的概括与分析等。

推断统计学（Inferential Statistics）则是研究如何根据样本数据去推断总体数量特征的方法，它是在对样本数据进行描述的基础上，对统计总体的未知数量特征做出以概率形式表述的推断。

事实上，描述统计和推断统计是相互联系的，是统计方法的两个组成部分。描述统计是整个统计学的基础，推断统计则是现代统计学的主要内容。由于在对现实问题的研究中，所获得的数据主要是样本数据，因此，推断统计在现代统计学中地位和作用越来越重要，已成为统计学的核心内容。当然，这并不等于说描述统计不重要，推断统计是建立在描述统计的基础上的，如果没有描述统计收集可靠的样本信息，即使再科学的统计推断方法也难以得出切合实际的结论。从描述统计学发展到推断统计学，既反映了统计学发展的巨大成就，也是统计学发展成熟的重要标志。

(2) 理论统计学和应用统计学

统计学的发展，沿着两个不同的方向，形成理论统计学和应用统计学两类，它们之间的学科性质也有所差异。

理论统计学（Theoretical Statistics）把研究对象一般化、抽象化，以概率论为基础，从纯理论的角度，对统计方法加以推导论证，核心内容是统计推断问题，实质是以归纳方法研究随机变量的一般规律。理论统计学主要研究统计学的一般理论和统计方法的数学理论。由于现代统计学用到了几乎所有方面的数学知识，从事统计理论和方法研究的人员需要有坚实的数学基础。此外，由于概率论是统计推断的数学和理论基础，因而广义地讲统计学也是应该包括概率论在内的。理论统计学是统计方法的理论基础，没有理论统计学的发展，统计学也不可能发展成为像今天这样一个完善的科学知识体系。

应用统计学是从所研究的领域或专门问题出发，视研究对象的性质采用适当的指标体系和统计方法以解决所需要研究的问题。由此可见，理论统计学是以方法为中心建立统计方法论体系，并在各种方法项下阐明所能解决的问题；而应用统计学则是以问题为中心，建立专门的统计指标体系，并在各种问题项下阐述可能解决问题的方法，这时统计方法论的意义只具有专业的性质，未必具有普遍的意义。在统计研究领域，从事理论统计学研究的人相对是很少的一部分，而大部分则是从事应用统计学（Applied Statistics）研究的。由于在自然科学及社会科学研究领域中，都需要通过数据分析来解决实际问题，因而，统计方法的应用几乎扩展到了所有的科学研究领域。例如，统计方法在生物学中的应用形成了生物统计学，在医学中的应用形成了医疗卫生统计学，在农业试验、育种等方面的应用形成了农业统计学。统计方法在经济和社会科学研究领域的应用也形成了若干分支学科。例如，统计方法在经济领域的应用形成了经济统计学及其若干分支，在管理领域的应用形成了管理统计学，在社会学研究和社会管理中的应用形成了社会统计学，在人口学中的应用形成了人口统计学等。

1.3 统计研究的基本方法和统计工作过程

1.3.1 统计研究的基本方法

研究方法在科学研究活动中是一个非常重要的问题，方法正确，事半功倍；方法不正确，事倍功半。统计学在研究大量社会经济现象总体数量特征的过程中，要使用多种统计方法，包括大量观察法、统计分组法和综合指标法、统计模型法和归纳推断法等。

(1) 大量观察法

所谓大量观察法就是对所要研究的社会经济现象事物的全部或足够多的单位进行观察，以反映总体数量特征的方法。

大量观察法的数学依据是大数定律。大数定律是关于随机事件和随机变量分布规律的描述，其基本含义是：随机事件在大量重复性试验中的频率一般总是稳定在它的概率附近；随机变量在多次观测中所得到的平均数也总会稳定在它的期望值附近。大数定律可以通过掷硬币试验加以证明。在掷硬币试验中，每掷一次只有两种结果：正面朝上或反面朝上。试验次数越多，正面朝上（或反而朝上）的频率就越接近于50%的概率。通过大量观察，一方面可以掌握认识事物所必需的总体的各种总量；另一方面还可以通过个体离差的相互抵消，在一定范围内排除某些个别现象偶然因素的影响，从数量上反映总体的本质特征。

在我国统计实践中，广泛运用大量观察法组织多种统计调查，例如全面统计报表、普查、重点调查和抽样调查等。当然，在统计观察和分析中，也常常对个别典型单位进行深入细致的研究，但是，它的最终目的仍然是为了说明总体的本质特征。

(2) 统计分组法

根据统计研究目的和所研究现象总体的特点，按照一定的标志，把所研究的现象总体划分为两个或两个以上组成部分（或组）的统计研究方法称为统计分组法。

社会经济现象是十分复杂的，具有多种多样的类型。从数量方面认识事物不能离开对事物的质的分析，将所研究的现象总体区分为不同性质的组成部分是统计进行加工整理和深入分析的前提。例如，要研究工业行业结构及其对国民经济的影响，就必须首先把工业区分为冶金、电力、煤炭、石油、化工、机械、建材、食品、纺织、造纸等若干部门，然后分别调查和分析各个部门的产量、固定资产、能源消耗、资金占用、利润及职工工资总额等方面的情况；要研究改革开放以来我国经济结构特别是非公经济的发展情况，就应选择所有制作为分组标志进行分组。

统计分组法在整个统计工作研究过程中具有重要意义，贯穿于统计工作全过程。统计调查离不开分组，在对统计资料的加工整理过程中，统计分组更是关键的环节，统计指标和指标体系是统计分析的基本工具，在统计分析中综合指标的应用更是建立在统计分组的基础之上。

(3) 综合指标法

所谓综合指标法就是指利用综合指标对现象总体的数量特征和数量关系进行描述、研究和分析的方法。如前所述，统计研究对象的基本特点之一是数量性，即研究社会经济现象总体的数量表现、数量关系和质量互变的数量界限和规律性。而对大量社会经济现象总体数量特征的研究当然离不开统计指标和指标体系。所以，综合指标法理所当然地成为统计研究的基本方法之一。

在统计实践中，广泛应用着总量指标、相对指标、平均指标等综合指标，分别从静态和动态上综合反映和分析现象总体的规模、水平、结构、比例和依存关系等数量特征和数量关系。

综合指标和统计分组是密切联系、相互依存的。统计分组如果没有相应的统计指标来反映现象的规模水平，就不能揭示现象总体的数量特征；而综合指标如果没有科学的统计分组就无法划分事物变化的数量界限，掩盖现象的矛盾，成为笼统的指标。所以在研究社会经济现象的数量关系时，必须科学地进行分组，合理地设置统计指标，统计指标体系和统计分组体系应该相适应。综合指标法和统计分组法是结合起来应用的。

(4) 统计模型法

统计模型法是根据一定的经济理论和假定条件，用数学方程去模拟现实经济现象数量关系的一种研究方法。利用这种方法可以对社会经济现象和过程中存在的数量关系进行描述，并利用模型对社会经济现象的变化进行数量上的评估和预测。

统计模型法是统计研究方法系统化和精确化发展的产物，它把客观存在的总体内部结构、各因素的相互关系，通过一定的数学形式有机地结合起来，大大提高了统计的认识能力。

(5) 归纳推断法

在统计研究过程中，常常从总体中各单位的特征入手，通过逻辑推理得出总体的某种信息。这种从个别到一般，从矛盾的特殊性到矛盾的普遍性，从事实到概括的推理方法，称为归纳推断法。这种方法可以使我们从具体的事实得出一般的知识，扩大知识领域，增长新的知识。

归纳推断法既可以用于总体数量特征的估计，也可以用于对总体某些假设的检验。从某种意义上说，统计所观察的资料都是一种样本资料，因而归纳推断法也就广泛地应用于统计研究的许多领域。例如，建立统计模型存在模型参数的估计和检验问题，根据时间序列进行预测也存在原序列的估计和检验问题。因此，可以说归纳推断法是现代统计学最基本的方法之一。

统计在研究现象的总体数量关系时，需要了解的总体对象的范围往往是很大的，有时甚至是无限的，而由于经费、时间和精力等各种原因，以致有时在客观上只能从中观察部分单位或有限单位进行计算和分析，根据局部观察结果来推断总体。例如，要说明一批灯泡的平均使用寿命，只能从该批灯泡中抽取一小部分进行检验，推断这一批灯泡的平均使用寿命，并给出这种推断的置信程度。这种在一定置信程度下，根据样本资料的特征，对总体的特征做出估计和预测的方法称为统计推断法。统计推断是现代统计学的基本方法，在统计研究中得到了极为广泛的应用，它既可以用于对总体参数的估计，也可以用作对总体某些分布特征的假设检验。从这种意义上来说，统计学是在不确定条件下做出决策或推断的一种方法。

1.3.2 统计工作过程

和人类其他所有的认识活动一样，统计活动也要经过一个由现象到本质、由矛盾的特殊性到普遍性、由感性认识到理性认识的不断深化的过程。从具体的统计认识活动来看，统计工作是由统计设计、统计调查、统计整理和统计分析四个环节组成。

(1) 统计设计

统计设计是指根据统计研究对象的性质和研究目的，对统计工作各个方面和各环节所作的通盘考虑和安排，它的结果表现为各种标准、规定、制度、方案和办法，如统计分类标准、目录、统计指标体系、统计报表制度、统计调查方案、普查办法、统计整理或汇总方案等。

统计工作是一项高度集中统一和科学性很强的工作，无论是统计总体范围、统计指标的口径和计算方法，还是统计分类和分组的标准，都必须统一，不能各行其是。只有科学地进行统计设计，才能做到统一认识、统一步骤、统一行动，使整个统计工作有序、协调地进行，从而从根本上保证统计工作和统计资料的质量。因此，统计设计是统计工作的先导。

统计设计的主要内容有：统计指标和指标体系的设计、统计分类和统计分组的设计、统计表的设计、统计资料搜集方法的设计、统计工作各个部门和各个阶段的协调与联系、统计力量的组织与安排。

(2) 统计调查

统计调查是根据统计方案的要求，采用各种调查组织形式和调查方法，有组织、有计划地对所研究总体的各个单位进行观察、登记，准确、及时、系统、完整地搜集统计原始资料的过程。

统计调查是统计认识活动由定性认识过渡到定量认识的阶段，这个阶段所搜集的资料是否客观、全面、系统、及时，直接影响到统计整理的好坏，关系到统计分析结论的正确性，决定着整个统计工作的质量。所以，统计调查是整个统计工作的基础。

(3) 统计整理

统计整理是根据统计研究的目的和任务，对统计调查阶段所取得的原始资料进行审核、分组和汇总，将分散的、零星的反映总体单位特征的资料转化为反映各组总体数量特征的综合资料的过程。

统计整理是将对总体单位特征的认识过渡到对总体数量特征的认识的桥梁和纽带，它既是统计调查的继续，又是统计分析的必要前提，在统计工作中，处于中间环节，起着承上启下的作用。

(4) 统计分析

统计分析是指在统计调查和统计整理的基础上，用科学的分析方法，对所研究的现象总体进行全面、系统的数量分析，认识和揭示事物的本质和规律性，进而向有关单位和部门提出咨询建议，以及进行必要的分析、预测的统计工作过程。统计分析是统计工作的最后阶段，也是统计发挥信息、咨询和监督职能的关键阶段。

从认识论的角度来说，统计设计属于对社会经济现象进行的定性认识；统计调查和统计整理是实现对事物个体特征过渡到对总体数量特征认识的关键环节，属于定量认识的范畴；统计分析则是运用统计方法对资料进行比较、判断、推理和评价，揭示社会经济现象的本质和规律性的重要阶段。统计工作的过程是经过统计设计（定性）到统计调查和统计整理（定量），最后通过分析而达到对事物本质和规律性的认识（定性）的，这种质—量—质的认识过程是统计认识的一个主要特点。统计设计、统计调查、统计整理和统计分析的有机统一，体现了统计要在质与量的辩证统一中研究社会经济现象总体数量特征的原则要求，而贯穿于整个统计认识过程的中心问题，是如何正确地对待量和质的关系问题。

一般来说，统计工作过程的四个阶段是依次进行的，各有自己的特定内容。同时，它们又相互联系、相互制约，任何一个阶段的工作失误，都会影响到整个统计工作的大局。在某些情况下，为了保证从整体上取得良好效果，各阶段也可以相互渗透、交叉进行。例如，根据实际工作需要，可以实行边设计、边调查、边整理、边分析；有时，在调查、整理阶段进行一些必要的分析，或者对原设计方案进行适当的改进；有时，在统计分析中现有资料不能满足需要而做一些必要的补充调查、加工整理和计算工作等。

1.3.3 统计的职能

统计是认识社会、管理国家的重要工具，也为企业的生产经营提供信息咨询，对宏观经济的运行进行统计监督，这些说明统计具有信息、咨询、监督三种职能。

统计的信息职能是统计工作者根据统计方法制度，系统地收集、整理、分析、存贮和传递以数量描述为特征的社会经济信息。在现实生活中，统计信息构成了社会经济信息的主体，通过统计工作统计部门根据各级政府和企事业单位及群众的要求，系统地提供统计信息，从而履行统计信息服务的职能。从包括国家统计在内的整个统计系统来看，获取并提供信息应是统计最基本的职能。

统计的咨询职能是统计信息职能的延续和深化，它是利用已经掌握的丰富的统计信息资源，运用科学的分析方法和先进的技术手段，深入开展综合分析和专题研究，为经济活动的科学决策和管理提供各种可供选择的咨询建议与对策方案。

统计的监督职能是通过信息反馈来评判、检验和调整决策方案，它是根据统计调查和统计分析资料，及时、准确地从总体上反映社会经济的运行状态，并对其实行全面、系统的定量检查、监督和预警，以促进国民经济按照客观规律的要求持续、稳定、协调地发展。指运用统计手段对社会、经济、科技各方面进行检查、监督和预警。

统计的三种职能是相辅相成的，即提供统计信息是统计最基本的职能，是保证统计咨询职能和统计监督职能有效发挥的基本前提；统计咨询职能是统计信息职能的延续和深化；统计监督职能是在统计信息、统计咨询职能的进一步拓展，其结果必然要对信息和咨询职能提出更高的要求。统计信息、咨询、监督三大职能共同构成了统计整体功能，只有将其凝聚成一个合力，发挥其整体效应，才能充分体现和发挥统计工作的重要地位和作用。

1.4 统计学的基本概念

统计学的研究研究社会现象总体的数量方面，包括社会现象的规模、水平、结构、比例关系、发展速度等。这些数量方面需要统计指标来反映。那么什么叫统计指标？为了回答这个问题，需要介绍统计学的基本概念。

1.4.1 统计总体与总体单位

统计总体简称总体，是指客观存在的、在同一性质基础上结合起来的许多个别单位的整体。构成总体的这些个别单位称为总体单位。例如，杭州市的工业企业就是一个总体，这是因为在性质上每个工业企业的经济职能是相同的，即都是从事工业生产活动的基本单位，这就是说，它们是同性质的。杭州市工业企业的集合就构成了统计总体。对于该总体来说，杭州市每一个工业企业就是一个总体单位。杭州市工业企业的所有职工也可以作为一个总体，每一工业企业职工就是一个总体单位；浙江某学校的所有学生构成一个总体，那么浙江该学校的每一名学生就是一个总体单位；浙江某学校的所有设备构成一个总体，那么浙江该学校的每一台设备就是一个总体单位。

总体可以分为有限总体和无限总体。总体所包含的单位数是有限的，称为有限总体，如人口数、企业数、商店数等。总体所包含的单位数是无限的，称为无限总体，如连续生产的某种产品的生产数量、大海里的鱼资源数等。对有限总体可以进行全面调查，也可以进行非全面调查。但对无限总体只能抽取一部分单位进行非全面调查，据以推断总体。

确定总体与总体单位，必须注意两个方面。第一，构成总体的单位必须是同质的，不能把不同质的单位混在总体之中。例如，研究工人的工资水平，就只能将靠工资收入的职工列入统计总体的范围。同时，也只能对职工的工资收入进行考察，对职工由其他方面取得的收入就要加以排除，这样才能正确反映职工的工资水平。第二，总体与总体单位具有相对性，随着研究任务的改变而改变。同一单位可以是总体也可以是总体单位。例如，要了解全国工业职工的工资收入情况，那么全部工厂是总体，各个工厂是总体单位。如果旨在了解某个企业职工的工资收入情况，则该企业就成了总体，每位职工的就是总体单位了。

1.4.2 统计标志

(1) 标志和标志表现

统计标志简称标志，是指统计总体各单位所具有的共同特征的名称。从不同角度考察，每个总体单位可以有许多特征。如每个职工可以有性别、年龄、民族、工种等特征。这些都是职工的标志。

标志表现是标志特征在各单位的具体体现。学生的性别是“男”，年龄为“22 岁”，民族为“汉族”等，这里“男”、“22 岁”、“汉族”就是性别、年龄、民族的具体体现，即标志表现。

(2) 标志的分类

标志按变异情况可分为不变标志和变异标志。当一个标志在各个单位的具体表现都相同时，这个标志称为不变标志；当一个标志在各个单位的具体表现有可能不同时，这个标志称为可变标志或变异标志。如中国第五次人口普查规定：“人口普查的对象是具有中华人民共和国国籍并在中华人民共和国国境内常住的人。”按照这一规定，在作为调查对象的人口总体中，国籍和在国境内居住是不变标志，而性别、年龄、民族、职业等则是变异标志。不变标志是构成统计总体的基础，因为至少必须有一个不变标志将各总体单位联结在一起，才能使它具有“同质性”，从而构成一个总体。变异标志是统计研究的主要内容，因为如果标志在各总体单位之间的表现都相同，那就没有进行统计分析研究的必要了。

标志按其性质可以分为品质标志和数量标志。品质标志表示事物的质的特性，是不能用数值表示的，如职工的性别、民族、工种等。数量标志表示事物的量的特性，是可以用数值表示的，如职工年龄、工资、工龄等。品质标志主要用于分组，将性质不相同的总体单位划分开来，便于计算各组的总体单位数，计算结构和比例指标。数量标志既可用于分组，也可用于计算标志总量以及其他各种质量指标。

1.4.3 统计指标

(1) 统计指标及其构成要素

对统计指标的涵义，一般有两种理解和两种使用方法。

① 统计指标是指反映总体现象数量特征的概念。如人口数、商品销售额、劳动生产率等。它包括三个构成要素：指标名称，计量单位，计算方法。这是统计理论与统计设计上所使用的统计指标涵义。

② 统计指标是反映总体现象数量特征的概念和具体数值。例如，2001 年我国国内生产总值为 95533 亿元。这个概念涵义中包括了指标数值。按照这种理解，统计指标除了包括上述三个构成要素外，还包括时间限制、空间限制、指标数值。这是统计实际工作中经常使用的统计指标的涵义。因此，统计指标包括六个具体的构成因素。

一般认为，对统计指标的这两种理解都是成立的。在做一般性统计设计时，只能设计统计指标的名称、内容、口径、计量单位和方法，这是不包括数值的统计指标。然后经过搜集资料、汇总整理、加工计算可以得到统计指标的具体数值，用来说明总体现象的实际数量状况及其发展变化的情况。从不包括数值的统计指标到包括数值的统计指标，在一定意义上反映了统计工作的过程。

(2) 统计指标的特点

① 数量性。即所有的统计指标都是可以用数值来表现的，这是统计指标最基本的特点。

统计指标所反映的就是客观现象的数量特征，这种数量特征是统计指标存在的形式，没有数量特征的统计指标是不存在的。正因为统计指标具有数量性的特点，它才能对客观总体进行量的描述，才使统计研究运用数学方法和现代计算技术成为可能。

② 综合性。这是指统计指标既是同质总体大量个别单位的总计，又是大量个别单位标志差异的综合，是许多个体现象数量综合的结果。例如，某人的年龄，某人的存款额不能叫做统计指标，一些人的平均年龄，一些人的储蓄总额，人均储蓄才叫做统计指标。统计指标的形成都必须经过从个体到总体的过程，它是通过个别单位数量差异的抽象化来体现总体综合数量的特点的。

③ 具体性。统计指标的具体性有两个方面的涵义：一是统计指标不是抽象的概念和数字，而是一定的具体的社会经济现象的量的反映，是在质的基础上的量的集合。这一点使社会经济统计和数理统计、数学相区别。二是统计指标说明的是客观存在的，已经发生的事实，它反映了社会经济现象在具体地点、时间和条件下的数量变化。这一点又和计划指标相区别。统计指标反映的是过去的事实和根据这些事实综合计算出来的实际数量，而计划指标则说明未来所要达到的具体目标。

(3) 标志与指标的区别和联系

它们的主要区别是：第一，标志是说明总体单位特征的，指标是说明总体特征的（例如，一个学生的统计学成绩是数量标志，全体学生的统计学成绩总额是统计指标）；第二，标志有用文字表示的品质标志和用数值表示的数量标志，指标则都是用数值表示的，没有不能用数值表示的指标。

它们的主要联系是：第一，统计指标的数值多是由总体单位的数量标志值综合汇总而来的。例如工资总额是各个职工的工资之和，工业总产值是各个工业企业的工业总产值之和。由于指标与标志的这种综合汇总关系，有些统计指标的名称与标志是一样的，如上例中的工业总产值；第二，标志与指标之间存在着变换关系。如果由于统计研究目的的变化，原来的统计总体变成总体单位了，则相对应的统计指标也就变成了数量标志。反过来，如果原来的总体单位变成总体了，则相对应的数量标志也就变成了统计指标。

(4) 统计指标的种类

① 统计指标按其说明总体内容的不同分为数量指标和质量指标。数量指标是说明总体外延规模的统计指标。例如，人口数、企业数、工资总额、商品销售额等。数量指标所反映的是总体的绝对数量，具有实物的或货币的计量单位，其数值的大小，随着总体范围的变化而变化，它是认识总体现象的基础指标。质量指标是说明总体内部数量关系和总体单位水平的统计指标。例如，人口的年龄构成、性比例、农业—轻工业—重工业比例、平均单产、平均工资等。它通常是用相对数和平均数的形式表现的，其数值的大小与范围的变化没有直接关系。

② 统计指标按其作用和表现形式的不同，可分为总量指标、相对指标和平均指标。总量指标又分为实物指标、劳动指标和价值指标三种。这些统计指标的涵义、内容、计算方法和作用各不相同，将在以后各章中叙述。

③ 统计指标按管理功能作用不同，可分为描述指标、评价指标和预警指标。

描述指标主要是反映社会经济运行的状况、过程和结果，提供对社会经济总体现象的基本认识，是统计信息的主体。例如，反映社会经济条件的土地面积指标、自然资源拥有量指标、社会财富指标、劳动资源指标、科技力量指标，反映生产经营过程和结果的国民生产总值指标、工农业总产值指标、国民收入指标、固定资产指标、流动资金指标、利润指标，反映社会物质文化的娱乐设施指标、医疗床位数指标等。

评价指标是用于对社会经济运行的结果进行比较、评估和考核，以检查工作质量或其他定额指标的结合使用。包括国民经济评价指标和企业经济活动评价指标。

预警指标一般是用于对宏观经济运行进行监测，对国民经济运行中即将发生的失衡、失控等进行预报、警示。通常选择国民经济运行中的关键性、敏感性经济现象，建立相应的监测指标体系。

例如，针对经济增长、经济周期波动、失业、通货膨胀等，可以建立国民生产总值与国民收入增长率、社会消费率、积累率、失业率、物价水平、汇率、利率等预警指标。

1.4.4 变异、变量和变量值

统计中的标志和指标都是可变的，如人的性别有男女之分，各时期、各地区、各部门的工业总产值各有不同等，这种差别叫做变异。一般来说，变异就是有差别的意思，包括质的差别和量的差别，标志在各总体单位具体表现的差异。但严格来讲，变异是品质标志的不同具体表现，而数量标志的不同具体表现称为变量。变异是统计的前提条件。

变量就是可以取不同值的量，这是数学上的一个名词。在社会经济统计中，变量包括各种数量标志和全部统计指标，它都是以数值表示的，不包括品质标志。变量就是数量标志的名称或指标的名称，变量的具体数值表现则称为变量值。例如，职工人数是一个变量，因为各个工厂的职工人数不同。某工厂有 852 人，另一工厂有 1686 人，第三个工厂有 964 人等等，都是职工人数这个变量的具体数值，也就是变量值。要注意区分变量和变量值。如上例，852 人、1686 人、964 人三个变量值的平均数，不能说是三个“变量”的平均数，因为这里只有“职工人数”这一个变量，并没有三个变量。以整数值变化的变量，称为离散型变量；也可以有连续数值变化的变量，即可以用小数值表示的变量，称为连续型变量。离散型变量的各变量值之间是以整数位断开的，例如人数、机器台数、工厂数等，都只能按整数计算；连续型变量的数值是接连不断的，相邻的两数值之间可作无限分割，如身高、体重等。

变量值按是否连续可分为连续变量与离散变量两种。在一定区间内可任意取值的变量叫连续变量，其数值是连续不断的，相邻两个数值可作无限分割，即可取无限个数值。例如，生产零件的规格尺寸、人体测量的身高、体重、胸围等为连续变量，其数值只能用测量或计量的方法取得。可按一定顺序一一列举其数值的变量叫离散变量，其数值表现为断开的。例如，企业个数、职工人数、设备台数、学校数、医院数等，都只能按计量单位数计数，这种变量的数值一般用计数方法取得。

1.4.5 统计指标体系

研究社会经济现象的一系列相互联系的统计指标称为统计指标体系。由于现象的复杂多样性，各种现象之间相互联系的性质，只用个别统计指标来反映是不够的，需要采用指标体系来进行描述。统计指标体系就是各种相互联系的统计指标所构成的一个有机整体，用来说明所研究现象各个方面相互依存和相互制约的关系。统计指标体系要随着社会经济的发展变化而变化。但指标体系一经制定，就要力求保持相对稳定，以便积累历史资料，进行系统的比较分析。

根据所反映现象的范围内容不同，统计指标体系可以分为综合性统计指标体系和专题性统计指标体系。综合性统计指标体系是较全面地反映总系统及其各个子系统的综合情况的统计指标体系。如：国民经济和社会发展统计指标体系。专题性统计指标体系则是反映某一个方面或问题的统计指标体系。如：经济效益指标体系就是专题性统计指标体系。

专家建议，构建新循环经济统计指标体系，该套统计指标体系拟由国民生产、国际贸易、产业结构、资源利用、人民生活、生态修复和和谐社会 7 组共 52 项指标组成，其中有

12 项控制指标和 40 项状态指标。在新循环经济学中生态修复被认为是生产，这个指标包括污水处理率、化肥与农药使用强度、单位 GDP 的二氧化碳排放、退化土地修复率、地下水位等指标，这些指标从各个方面反映生态修复水平。

1.4.6 时期指标和时点指标

在统计学中，我们把反映客观事物现象总体在一定时间、地点、条件下的规模、水平或工作总量的综合指标称之为总量指标。总量指标是统计工作通过采集和汇总而得到的数学资料其表现形式为绝对数，故又称绝对指标或合计数。它是由指标名称和指标数值两部分组成的。例如，一个国家或地区一定时期的人口数、耕地面积数、粮食产量、国内生产净值等就是指标名称，每个指标的数字即指标数值。根据总量指标所反映的时间状况不同，总量指标可分为时期指标与时点指标，这是国民经济核算中的两个非常重要的概念。

时期指标（也称流量）是反映客观事物总体现象的一段时期内活动结果的总量指标。如企业的产品产量，产成品入库量，能源消耗量，产品销售量，某地区出生人数等都属于时期指标。

时点指标（也称存量）是反映客观事物总体现在某一时刻上所呈现的数量是多少的总量指标。如某地区年末人口数，年末银行存款余额，商品库存量等都属于时点性总量。流量和存量之间的关系可以形象的比作河流与水库的关系：如果把河水在一小时或一天内流过（包括流进与流出量）的数量（立方米/小时）叫做流量的话，那么，水库内在某一时点上储存的水量有多少立方米，则叫做存量。银行储蓄也正是这样，存入与取出流量，结余是存量。仓库储存也是这样，运进与调出是流量，库存量是存量。它们之间有着密切的关系。

课后练习

一、判断题

1. 在对全国工业设备进行普查中，全国工业企业设备是统计总体，每台工业设备是总体单位。（　）

2. 总体单位是标志的承担者，标志是依附于总体单位的。（　）

3. 品质标志表明单位属性方面的特征，其标志值只能用文字来表现，所以品质标志不能转化为统计指标。（　）

4. 数量指标的表现形式是绝对数，质量指标的表现形式是相对数和平均数。

5. 统计的研究对象是客观现象总体的各个方面。（　）

6. 统计具有信息、咨询和监督的整体功能，在上述三个职能中，以提供咨询为主。（　）

7. 某生产小组有 5 名工人，日产零件为 68 件、69 件、70 件、71 件、72 件，因此说这是 5 个数量标志或 5 个变量。（　）

8. 统计指标有的用文字表示，称质量指标；有的用数字表示，称数量指标。（　）

二、单选题

1. 要了解某企业职工的文化水平情况，则总体单位是（　）

A. 该企业的全部职工　B. 该企业每一个职工的文化程度

C. 该企业的每一个职工　D. 该企业每一个职工的平均文化程度

2. 下列总体中，属于无限总体的是（　）

A. 全国的人口总数　B. 大海里的鱼　C. 城市流动人口数　D. 某市工业企业设备数

3. 统计工作的全过程各阶段的顺序是（　）

A. 统计设计、统计分析、统计调查、统计整理

B. 统计调查、统计设计、统计分析、统计整理
C. 统计设计、统计分析、统计调查、统计整理
D. 统计设计、统计调查、统计整理、统计分析

4. 由工人组成的总体所计算的工资总额是（　　）
A. 数量标志　　B. 数量指标　　C. 标志值　　D. 质量指标

5. 几位工人的月工资分别是 500 元、520 元、550 元、600 元，这几个数字是（　　）
A. 指标　　B. 变量　　C. 变量值　　D. 标志

6. 统计标志用以说明（　　）
A. 总体属性和特征
B. 总体某一综合数量特征的社会经济范畴
C. 单位具有的属性和特征
D. 总体单位在一定时间、地点条件下动作的结果

7. 下列各项中，属于统计指标的是（　　）
A. 小王英语考试成绩为 85 分
B. 广州至北京的机票价格为 1360 元
C. 光华公司 1999 年 4～6 月份的利润为 200 万元
D. 钢材 20 吨

8. 总体和单位不是固定不变的，而是有（　　）
A. 在某些场合是要互相变换的　　B. 只存在总体变换为总体单位的情况
C. 只存在总体单位变换为总体的情况　　D. 所有的标志都能变换为单位

9. 离散变量可以（　　）
A. 被无限分割，无法一一列举　　B. 按一定次序一一列举，通常取整数
C. 用相对数表示　　D. 用平均数表示

10. 下列变量中，属于连续变量的是（　　）
A. 企业个数　　B. 企业的职工人数
C. 用相对数表示的数据　　D. 企业拥有的设备台数

11. 统计指标体系是指（　　）
A. 各种相互联系的指标所构成的整体
B. 各种相互联系的数量标志组成的一个整体
C. 各种相互联系的数量指标组成的一个整体
D. 一系列相互联系的质量指标组成的整体

三、多选题

1. 统计工作全过程的主要环节是（　　）
A. 统计设计　　B. 统计调查　　C. 统计整理
D. 统计分析　　E. 统计资料的提供与开发

2. 总体和总体单位不是固定不变的，随着研究目的的不同，（　　）
A. 总体可以转化为总体单位　　B. 总体单位可以转化为总体
C. 只能是总体转化为总体单位　　D. 只能是总体单位转化为总体
E. 总体和总体单位可以相互转化

3. （　　）属于按数量标志分组。
A. 学生按健康状况分组　　B. 工人按出勤率分组
C. 人口按地区分组　　D. 家庭按收入水平分组
E. 企业按固定资产原值分组

4. 属于离散变量的有（　　）

A. 进口的粮食产量　　　　　　　　B. 洗衣机台数
C. 每千人医院床位数　　　　　　　D. 人均粮食产量
E. 城乡集市个数
5. 下列各项中，属于统计指标的有（　　）
A. 全国 1996 年社会总产值　　　　B. 某台机床使用年限
C. 全市年供水量　　　　　　　　　D. 某地区原煤生产量
E. 某学员平均成绩
6. 统计指标按其所反映的指标数量特点不同，分为（　　）
A. 数量指标　　B. 描述指标　　C. 质量指标　　D. 评价指标　　E. 预警指标

2 统计调查

2.1 统计调查的意义

2.1.1 统计调查的含义

统计工作是指利用各种统计方法，对各种自然、社会、经济现象的总体数量进行搜集、整理、分析，达到对各种现象本质和规律的认识，为我们的各项决策提供依据。一个完整的统计工作过程一般分为统计设计、统计调查、统计整理、统计分析四个阶段。其中统计设计是对统计工作的各个方面和各个环节的通盘考虑和总体安排，是统计工作的准备阶段。实质上的统计工作是从统计调查开始的，统计调查是指根据统计工作的目的和任务，采用科学的调查方法，有计划、有组织地搜集统计资料的工作过程。它的基本任务是根据统计指标体系，通过具体的调查，取得反映社会经济现象总体各个单位的资料。这些资料包括原始资料和次级资料。

原始资料，又称初级资料，是指统计工作人员通过直接向被调查对象搜集的未进行任何加工处理的第一手资料，统计调查的主要任务就是搜集原始资料。原始资料一般比较准确可靠，但搜集工作量较大、成本较高，有时为了节省时间和经费，可以借鉴次级资料。

次级资料是指已经经过他人加工整理的第二手资料，这些资料往往已经公开出版，来源大体包括：统计年鉴、统计摘要、统计资料汇编、统计台账、统计公告、报纸、杂志、网上资料等。对这类资料的收集一般称为文案调查。

为了保证调查工作的质量，统计调查必须达到准确性、及时性和完整性三项基本要求。准确性是调查的资料必须真实地反映客观实际，这是保证统计资料质量的首要要求，统计工作质量的好坏，在很大程度上取决于所搜集的资料是否符合客观实际。为此，我国新修订的《统计法》第六条规定："统计机构和统计人员依照本法规定独立行使统计调查、统计报告、统计监督的职权，不受侵犯。地方各级人民政府、政府统计机构和有关部门以及各单位的负责人，不得自行修改统计机构和统计人员依法搜集、整理的统计资料，不得以任何方式要求统计机构、统计人员及其他机构、人员伪造、篡改统计资料，不得对依法履行职责或者拒绝、抵制统计违法行为的统计人员打击报复。"第七条规定："国家机关、企业事业单位和其他组织以及个体工商户和个人等统计调查对象，必须依照本法和国家有关规定，真实、准确、完整、及时地提供统计调查所需的资料，不得提供不真实或者不完整的统计资料，不得迟报、拒报统计资料。"及时性是指在规定的时间内完成调查任务并上报统计资料。统计指标是一个综合性指标，一项统计任务的完成要由许多单位共同努力，任何一个单位如不按规定时间提供资料都将影响后续的汇总和分析，贻误统计工作的开展。在时间上要求达到快速，以保证统计资料最大限度发挥使用价值，否则，统计资料的使用价值会大大降低，甚至毫无用处，削弱统计的作用。完整性是指调查资料要齐全、不遗漏，具体包括三个方面：是否包括全部应调查的总体单位；是否包括应登记的所有标志；是否全部问题都得到答案。若资料残缺不全，就不可能对所研究对象的全貌进行科学的分析，也难对社会经济现象的客观规律性作出明确的判断，甚至会得出错误的判断。

2.1.2 统计调查的意义

统计调查是统计工作过程中的一个重要阶段，它是取得原始统计数据的基础环节，是人们认识客观事物的感性阶段。它的基本任务是根据统计指标体系，通过具体的调查，取得反映社会经济现象总体各个单位的资料。统计调查在统计工作中具有重要意义：从统计工作的过程来看，统计调查是收集资料的过程，是统计工作的起点和基础环节，是统计整理和统计分析的必要前提，是决定整个统计工作过程质量的首要环节。统计调查阶段的工作质量会影响到统计整理和分析结果的可靠性、真实性。只有通过调查取得及时、准确、完整的资料，才能保证后续的统计整理、统计分析得以顺利进行，才能得出正确的结论，达到统计工作的目的。反之，如果搜集到的资料残缺不全或出现较大差错，则经过统计整理和统计分析得出的结论是不全面的甚至是错误的，由此来进行决策，可能会给实际工作带来损失。

2.1.3 统计调查的种类

由于社会经济现象的复杂性和多样性，进行统计调查时应根据调查对象的特点、研究目的和任务，采用不同的统计调查方式。根据不同的标准，统计调查可做不同的分类。

(1) 按调查对象包括的范围不同，可分为全面调查和非全面调查

全面调查是指对调查对象（总体）中所有的单位（总体单位、调查单位）无一例外地进行调查登记。全面调查主要有普查和全面统计报表制度。如，人口普查、农业普查、经济普查、污染源普查。全面调查资料详细、准确，但耗费较多的人力、物力、财力和时间。全面调查只适用于对有限总体的调查，内容也仅限于重要的国情国力资料。

非全面调查是指只对调查对象（总体）中一部分单位进行调查登记。非全面调查同样也是为了了解和研究总体现象的某些特征（如结构、比例等)。例如，为了研究出生婴儿的性别比，在全国抽选一定数量的医院、保健院，对其出生婴儿的性别进行调查登记就可以了。并不一定要对全国每一个出生婴儿全部进行调查登记。我国在两次人口普查的中间年份进行1%人口抽样调查，作为人口普查的补充。

非全面调查主要有重点调查、典型调查、抽样调查和非全面统计报表。非全面调查灵活方便，能及时取得调查资料，节省人力、物力、财力。

(2) 按调查登记的时间是否连续，可分为一次性调查和经常性调查

一次性调查是对时点现象而言，它登记的资料表示现象在一定时点上的状态，往往间隔一段时间调查一次，也称为不连续调查。如我国人口普查每10年进行一次；企业每月编报资产负债表，只要取得各项资料的月末数据。

经常性调查是对时期现象而言，它登记的资料表示现象在一定期间上变化的总量。由于变化是连续不断进行的，所以要不间断地对时期现象进行连续登记，即所谓经常性调查，也称为连续调查。如企业按月编制利润表，需取得收入、费用、利润资料每月的数据。

(3) 按组织方式不同，可分为统计报表制度和专门调查

统计报表制度是国家统计机构和各业务部门为了定期取得全面、系统的基本统计资料，而按一定的表格形式和要求，自上而下统一布置，由各基层单位自下而上提供资料的一种统计调查方式，其目的在于掌握对国民经济有重大意义的统计资料。如工业企业报表、服务业企业报表等。

专门调查是指为专门研究和解决某种问题而专门组织的一种收集统计资料的调查方式。主要包括普查、重点调查、典型调查和抽样调查。

详细内容见 2.3 节。

(4) 按搜集资料的方法可分为直接观察法、报告法、访问法、网上调查法

① 直接观察法：直接观察法是指由调查人员亲自到现场对调查对象进行观察、记录和计量，取得第一手统计资料的调查方法。

② 报告法：报告法是指由调查人员将调查表或调查问卷通过直接分发、邮寄、传真等方式送达被调查者，由被调查单位根据本单位的原始记录和核算资料，按照要求填写调查表或调查问卷并交回的调查方法。

③ 访问法：访问法是指调查者根据调查目的和任务，通过询问的方式向被调查者收集资料的一种统计调查方法，又称采访法、询问法。

④ 网上调查法：网上调查法是利用现代信息网络来收集统计资料的方法。它由调查者通过网络向被调查单位和个人的网站发出调查提纲、表格或问卷，被调查者将在他们方便时亦通过网络向调查者发送信息。

详细内容见 2.4 节。

2.2 统计调查方案

统计调查是一项繁杂而细致的工作，它需要一个完备的工作计划。新修订的《中华人民共和国统计法》将统计调查方案称为统计调查制度，第十四条规定“制定统计调查项目，应当同时制定该项目的统计调查制度，并依照本法第十二条的规定一并报经审批或者备案。统计调查制度应当对调查目的、调查内容、调查方法、调查对象、调查组织方式、调查表式、统计资料的报送和公布等作出规定。统计调查应当按照统计调查制度组织实施。变更统计调查制度的内容，应当报经原审批机关批准或者原备案机关备案。”可见，在进行统计调查之前，要有统计调查工作计划，即设计统计调查方案或统计调查制度。统计调查方案是使统计调查工作有计划、有组织地进行的根本保证，调查方案设计的好坏直接影响到统计资料的质量，一个完整的统计调查方案应包括以下几个方面。

(1) 确定调查目的和任务

这是设计统计调查方案的首要问题，即要明确为何调查，通过调查要解决哪些方面的问题，调查具有什么意义。任何一项统计调查方案都要首先确定它的调查目的，统计调查是为一定的研究目的服务的。不同的研究目的，决定着不同的调查内容和范围、方法和组织工作。目的明确，才能有的放矢，才能确定向谁调查、调查什么、怎样调查及调查时间等一些问题，才能搜集到与之有关的资料，舍弃与之无关的资料。设计统计调查目的时，应尽量简明扼要，用简单的一句话加以概括说明。

调查目的必须明确、具体，不能笼统、含糊不清，以免造成误解。

例如，我国 2008 年第二次全国经济普查的目的是：全面调查了解我国第二产业和第三产业的发展规模及布局；了解我国产业组织、产业结构、产业技术的现状及各生产要素的构成；摸清我国各类企业和单位能源消耗的基本情况；建立健全覆盖国民经济各行业的基本单位名录库、基础信息数据库和统计电子地理信息系统。通过普查，进一步夯实统计基础，完善国民经济核算制度，为加强和改善宏观调控，科学制定中长期发展规划，提供科学、准确的统计信息支持。我国于 2008 年初开展了第一次全国污染源普查，污染源普查的任务是：掌握各类污染源的数量、行业和地区分布情况，了解主要污染物的产生、排放和处理情况，建立健全重点污染源档案、污染源信息数据库和环境统计平台，为制定经济社会发展和环境保护政策、规划提供依据。

(2) 确定调查对象和调查单位

调查对象是需要被调查的总体，就是统计总计，它是由许多性质相同的调查单位所组成，统计总体在统计调查阶段被称为调查对象。调查单位是调查对象的每一个单位，就是总体单位，总体单位在统计调查阶段被称为调查单位，它是调查项目和标志的承担者和载体，是我们搜集数据、分析数据的基本单位。确定调查对象和调查单位就是回答向谁调查？由谁来提供所需资料？

调查对象和调查单位需要根据调查目的来确定，目的愈明确、愈具体，调查对象和调查单位的确定也就愈容易。例如，我国2008年第二次全国经济普查的对象是：在我国境内从事第二产业和第三产业的全部法人单位、产业活动单位和个体经营户。调查单位就是在我国境内从事第二产业和第三产业的每一个法人单位、产业活动单位和个体工商户。我国2000年第五次人口普查，全国的人口总体（具有中国国籍，并在中国国境内常住的自然人）就是调查对象，每一个人就是调查单位。

在设计统计调查方案时，还要规定统计资料的填报单位。填报单位是指填写调查内容，提交调查资料的单位，调查单位和填报单位有时是一致的，有时是不同的。如对某市商业企业生产经营情况进行调查，则调查单位和填报单位都是该市每一个商业企业；若对该市商业企业产品质量情况进行调查，则调查单位是该市商业企业销售的每件产品，填报单位则是该市每一个商业企业。人口普查的调查单位是指每一个“人”，而填报单位则是指每一个家庭“户”(即人口普查是以户为单位登记的)。

(3) 确定调查项目和设计调查表

调查项目是要调查的具体内容，即调查时应进行登记的标志，它可以是调查单位的数量特征，如人的年龄、收入，企业的产量、利润等；也可以是调查单位的某种属性或品质特性，如人的性别、职业，企业所属的行业类别等。2000年第五次人口普查的调查项目包括姓名、与户主的关系、出生年月、性别、年龄、民族、受教育程度、职业、行业、婚姻状况、迁来本地的原因等26个。

确定调查项目时应注意以下几个方面。①调查项目的含义必须明确，不能含糊不清，模棱两可。否则，会使被调查者产生不同理解，使答案不可比，造成统计整理和分析困难。②调查项目应少而精，既要考虑为达到调查目的所必需的项目，又要考虑能否取得答案。必要的内容不能遗漏，不必要或不可能得到答案的项目不要列入调查项目中。③调查项目之间尽可能相互联系，形成一定的体系，使取得的资料相互对照，使资料本身能够起到核算答案正确性的作用，也能够通过资料了解现象发展变化的原因、条件和结果。④对回答问题的形式也要明确规定，如数字式、文字式、是否式、多选式等。

将调查项目按一定的结构和顺序排列制成表格形成调查表，利用调查表进行统计调查，不仅可使调查单位能够清晰地提供所需资料，而且便于资料搜集后进行汇总整理。

调查表一般由表头、表体和表脚（表外附加）三部分组成。表头在调查表上方，包括表名及调查单位名称、性质、隶属关系等。表体是调查表的主体，由各个调查项目和供选择的答案组成，被调查者根据要求选择提供的答案或自行填制答案。表脚（表外附加）在表体下方，一般包括填表日期、填表单位盖章，便于分清责任。

调查表拟定以后，为了保证调查资料的科学性和统一性，需要编写填表说明和指标解释，其内容包括每个指标的涵义、计算范围和计算方法、分类目录及应注意的事项等。

调查表的形式有单一表和一览表两种。单一表每份只登记一个调查单位的资料，它的优点是可以容纳较多的调查内容，而且便于分类和汇总整理。基层统计报表一般采用单一表的形式，例如教师情况登记表便是单一表，每张表只登记一个教师的资料，它适合在调查项目较多时使用。一览表则在一张表上可以登记许多调查单位的资料，它适合在调查项目不多时使用。例如，人口普查登记表便是一览表，每张表可以登记5个人的资料。

(4) 确定调查时间和调查期限

调查时间是指调查资料所属的时期或时点。从资料的性质来看，有的资料是反映现象在某一时点上的静态特征，必须确定一个标准时点，如第二次全国经济普查中企业资产总计指标就是时点指标。而有的资料是反映现象在某一时期发展变化的总量，资料的所属时间是一段时期，必须确定时期跨度，即从何年何月何日起至何年何月何日止。如第二次全国经济普查中企业全年营业收入合计、主营业务收入就是时期指标。第二次全国经济普查方案第一部分总说明中第二条明确指出：普查时点为 2008 年 12 月 31 日 24 时，普查时期为 2008 年 1 月 1 日至 12 月 31 日。

调查期限是指调查工作从开始到结束的时期，包括搜集资料和报送资料的整个工作所需的时间。统计调查中，为了保证资料的及时性，必须尽量缩短调查期限。例如，2008 年第二次全国经济普查的调查期限为 2009 年 1 月至 2009 年 6 月，即调查期限为 6 个月。人口普查的登记工作要求在 11 月 10 日 0 时以前完成，而调查时间（即资料的所属时间）是 2000 年 11 月 1 日 0 时，调查期限是 10 天。一般说来，任何一项调查都应在保证准确性的前提下，尽可能缩短调查期限，以保证统计资料的及时性。调查时间则需要根据调查目的、调查对象和调查内容等情况，慎审研究确定。

(5) 制定调查的组织实施计划

为了保证统计调查有组织、有计划地进行，在调查方案中，必须要有一个具体的调查组织实施计划，特别是专门组织的调查。在这个计划中应包括以下主要内容：调查工作的领导机构、办事机构和人员组成；调查的方式方法；调查的工作规则和流程；调查前的准备工作（包括宣传教育、人员培训、文件印刷、试点等）；调查经费的来源、开支办法；调查资料的报送方法和程序；工作进度安排等。

如 2000 年第五次人口普查的日程安排如下。

登记：2000.11.01～11.10；复查：2000.11.15；质量抽查：2000.11.30；快速汇总资料上报：2000.12.31；全部汇总资料上报：2001.09.30；完成全部工作：2001.12.31。

2.3 统计调查的组织方式

统计调查的组织方式是指组织调查以取得统计资料的方式，我国统计调查的组织方式可分为统计报表制度和专门调查，其中专门调查又分为普查、重点调查、典型调查和抽样调查。

2.3.1 统计报表制度

(1) 统计报表的含义和分类

统计报表制度是我国定期搜集基本统计资料的一种重要的组织方式，它是政府统计机构和各业务部门根据统计法规，按照国家统一规定的表格形式、统一规定的指标内容、统一的报送程序和报送时间，由填报单位自下而上逐级提供统计资料的统计报告制度。

国家利用统计报表定期地取得全社会的国民经济与社会发展情况的基本统计资料，已形成一种制度即统计报表制度，它是我国建国几十年来行之有效的一种主要的调查组织形式。执行统计报表制度，是各地区、各部门、各基层单位必须向国家履行的一种义务。

统计报表可以按照不同的分类标准进行如下分类。

① 按实施范围的不同，统计报表可分为国家统计报表、部门统计报表和地方统计报表。国家统计报表是由国家统计局制发，用来搜集国民经济和社会发展基本情况的统计报表。部门统计报表是由各业务部门统计系统制发，只在本部门内执行，用来搜有关部门的专业统计

资料。地方统计报表主要用来搜集本省、市、自治区各种统计资料，由各省、市、自治区统计局组织实施。部门统计报表和地区统计报表是对国家统计报表的补充。为了规范统计报表的制定和使用，新修订的《统计法》第十一条规定："统计调查项目包括国家统计调查项目、部门统计调查项目和地方统计调查项目。国家统计调查项目是指全国性基本情况的统计调查项目。部门统计调查项目是指国务院有关部门的专业性统计调查项目。地方统计调查项目是指县级以上地方人民政府及其部门的地方性统计调查项目。国家统计调查项目、部门统计调查项目、地方统计调查项目应当明确分工，互相衔接，不得重复。"第十二条规定："国家统计调查项目由国家统计局制定，或者由国家统计局和国务院有关部门共同制定，报国务院备案；重大的国家统计调查项目报国务院审批。部门统计调查项目由国务院有关部门制定。统计调查对象属于本部门管辖系统的，报国家统计局备案；统计调查对象超出本部门管辖系统的，报国家统计局审批。地方统计调查项目由县级以上地方人民政府统计机构和有关部门分别制定或者共同制定。其中，由省级人民政府统计机构单独制定或者和有关部门共同制定的，报国家统计局审批；由省级以下人民政府统计机构单独制定或者和有关部门共同制定的，报省级人民政府统计机构审批；由县级以上地方人民政府有关部门制定的，报本级人民政府统计机构审批。"第十五条规定："统计调查表应当标明表号、制定机关、批准或者备案文号、有效期限等标志。对未标明前款规定的标志或者超过有效期限的统计调查表，统计调查对象有权拒绝填报；县级以上人民政府统计机构应当依法责令停止有关统计调查活动。"

② 按调查范围的不同，统计报表可分为全面统计报表和非全面统计报表。全面统计报表要求所有填报单位都填报，非全面统计报表只要求一部分填报单位填报，全面统计报表进行的是全面调查，非全面统计报表进行的是非全面调查，我国大多数统计报表是全面报表。

③ 按报送周期的不同，统计报表可分为日报、旬报、月报、季报、半年报和年报。各种报表报送周期的长短和报表项目的详简有一定的关系，报送周期愈短，报表项目少，分组粗；报送周期愈长，报表项目多，分组细。年报是带有总结性质的统计报表，因此，它具有内容详细、项目多、分组细、统计范围广等特点。日报和旬报周期较短，只用来搜集最基本、最重要、最主要的项目资料。

④ 按填制单位的不同，统计报表可分为基层报表和综合报表。基层报表是由基层企业、事业单位根据原始记录，汇总整理、填报的统计报表，填报单位称为基层填报单位。综合报表是由各级国家统计部门和业务主管部门根据基层报表汇总整理、填报的统计报表，其反映全国、本地区或本部门的基本情况，填报单位称为综合填报单位。

⑤ 按报送方式的不同，统计报表分为电讯报表和书面报表。电讯报表可采用电报、电话和传真等方式报送，书面报表可采用邮寄或统计人员直接报送。

我国统计报表制度近年来进行了一系列的改革，主要分为：7 种基层一套表和 9 套综合报表制度。7 种基层一套表是：

A. 农林牧渔企业报表
B. 工业企业报表
C. 建筑工企业报表
D. 交通运输企业报表
E. 批发零售贸易及餐饮业企业报表
F. 服务业企业报表
G. 行政事业单位报表

(2) 统计报表的资料来源

统计报表的资料来源于基层单位的原始记录。从原始记录到统计报表中间还要经过统计台账和企业内部报表。因此，为了保证统计报表的及时准确填报，基层单位必须建立健全各项统计制度，加强对原始记录的登记、归类、汇总和整理，为填报统计报表做好基础工作。

① 原始记录。原始记录是基层单位通过一定的表格形式对其日常经营活动的最初记载，是未经任何加工整理的初始资料。由于各基层单位性质、规模、业务内容各不相同，因此原

始记录的表格形式由各单位根据自身实际情况设计，无统一格式，有的内容用文字记录，有的内容用数字记录。如企业的职工考勤记录、材料入库单、领料单、产品成本计算单、产品出库单等都是原始记录。

② 统计台账。原始记录是一种零散的、不系统的记录，为了便于填写统计报表和满足经营管理的需要，需要将原始记录进行加工整理，便形成统计台账。统计台账是企业根据填制统计报表和经营管理的需要，以一定的表格形式，按时间顺序分类登记和定期汇总统计资料的一种账册，是从原始记录到统计报表的中间环节。统计台账一般是将指标数值按时间顺序分部门、分单位连续登记。

③ 内部报表。内部报表是基层单位根据原始记录和统计台账，经过汇总计算后编制的。内部报表一般分为两种：一种是为了满足企业内部管理需要而编制的；另一种是为了填报统计报表而设置的。

原始记录、统计台账、单位内部报表和国家报表之间的关系如下：

原始记录→统计台账→内部报表→国家报表

(3) 统计报表的作用

统计报表是我国搜集统计资料的一种主要组织方式，它的作用有：可以在进行调查之前把报表布置到基层各填报单位，以便各单位根据报表的要求，建立健全各种原始记录、统计台账、内部报表，既为企业加强内部管理服务，又为填报统计报表提供依据；各级领导部门可以通过报表资料经常了解本部门、本地区和全国的社会和经济发展状况，为党和国家制定政策计划和检查政策计划执行情况提供依据；利用统计报表便于完整地积累统计资料，满足各种统计分析和研究的需要。

定期统计报表也有不足：①在经济利益多元化的条件下，有的单位为了本单位的利益可能会出现虚报、漏报或瞒报现象，影响统计资料的质量；②如果上级机关向基层单位布置统计报表过多，会增加基层负担，甚至会造成某些混乱。

2.3.2 专门调查

专门调查是为了某一特定目的而组织的一种搜集统计资料的统计调查方式。包括普查、重点调查、典型调查和抽样调查。

2.3.2.1 普查

(1) 普查的定义

普查指一个国家或一个地区为详细地了解某项重要的国情、国力资料而专门组织的一次性的全面调查。主要是用来收集某些不能够或不适宜用定期的全面调查报表收集的信息资料，以搞清重要的国情、国力，利用普查资料，可以深入地反映和研究社会、经济、文化等现象的发展状况，为国家制定重大方针、政策及国民经济长远规划提供依据。它既可提供全面的有关国情国力的基本统计资料，又可以为各种抽样调查提供抽样框，为重点调查和科学推算提供充分依据。

普查的基本组织方式有两种：一是组织专门的普查机构，配备一定数量的普查人员，对调查单位进行直接登记；二是利用调查单位的原始资料和核算资料，分发一定的调查表格，由调查单位进行填报。

目前，我国所进行的普查主要有：

人口普查：我国已进行了五次人口普查，分别是1953年、1964年、1982年、1990年和2000年，今后我国人口普查每10年进行一次逢0年份进行，第六次普查将于2010年进行。

农业普查：每10年进行一次，逢6年份进行，我国分别于1996、2006年进行了两次农业普查。

经济普查：将原第三产业普查、工业普查和基本单位普查合并，再加上建筑业，共四项工作一起进行，统称为经济普查。为适应经济和社会发展需要，并与国家编制五年计划更好衔接，推进国民经济核算与统计调查体系的综合配套改革，国务院决定，将原定于2003年进行的第二次全国第三产业普查推迟，与计划在2005年开展的第四次全国工业普查和2006年开展的第三次全国基本单位普查合并，同时将建筑业纳入普查范围，在2004年开展了第一次全国经济普查，2008年开展了第二次全国经济普查。今后全国经济普查每10年进行两次，分别在逢3、逢8的年份实施。

污染源普查：为全面落实科学发展观，切实加强环境监督管理，提高科学决策水平，实现《国民经济和社会发展第十一个五年规划纲要》确定的主要污染物排放总量减少10%的目标，我国于2008年初开展了第一次全国污染源普查，查标准时点为2007年12月31日。全国污染源普查每10年进行1次，标准时点为普查年份的12月31日。

（2）普查的特点

① 普查通常是一次性或周期性的。由于普查是全面调查，涉及面广、调查单位多、工作量大，需要耗费大量的人力、物力、财力和时间，故不宜经常进行。因此，我国规定普查每5年或10年进行一次。

② 普查一般需要规定统一的标准调查时间，以避免调查数据的重复或遗漏，保证调查结果可比和准确。我国经济普查、农业普查和污染源普查的标准时点为普查年度的12月31日24时，1990年第四次人口普查的标准时点为7月1日0时，2000年第五次人口普查的标准时点为11月1日0时。

③ 普查获得的数据比较准确，规范化程度高。普查比任何其他调查方式、方法所取得的资料更全面、更系统，因此它可以为其他调查提供基本依据。如我国在人口普查基础上再进行1%人口抽样调查。

④ 普查的使用范围较窄，只能用于调查采用其他调查方式难以获取的最基本的国情国力资料。目前，我国全国性的普查仅限于人口普查、农业普查、经济普查和污染源普查。

⑤ 同类普查的项目和指标应保持稳定。以便对历次进行动态对比分析，认识社会经济现象的发展变化规律。

（3）普查的作用

普查的主要作用有：

① 为制定长期计划、宏伟发展目标、重大决策提供全面、详细的信息和资料；

② 为搞好定期调查和开展抽样调查奠定基础。

（4）普查的优缺点

① 优点：收集的信息资料比较全面、系统、准确可靠；

② 不足：涉及面广、工作量大、时间较长，而且需要大量的人力和物力、组织工作较为繁重。

2.3.2.2 重点调查

（1）重点调查的含义

重点调查是指在调查对象的全部单位中选择少数重点单位进行调查，以了解总体基本情况的非全面调查。重点调查主要适用于那些反映主要情况或基本趋势的调查，重点单位是指在调查总体中具有举足轻重的、能够代表总体的情况、特征和主要发展变化趋势的那些样本单位。这些单位可能数目不多，但有代表性，能够反映调查对象总体的基本情况。例如，宝钢、马钢、鞍钢、武钢几个大钢铁企业，虽然在全国的钢铁企业中只是少数，但他们的钢铁产量却占了全国钢铁产量的大部分，所以，对这几个重点企业进行调查，就可以了解我国钢铁生产的基本情况。

重点单位具有下面两个特征：从单位数看，它们只占调查对象的很小一部分；从要调查的项目看，它们的标志值在调查对象的标志总量中占较大比重。如某税务局对所属纳税企业进行税务稽查，常选择纳税大户。这些纳税大户企业数少，但上缴税款却占总税款绝大部分。重点调查就是抓重点，解决主要矛盾。重点单位少，所以能节约人、财、物、时间，具有可行性；而重点单位标志值比重大，所以能从重点单位了解总体基本情况，具有必要性。

选取重点单位，应遵循以下原则。一是要根据调查任务的要求和调查对象的基本情况确定应选取的重点单位及数量。一般来讲，要求重点单位应尽可能少，而其标志值在总体中所占的比重应尽可能大，以保证有足够的代表性。二是要注意选取那些管理比较健全、业务力量较强、统计工作基础较好的单位作为重点单位。三是重点单位的选择要有相对的观念，即要用发展变化的眼光看问题。一个单位在某一问题上是重点，在另一问题上不一定是重点；在某一调查总体上是重点，在另一调查总体中不一定是重点；在这个时期是重点，在另一个时期不一定是重点。因此，对不同问题的重点调查，或同一问题不同时期的重点调查，要随着情况的变化而随时调整重点单位。

(2) 重点调查的特点

重点调查实质是较小范围的全面调查，它的目的是了解总体基本情况。因此它投入少、调查速度快、所反映的主要情况或基本趋势比较准确。

重点调查的调查单位选择基本不带有主观性。重点调查是非全面调查，被调查单位比重小，所以不能用重点调查的结果去推断总体的结果。当调查任务只要求了解总体基本情况，而调查对象有较明显的重点单位时，采用重点调查才是比较合适的。

2.3.2.3 典型调查

(1) 典型调查的含义

典型调查是指在对调查对象进行初步分析的基础上，有意识地选择有代表性的典型单位进行深入、细致调查的非全面调查。

典型单位是指具有总体特征，能代表总体的总体单位。如果总体单位之间差异较小，可采用“解剖麻雀”式的典型调查，即对几个典型单位进行深入调查研究，认识事物的一般情况和发展的一般规律。如果总体之间差异较大，可采用“划类选典”式的典型调查，即先对总体划分成若干类，每一类中差异较小，然后在各类中分别选择少数有代表性的典型单位进行调查，并对总体现象做出推断分析。

(2) 典型调查的特点

典型调查的优点在于调查范围小、调查单位少、灵活机动、具体深入、节省人力、财力和物力、提高调查的时效性等。其不足是在实际操作中选择真正有代表性的典型单位比较困难，而且还容易受人为因素的干扰，调查人员的素质将影响典型单位的选择，从而可能会导致调查的结论有一定的倾向性，且典型调查和抽样推断相比，它是一种非严格的推断，因为它不能指出推断的把握程度，也无法计算和控制推断误差。典型调查和重点调查相比，典型调查调查单位的选择主要取决于调查人员的主观判断，重点调查调查单位的选择具有客观标准；典型调查在一定条件下可以用典型单位的资料推断总体总量，重点调查则不能用重点调查的结果去推断总体的结果。

2.3.2.4 抽样调查

在实际工作中，抽样调查是应用最为广泛的调查方式。抽样调查是指按照随机原则在调查对象（统计总体）中抽取一部分单位作为样本进行调查，并根据样本调查结果来推断总体数量特征的一种非全面调查。从抽样调查的含义中，我们可以归纳出抽样有如下特点。

(1) 抽样遵循随机原则

所谓随机原则也叫同等可能性原则，就是从总体中抽取样本单位时，排除了调查者主观意识的影响，总体中的每个单位抽中或不抽中的可能性相同。抽样调查和重点调查、典型调查的根本区别就是选取调查单位的方法不同。

(2) 适用范围广

抽样调查适用于各个领域、各种问题，既可以用于调查全面调查方式能够调查的对象，如我国在人口普查的基础上，在两次普查的中间年份进行1%人口抽样调查，二者互相补充。抽样调查还特别适用于不可能或不必要进行全面调查的问题，如产品质量检验、新药的临床试验等。

(3) 节约资源、效率高

抽样调查也是非全面调查，样本单位只占总体单位的很少一部分，工作量小，因此节约人、财、物，调查工作时间短、效率高，及时取得所需数据资料。

(4) 可以推断总体指标

抽样调查以概率论和数理统计为理论基础，可以从数量上推断总体的数量特征，可以计算并控制误差，可以保证推断结果的准确程度。所以它是非全面调查中最完善、最有科学根据的方式。

有关抽样调查的理论和方法，参见本书第8章。

2.3.2.5 多种调查方式的综合运用

以上介绍了几种不同的统计调查方式，每种方式都有自己的优点缺点和适用范围。实际工作中，我们应根据不同的调查对象和任务，选择最恰当的方式。有时需选择几种不同的方式结合运用，相互补充验证，以收集准确、及时、完整的资料。一般说来，能用抽样调查、重点调查、典型调查达到目的的，就不必进行全面调查；一次性调查可以解决问题的，就不需进行经常性调查。

在计划经济条件下，我国统计调查基本上是全面统计报表制度。经济体制改革后，单一全面统计报表制度不能适应市场经济体制的需要，因此，必须建立新的统计调查方法体系，新体系的目标模式为："以必要的周期性的普查为基础，以经常性的抽样调查为主体，以必要的重点调查、典型调查和统计报表为补充的调查方法体系。"我国新修订的《统计法》第十六条也规定："搜集、整理统计资料，应当以周期性普查为基础，以经常性抽样调查为主体，综合运用全面调查、重点调查等方法，并充分利用行政记录等资料。重大国情国力普查由国务院统一领导，国务院和地方人民政府组织统计机构和有关部门共同实施。"

2.4 统计调查的方法

统计调查方法是指搜集调查对象原始资料的方法，即调查者搜集答案的方法。实际工作中，常见的统计调查方法有：直接观察法、报告法、访问法、网上调查法等。

(1) 直接观察法

直接观察法是指由调查人员亲自到现场对调查对象进行观察、记录和计量，取得第一手统计资料的调查方法。如某班级辅导员为了解学生出勤情况，下课后到课堂点名。该方法的优点是简便、易行、灵活性强，可随时随地进行调查，能够保证资料准确可靠。缺点是需耗用较多的人力、物力、财力和时间，不宜经常采用。有些社会经济现象还不能用直接观察法进行测量，如对农民或职工家庭收支情况资料的搜集，就不宜直接计量和观察。

(2) 报告法

报告法是指由调查人员将调查表或调查问卷通过直接分发、邮寄、传真等方式送达被调查者，由被调查单位根据本单位的原始记录和核算资料，按照要求填写调查表或调查问卷并交回的调查方法。如统计报表制度就是报告法。该方法的优点从调查者的角度来说，比较省时省力，可以同时进行大规模的调查；从被调查者的角度来说，可以促使其建立健全原始记录制度，加强基层统计工作。缺点是在经济利益多元化的条件下容易发生虚报、漏报、瞒报现象，导致资料不真实、不可靠，如企业的纳税申报。

(3) 访问法

访问法是指调查者根据调查目的和任务，通过询问的方式向被调查者收集资料的一种统计调查方法，又称采访法、询问法。按照调查者与被调查者之间接触方式的不同，访问法可分为面谈调查、邮寄调查和电话调查等方式。

面谈调查是调查者与被调查者通过面对面地交谈从而得到所需资料的调查方法。如学校为了评估教师的教学效果，召开部分学生参加的座谈会。该调查方法要求调查人员具备较好的采访技巧，以取得对方的配合并提供真实的资料。面谈调查的优点是：资料的真实性较强，调查表的回收率很高。其缺点是：直接询问的成本较高，调查结果要受到调查人员素质和工作态度的影响，某些问题不宜口头询问。

邮寄调查是通过邮寄或其他方式将调查表或调查问卷送至被调查者，由被调查者按要求填写，然后将调查表或调查问卷寄回或投放到指定收集点的一种调查方法。邮寄调查是一种标准化调查，其特点是调查人员和被调查者没有直接的语言交流，信息的传递完全依赖于问卷。邮寄调查的问卷发放方式有邮寄、宣传媒介传送、专门场所分发三种。

邮寄调查的基本程序是：在设计好问卷的基础上，先在小范围内进行预调查，以检查问卷设计中是否存在问题，以便纠正，然后选择一定的方式将问卷发放下去，进行正式的调查，再将问卷按预定的方式收回，并对问卷进行处理和分析。邮寄调查的优点是：可同时进行大规模的调查，节省人、财、物和时间；通过匿名方式，可对某些敏感问题和个人隐私进行调查。其缺点是：较难得到被调查者的配合，有时可采用抽奖等方式吸引被调查者。

电话调查是调查人员利用电话同受访者进行语言交流，从而获得信息的一种调查方式。随着电话的普及，电话调查的应用也越来越广泛。电话调查可以按照事先设计好的问卷进行，也可以针对某一专门问题进行电话采访。用于电话调查的问题要明确、问题数量不宜过多。电话调查的优点是：时间短，速度快，节省经费；覆盖面广，可以对任何有电话的地区、单位和个人进行调查。其缺点是：被调查者只限于有电话和能通电话者；电话提问受到时间限制；无法出示调查说明、照片、图表等背景资料。

(4) 网上调查法

网上调查法是利用现代信息网络来收集统计资料的方法。它通过网络向被调查单位和个人的网站发出调查提纲、表格或问卷，被调查者将在他们方便时亦通过网络向调查者发送信息。

① 网上调查的优点。与传统的调查方式相比其优点表现在以下几个方面。

• 速度快。由于省略了印制、邮寄和数据录入等过程，问卷的制作、发放及数据的回收速度均得以提高。可以短时间内完成问卷并统计结果及报表。

• 费用低。印刷、邮寄、录入及调研员的费用都被节省下来，而调研费用的增加却很有限。因此，进行大规模的调研较其他如邮寄或电话调查方法能省下可观的费用。

• 易获得连续性数据。随着网上固定样本调研的出现，调研员能够通过跟踪受访者的态度、行为和时间进行纵向调研。复杂的跟踪软件能够做到根据上一次的回答情况进行本次问卷的筛选，而且还能填补落选项目。

• 调研群体大。随着互联网的普及，网民人数日益增加。

② 网上调查的缺点。

• 代表性问题。网上调查在目前来说还有不少缺点。最大的一点恐怕就是上网的人不能代表所有人口。使用者多为男性，教育水平高、有相关技术，较年轻和较高收入的人。不过，这种情形正有所改变，越来越多的人开始接触互联网。

• 安全性问题。现在很多使用者为私人信息的安全性担忧，提高安全性仍是互联网有待解决的重要问题。

• 无限制样本问题。这是指网上的任何人都能填写问卷。它完全是自我决定的，很有可能除了网虫外并不代表任何人。如果同一个人重复填写问卷的话，问题就变得复杂了。

上述几种调查方法，应根据统计调查的目的和调查对象的特点，灵活选择、恰当运用，以便搜集及时、准确、完整的统计资料。

课后练习

一、判断题

1. 全面调查是对调查对象的各方面都进行调查。（　）
2. 我国的人口普查每十年进行一次，因此，它是一种经常性调查方式。（　）
3. 调查单位和填报单位是一致的。（　）
4. 调查时间是指开始调查工作的时间。（　）
5. 普查可以得到全面、详细的资料，但花费较大。（　）
6. 各种调查方法的结合运用，会造成重复劳动，因此不应提倡。（　）
7. 调查单位与填报单位是两种根本不同的单位。（　）
8. 抽样调查是非全面调查中最有科学根据的方式方法，因此，它适用于完成任何调查任务。（　）
9. 全面调查和非全面调查是根据调查所取得的资料是否全面来划分的。（　）
10. 典型调查与抽样调查的根本区别是选择调查单位的方法不同。（　）
11. 重点调查中的重点单位是根据当前工作的重点来确定的。（　）
12. 调查方案的首要问题是确定调查对象。（　）
13. 调查对象是指组成统计总体的基本单位。（　）
14. 在统计调查中，调查标志的承担者是调查单位。（　）
15. 对全国各大型钢铁生产基地的生产情况进行调查，以掌握全国钢铁生产的基本情况。这种调查属于非全面调查。（　）

二、单选题

1. 统计调查是统计活动的第（　）个环节。

A. 一　B. 二　C. 三　D. 四

2. 统计调查按组织形式不同，可分为（　）。

A. 全面调查和非全面调查　B. 经常性调查和一次性调查
C. 统计报表制度和专门调查　D. 定期调查和连续性调查

3. 在国有工业企业设备调查中，每一国有工业企业是（　）。

A. 调查对象　B. 调查单位　C. 填报单位　D. 调查项目

4. 统计调查方案设计的首要问题是（　）。

A. 统计调查的方式　B. 统计调查的组织与实施计划
C. 统计调查的目的与任务　D. 统计调查的对象与单位

5. 1990 年 7 月 1 日零点的第四次全国人口普查是（　）。

A. 重点调查　B. 典型调查　C. 一次性调查　D. 经常性调查

6. 我国定期取得统计资料的一种主要方式是（　）。

A. 普查　B. 专门调查　C. 典型调查　D. 统计报表

7. 某单位要观察所属25个企业的生产设备情况，则调查单位是（　　）。

A. 25个企业的生产设备数　　B. 25个企业中的每一个企业

C. 25个企业中每个企业的设备数　　D. 25个企业的每台生产设备

8. 统计报表的报送周期不同，报表所反映的指标项目有不同的详细程度。一般，周期越短，则报告的指标项目（　　）。

A. 越多　　B. 可能多也可能少　　C. 越少　　D. 是固定的

9. 抽样调查与典型调查都是非全面调查，二者的根本区别在于（　　）。

A. 灵活程度不同　　B. 组织方式不同

C. 作用不同　　D. 选取调查单位的方法不同

10. 调查单位和调查对象是个体和总体的关系。如果调查对象是全部工业企业，则调查单位是（　　）。

A. 每一工业企业中的每个职工　　B. 每一工业企业中的厂长

C. 每一工业企业中的每个车间　　D. 每一工业企业

11. 典型调查是统计部门应用较多的一种非全面调查方法，它是从被调查对象中（　　）。

A. 按照随机原则选取若干单位进行调查

B. 按照调查目的有意识地选取若干处于较好状态的单位进行调查

C. 按照随机原则选取若干具有代表性的单位进行调查

D. 按照调查目的有意识地选取若干具有代表性的单位进行调查

12. 全面统计报表是一种（　　）。

A. 专门组织的调查方法　　B. 就重点单位进行的调查方法

C. 报告法调查方法　　D. 主观选择调查单位的调查方法

13. 属于专门组织的统计调查有（　　）。

A. 普查　　B. 非全面调查　　C. 全面调查　　D. 统计报表

14. 调查时间是指（　　）。

A. 调查工作进行的时间　　B. 调查时期现象的起止时间

C. 调查资料所属的时间　　D. 第A和C

15. 在统计分析中，需要已婚人口数和未婚人口数指标，则相应的调查标志是（　　）。

A. 婚姻状况　　B. 已婚人口数　　C. 未婚人口数　　D. 已婚及未婚人口数

16. 普查是（　　）。

A. 专门组织的经常性全面调查　　B. 专门组织的一次性全面调查

C. 专门组织的一次性非全面调查　　D. 专门组织的经常性非全面调查

17. 调查对象是指（　　）。

A. 研究社会经济现象的总体　　B. 进行调查的标志承担者

C. 提供调查资料的单位　　D. 组成统计总体的基本单位

18. 某市工业企业2002年生产经营成果年报呈报时间规定在2003年1月31日，则调查期限为（　　）。

A. 一日　　B. 一个月　　C. 一年　　D. 一年零一个月

19. 重点调查中重点单位是指（　　）。

A. 标志总量在总体中占有很大比重的单位

B. 具有典型意义或代表性的单位

C. 那些具有反映事物属性差异的品质标志的单位

D. 能用以推算总体标志总量的单位

20. 在生产过程中，对产品的质量检查和控制应该采用（　　）。

A. 普查的方法　　B. 重点调查的方法

C. 典型调查的方法　　D. 抽样调查的方法

三、多选题

1. 我国统计调查的方式包括（　　）。

A. 统计报表　B. 普查　C. 重点调查

D. 典型调查　E. 抽样调查

2. 普查是一种（　　）。

A. 专门组织的调查　B. 一次性调查　C. 经常性调查

D. 非全面调查　E. 全面调查

3. 在国有工业企业设备调查中（　　）。

A. 调查对象是所有国有工业企业　B. 调查单位是每台设备

C. 填报单位是每台设备　D. 填报单位是每个工业企业

E. 调查对象是所有国有工业企业的全部设备

4. 统计调查方案设计应确定的问题有（　　）。

A. 统计调查的方式方法　B. 统计调查的组织与实施计划

C. 统计调查的目的与任务　D. 统计调查的对象与单位

E. 调查资料的使用范围

5. 典型调查的含义包括（　　）。

A. 有意识地选择调查单位　B. 事先对调查对象有所了解

C. 调查少数具有代表性的单位　D. 有时也可用来推算总体指标

E. 进行深入细致的调查

3 统计整理

3.1 统计整理的意义和步骤

3.1.1 统计整理的意义

在第1章讲到：统计整理是根据统计研究的目的和任务，对统计调查阶段所取得的原始资料进行审核、分组和汇总，将分散的、零星的反映总体单位特征的资料转化为反映各组总体数量特征的综合资料的过程。广义的统计整理还包括对某些别人已经加工过的次级资料（二手资料）的再整理。统计资料的整理，属于统计工作的第三阶段。它将统计调查所取得的原始资料进行科学的汇总和综合，使其系统化、条理化，成为可据以进行统计分析的资料。统计整理介于统计调查和统计分析之间，在统计工作中起到承上启下的作用，既是统计调查阶段的继续，又是统计分析的基础和前提，它实现了从个别单位的标志值向说明总体数量特征的指标值过渡，是从对社会经济现象个体量的观察到对社会经济现象总体量的认识的连接点，是人们对社会经济现象从感性认识上升到理性认识的过渡阶段，是进一步进行统计分析的必要前提。

统计整理是统计工作中非常重要的一个环节，它在统计工作中具有十分重要的意义。

① 统计整理是实现从总体单位到总体，从标志到指标的重要环节和手段。统计调查所取得的原始资料是反映各个总体单位的资料，这些有关标志的标志表现仅说明各个总体单位的具体情况，是不系统、分散的，还可能带有一定的片面性。只能说明总体单位的情况，而不能反映总体特征。统计所需要的是反映总体特征的统计指标，都是以数字表示的，因此需要进行统计整理。

通过整理，把反映各单位特征的标志汇总成为指标，实现对总体的基本认识，在分组整理的基础上，通过计算对比得到分析指标，从而实现对总体特征的更全面更深刻的认识。

② 统计整理全面实现了统计的数量化特征。通过统计整理，不但把调查的数量标志汇总成了指标，而且把调查的非数量化内容，即品质标志和其他意向性选择等问题，通过汇总变成了反映总体数量特征的指标，从而为统计分析的科学化奠定了基础。

③ 统计整理是实现从感性认识到理性认识的重要过渡阶段。人们对社会经济现象的认识，一般都是从个人局部的感性角度来观察和体会，因而不可避免地会带来各种偏见或误差。通过整理及分析而得到的指标，会纠正感性认识并提供总体基本特征的真实状况，从而实现人们对事物发展规律的理性认识。

不经过统计整理，我们不能直接对原始资料进行统计分析，得出结论。统计数据整理的质量，直接影响统计工作的成败。

3.1.2 统计整理的步骤

统计整理的内容通常包括：①根据研究任务的要求，选择应整理的标志，并根据分析的需要确定具体的分组；②对统计资料进行汇总、计算；③通过统计表或统计图显示汇总的结果。

统计整理的步骤由内容来决定，大体分为以下几个步骤。

(1) 设计整理方案

它是对统计整理工作规划和安排，内容主要包括需要整理的资料范围、整理的方法和步骤、分组标志、汇总指标等。统计整理方案与统计调查方案应紧密衔接。统计整理方案中的指标体系与调查项目要一致，或者是其中的一部分，绝不能矛盾、脱节或超越调查项目的范围。统计整理方案的设计主要是以统计调查方案为基础，围绕统计分析目的，确定需要的统计分组，需要汇总计算的统计指标，数据处理的方法与工具（例如，采用什么数据处理软件），以及数据的显示形式等内容。统计整理方案设计质量的高低，对于统计整理乃至统计分析的质量都是至关重要的。

(2) 对调查资料进行预处理

在对数据进行分组或分类之前，需要对数据进行预处理，包括数据的审核、筛选、排序等。

① 对原始资料的审核主要是对其准确性、及时性、完整性的检查。审核及时性主要是检查统计调查的时间是否符合规定，包括调查期限、调查时间等方面。审核完整性主要是对调查单位、项目的检查，看其是否有遗漏现象。检查原始资料的准确性一般有两种方法，一是逻辑检查，即检查原始资料是否合理，相互之间是否存在矛盾。二是计算检查，即检查数字资料有无错误之处，如计算方法、计量单位、指标之间关系是否成立等。

次级资料（二手资料）可以来自多种渠道，有些数据可能是为特定目的通过专门调查而取得，或者是已经按特定目的的需要做了加工整理。作为使用者来说，首先应对数据的适用性进行审核，即应弄清楚数据的来源、数据的口径以及有关的背景材料，以便确定这些数据是否符合自己分析研究的需要，是否需要重新加工整理等，不能盲目地生搬硬套。此外，还要对数据的时效性进行审核，对于有些时效性较强的问题，如果所取得的数据过于滞后，可能失去了研究的意义，一般需要使用最新的统计数据。数据在经过审核后，确认适合于我们的实际需要，才有必要做进一步的加工整理。

对审核过程中发现的错误，应根据不同情况分别进行处理。对肯定性的差错，要及时进行更正；对可疑但又不能肯定的差错，要及时查询，可根据问卷上留下的被调查对象的地址和联系电话进行复查，以得到确切的数据信息；对无法予以纠正或不符合要求又无法弥补的统计数据要进行筛选。

② 数据筛选包括两个方面内容：一是将某些不符合要求的数据或有明显错误的数据予以剔去；二是将符合某种特定条件的数据筛选出来，而将不符合特定条件的数据予以剔去。

③ 排序是按一定顺序将数据排列，以便通过浏览数据发现一些明显的特征或趋势，为以下的分组或分类作准备。对于定性数据，如果是字母型数据，排序有升序与降序之分，习惯上使用升序；如果是汉字型数据，排序方式既可按汉字的首位拼音字母排列，也可按笔画排序，一般使用升序。定量数据的排序也有两种：即递增和递减，一般使用递增方式，即从小到大排列。

(3) 进行科学的统计分组（分类）

分组（分类）是根据研究任务的要求，对调查所得的原始资料，按照一定的标志划分为若干组成部分的一种统计方法。通过分组，可以划分现象的类型、说明现象的内部结构、提示现象与现象之间的依存关系，科学地进行分组是统计整理的关键。

(4) 统计汇总

汇总是在统计分组的基础上，计算各组和总体的单位数和标志总量，汇总主要有手工汇总和电子计算机汇总。对分组后的资料，进行汇总和必要的计算，就使得反映总体单位特征的资料转化为反映总体数量特征的资料。统计汇总技术主要有以下几种。

① 手工汇总。手工汇总包括以下几种方法。

• 划记法：主要适用于对总体单位数的汇总。

• 过录法：它是将调查资料过录到预先设计的汇总表上，然后计算加总，得出各组的总体单位和标志值的合计数，最后填入统计表。

• 折叠法：它是把所要调查汇总的同一项目的数值折叠在一条线上进行汇总，将结果直接填入统计表中。

② 电子计算机汇总。利用现代电子计算技术进行统计汇总和计算工作，是统计汇总技术的新发展，也是统计现代化的一个重要标志。运用电子计算机汇总，大致经过以下步骤：编制程序、编码、数据录入、数据编辑、计算与制表。

(5) 编制统计表、绘制统计图

统计表、统计图是表现统计资料整理结果的重要形式，根据研究的目的可编制各种统计表，绘制各种统计图。

统计分组、统计汇总及编制统计表、绘制统计图，是统计整理的主要工作，内容较多，下文将分别做详细论述。

3.2 统 计 分 组

3.2.1 统计分组的概念

统计分组是根据统计研究的目的和客观现象的内在特点，将总体按照某个标志（或几个标志）划分成为若干个不同性质的组成部分。构成总体的各个总体单位，在某一标志或某些标志上具有彼此相同的性质，这是它们构成统计总体的前提条件。而在另一些标志的具体表现上具有差异性，这是统计分组的客观依据，也是统计工作的内容和必要性。统计分组的基本要求就是：使各组内部保持同质性、各组之间呈现出质的差异性。因此，统计分组的实质是在现象总体内进行的一种分类，揭示总体内在的数量结构以及总体之间的数量依存关系。例如，云南大学旅游文化学院学生这一同质总体中，就存在不同的系别（旅游管理系、经济系、文学与新闻系、外语系、艺术系、计算机科学技术与电子信息工程系等）的差别，存在入学年份的差别，为了研究问题的需要，就必须对学生总体进行各种分组，以便从数量方面深入了解和研究总体的特征。从分组的性质来看，分组兼有“分和合”双重含义。

① 对于现象总体而言，是“分”，即把总体划分为性质相异的若干部分；而对于同组内总体单位而言，又是“合”，即把性质相同的许多总体单位合为一组。

② 对于分组标志而言，是“分”，即按分组标志将不同的总体单位分为若干组，而对于其他标志而言，是“合”，即同一个组内的各单位即使其他标志表现不同也只能结合在一组。

由此可见，选择一种分组标志，突出了一种差异，显示了一种矛盾，必然同时掩盖了其他差异，忽略了其他矛盾。不同的分组方法，可能得出不同的结论。缺乏科学根据的分组，不但无法显示事物的根本特征，甚至会把不同性质的事物混淆在一起，歪曲社会经济现象的本质。因此，统计分组必须先对所研究现象本质作全面地、深刻地分析，确定所研究现象类型的属性及其内部差别，而后才能选择反映事物本质的正确的分组标志。

3.2.2 统计分组的原则

统计分组是对总体各单位的分类，是整理统计资料的方法，也是统计分析的基础。因此，除了在内容上必须反映各单位、各组之间的性质差异，还要在方法上保证资料的完整性和真实性。这是对统计分组的最基本的要求。为此，统计分组在方法上必须符合两个原则：

（1）穷尽原则

或叫不遗漏原则、完备性原则，就是要求总体中的每个单位都应该有组可分，即统计分组必须保证总体的每一个单位都能归人其中的一个组，各个组的单位数之和等于总体单位总量，总体的指标必须是各个单位相应标志的综合。违背了这一原则，就会损害统计资料的完整性，从而也就损害了统计资料的真实性。例如，把我国公民按受教育程度分组，分为小学毕业、中学毕业（含中专）和大学毕业三组，那么，那些文盲或识字不多的以及大学以上的学历者则无组可归。如果将分组调整为文盲及识字不多、小学程度、中学程度、大学及大学以上，这样分组，就可以包括全部公民的受教育程度，符合了分组的穷尽原则。

按照穷尽原则分组，需要重点注意两方面的问题：一是分组的范围必须包括总体各单位在分组标志上的全部表现。按品质标志分组时，组数是品质标志的全部类型，可先列出重要的分组，对剩余的不重要的可用其他这一组来包括；按数量标志分组时，最大组的上限应大于或等于最大标志值，最小组的下限应小于或等于最小标志值。二是按数量标志分组时，要根据变量的性质，保持相邻组之间的连续性。

（2）互斥原则

或叫不重复原则、不相容原则，就是在特定的分组标志下，总体中的任何一个单位只能归属于某一组，而不能同时或可能归属于几个组，即统计分组必须保证总体的每一个单位只能属于其中的一个组，不能出现重复统计的现象。否则，就必然会影响到统计资料的真实性。例如，某商场把服装分为男装、女装、童装三类，这不符合互斥原则，因为童装也有男、女装之分，这是把不同的标志即性别和年龄混在一起分组。若先把服装分为成年与儿童两类，然后每类再分为男女两组，这就符合互斥原则了。即先按年龄分组，再按性别分组，每次只能按一个标志分组。

只有遵循以上两个原则才能使得每个总体单位都能且只能归属于某一个组。例如，第一次全国经济普查把我国各省（市、自治区）分为东部地区、中部地区和西部地区。其中东部地区包括北京、天津、河北、辽宁、上海、江苏、浙江、福建、山东、广东、海南；中部地区包括山西、吉林、黑龙江、安徽、江西、河南、湖北、湖南；西部地区包括内蒙古、广西、重庆、四川、贵州、云南、西藏、陕西、甘肃、青海、宁夏、新疆。而第一次全国农业普查则把我国各省（市、自治区）分为东部地区、中部地区、西部地区和东北地区。其中东部地区包括北京、天津、河北、上海、江苏、浙江、福建、山东、广东、海南；中部地区包括山西、安徽、江西、河南、湖北、湖南；西部地区包括内蒙古、广西、重庆、四川、贵州、云南、西藏、陕西、甘肃、青海、宁夏、新疆；东北地区包括辽宁、吉林、黑龙江。比较二者分组结果，第一次全国农业普查把第一次全国经济普查中东部地区的辽宁、中部地区的吉林和黑龙江组成东北地区。但都符合上述两个原则，即每个省（市、自治区）都属于其中一个地区，没有一个省（市、自治区）被遗漏；且只能属于其中一个地区，没有一个省（市、自治区）被重复。

在具体的分组过程中，为了保证各组之间不重复，按品质标志分组要重点注意对各组范围、特征、性质的界定，对于性质上较为复杂的单位要做出明确、统一的处理规定。例如：将教师分为老、中、青三组，必须明确各组的年龄范围。在按数量标志分组时，重点要注意相邻组之间重叠组限上的单位归属问题，统计上的一般处理方法是：重叠组限上的单位归入下限组，或者叫做“上组限不在内”原则。同时还要注意，这种处理方法仅就一般问题而言。对于某些特殊问题，则需要做特殊处理。

3.2.3 统计分组的作用

统计分组是基本的统计方法之一，在统计整理和统计分析中都要广泛应用分组，并且是统计整理和统计分析的基础步骤。分组的好坏直接关系到统计能否整理出正确的、中肯的统计资料，关系到统计分析能否得出正确的结论。统计分组在统计工作中的重要作用表现为以下三个方面。

(1) 划分现象的类型

社会经济现象存在着复杂多样的类型，各种不同的类型有着不同的特点以及不同的发展规律。在整理大量统计资料时，有必要运用统计分组法将所研究的现象总体划分为不同的类型来进行研究，它是统计工作中应用最广泛、最主要的分组。例如，我国经济普查把普查对象分为法人单位、产业活动单位和个体经营户三类，其中法人单位是指具备以下条件的单位：①依法成立，有自己的名称、组织机构和场所，能够独立承担民事责任；②独立拥有和使用（或授权使用）资产，承担负债，有权与其他单位签订合同；③会计上独立核算，能够编制资产负债表。在有关部门登记为法人，凡不符合上述条件的单位，根据实际情况或作为产业活动单位普查，或并入上一级法人。产业活动单位是指法人单位的附属单位，且具备以下条件：①在一个场所从事一种或主要从事一种社会经济活动；②相对独立组织生产经营或业务活动；③能够掌握收入和支出等业务核算资料。个体经营户是指除农户外，生产资料归劳动者个人所有，以个体劳动为基础，劳动成果归劳动者个人占有和支配的一种经营单位。包括：①经各级工商行政管理机关登记注册并领取《营业执照》的个体工商户；②经民政部门核准登记并领取证书的民办非企业单位；③没有领取执照或证书，或按照有关规定免于登记，但有相对固定场所、年内实际从事个体经营活动三个月以上的城镇、农村个体户。但不包括农民家庭以辅助劳力或利用农闲时间进行的一些兼营性活动。表 3-1 是我国第一次经济普查对象分类表。

表 3-1 第一次全国经济普查单位数与个体经营户数

普查对象	单位数(万个)	比重(%)
一、法人单位	516.9	100.0
企业法人	325.0	62.9
机关、事业法人	90.0	17.4
社会团体法人	10.5	2.0
其他法人	91.4	17.7
二、产业活动单位	682.4	100.0
第二产业	167.5	24.6
第三产业	514.9	75.4
三、个体经营户	3921.6	100.0
第二产业	588.7	15.0
第三产业	3332.9	85.0

资料来源：第一次全国经济普查主要数据公报（第一号）。

(2) 揭示现象内部结构

社会经济现象包括多种类型，它们不仅在性质上有所差异，而且在总体中所占比重也不一样。各组比重大小不同，说明它们在总体中所处地位不同，对总体分布特征的影响也不同，其中比重大的，决定着总体的基本性质或结构类型。比如，第二次全国农业普查表明：2006 年末，全国共有农业技术人员 207 万人，其中，在农业生产经营单位中从业的 94 万人。按职称分，高、中、初级农业技术人员分别为 12 万人、46 万人和 149 万人。从比重看，

表 3-2 第二次全国农业普查农业技术人员数量 单位：万人

项目	全国	东部地区	中部地区	西部地区	东北地区
合计	207(100.00%)	70(100.00%)	39(100.00%)	77(100.00%)	21(100.00%)
初级	149(71.98%)	53(75.71%)	25(64.10%)	58(75.32%)	13(61.90%)
中级	46(22.22%)	14(20.00%)	11(28.21%)	15(19.48%)	6(28.57%)
高级	12(5.80%)	3(4.29%)	3(7.69%)	4(5.20%)	2(9.53%)

资料来源：第二次全国农业普查主要数据公报（第二号）。表中，括号外是绝对数，括号内是相对数即比重。

分别为5.80%、22.22%、71.98%，从表3-2中可以得出结论：我国农业进一步发展的制约因素是从业人员素质低、科技含量低。

（3）分析现象之间的依存关系

社会经济现象之间存在着广泛的相互联系和制约关系，但现象之间发生联系的方向和程度各不相同。研究现象之间依存关系的统计方法很多，如相关和回归分析法、因素分析法、分组分析法等。分组分析法是最基本的方法，在研究过程中，往往是先通过分组分析法观察出现象之间的依存关系，即两个标志之间存在一定的依存关系，然后在此基础上应用其他方法进一步深入分析。如收入和消费之间有一定的关系，一般来说，收入越高，消费也越多；农产品产量和施肥量之间有一定的关系，一般来说，施肥量越多，产量越高；居民的文化程度和收入水平也有一定的关系，一般来说，居民的文化程度越高，收入也越高。这些都是一些正向的依存关系。此外，人口的文化程度与生育率水平之间的关系，是一种负向的依存关系，一般城市居民文化程度较高，生育率较低；农村居民文化程度较低，生育率较高。表3-3表示的是某地区居民文化程度和月平均收入水平之间存在依存关系的分组资料，它反映了随着文化程度的提高，居民平均收入水平也在不断提高，二者存在正向的依存关系。统计分组的上述三方面作用并不是相互孤立的，而是相辅相成、相互补充、配合应用。

表 3-3 某地区居民文化程度和月平均收入水平的关系

文化程度	月平均收入(元)	文化程度	月平均收入(元)
小学及以下	800	大学	3500
初中	1200	硕士	5000
高中	2000	博士	7000
大专	2800		

3.2.4 分组标志的选择和分组界限的确定

（1）分组标志选择

分组标志是统计分组的依据或标准。正确选择分组标志是进行统计分组的关键，分组标志确定得恰当与否会直接影响统计分组作用的发挥。选择分组标志，必须遵循以下几条原则。

① 要符合统计研究的目的和要求。统计分组是为统计研究服务的，统计研究的目的不同，选择的分组标志也应有所不同。

例如，同是以工业企业为研究对象，当研究的目的是为了分析各企业的生产情况时，应该选择产品数量或生产能力作为分组标志；当研究目的在于确定工业内部比例及平衡关系时，应该以行业为分组标志，将工业部门划分为重工业与轻工业或冶金、电力、化工、机械、纺织、煤炭等工业行业；当研究的目的是为了分析企业的盈利能力时，应该以利润率为分组标志等。第五次全国人口普查公报（第一号）中，将全国总人口分别按性别、年龄、民族、受教育程度和城乡居住地分组，分别研究不同的构成比例，为国家制定人口和其他政策、计划提供依据。

② 必须选择最重要的标志作为分组依据。社会经济现象纷繁复杂，研究某一问题可能涉及许多标志，科学的统计分组则应从中选择与统计研究的目的、与有关事物的性质或类型关系最密切的标志，即最主要或最本质的标志作为统计分组的依据。

例如，根据统计调查资料，研究人民生活水平变动情况时，可供选择的分组标志有：家庭人口数、每户就业人数、每一就业者负担人数、家庭总收入、平均每人月生活费收入等。而其中最能反映人民生活水平变动的标志是平均每人月生活费收入，故应选择这一标志作为分组标志。

③ 要考虑到社会经济现象所处的具体历史条件。客观事物的特点和内部联系随着条件的变化而不同，因此选择分组标志时，要具体情况具体分析，根据事物的不同条件来选择分组标志。

例如，同是划分企业规模，在劳动密集型的行业或地区，可采用职工人数或占地面积作为分组标志；而在技术密集型的行业或地区，则应选择固定资产价值或销售收入作为分组标志。

(2) 分组界限的确定

统计分组是在总体范围内，通过区分不同单位之间的性质差异，来揭示事物发展的特征和规律。各组之间必须具有性质上的差异。因此，统计分组必须准确地确定各组之间的界限，各组之间的界限应该是质的变化界限。

按品质标志分组时，确定各组的界限有以下两种情况。

①组限是自然形成的或比较明显的。例如，人口按性别、文化程度、党派分组等。

②由于存在属性之间的过渡形式，使分组界限难以确定。这种比较复杂的属性分组，国家有关部门都制定有标准的分类目录，分组时可以依据分类目录来确定组限。

按数量标志分组时，应注意以下两点。

① 分组时各组数量界限的确定必须能反映事物质的差别。例如，在百分制情况下学生学习成绩分组，不能把 55 分和 65 分合为一组，因为这样的分组未区分及格与不及格的质的差别。一般可分为五组：60 以下、60～70、70～80、80～90、90～100，分别对应不及格、及格、中、良、优，体现了成绩量的界限和质的区别。

② 其次，应根据被研究的现象总体的数量特征，采用适当的分组形式，确定相宜的组距、组限和组数。可以把计算的方便和分组方法的规范、统一等因素考虑进去，在区分性质差别的前提下，尽量按整数或整倍数的形式确定分组界限。如上例组限确定为 10 的倍数，组距确定为 10。

3.2.5 统计分组的种类

(1) 统计分组按分组标志的多少，分为简单分组、复合分组

简单分组就是对总体只按一个标志进行分组。例如某班同学按性别分为男生和女生；按籍贯分为本地和外地。在实际工作中，简单分组只能反映总体某一方面的特征，很难满足多方面的要求，为了全面认识总体，可同时用两个或两个以上的标志，分别从不同的角度，进行不层叠的多种分组，形成平行分组体系。平行分组体系的特点是两种或多种分组相互独立而不重叠，既可从不同的方面反映事物的多种结构，又不致使分组过于烦琐，故被广泛采用。

例如，某学校教师分别按性别、年龄和籍贯分组，就形成了如图 3-1 所示的平行分组体系。

教师按性别分组　　教师按年龄分组　　教师按籍贯分组

性别 {男教师，女教师}　　年龄 {30 岁以下，30～40 岁，40～50 岁，50 岁以上}　　籍贯 {本省，外省}

图 3-1　简单分组形成的平行分组体系

复合分组就是对总体按两个或两个以上的标志进行的层叠式分组，即在按某一标志对总体进行第一次分组的基础上对第一次分组的结果再按另一标志进行第二次分组，又再对第二次分组的结果按第三个标志分成更小的组，依此类推。复合分组的优点是，从对同一现象的层层分组和分组标志的联系中，更深入全面地研究总体各个方面的内部结构。但是，采用复合分组时，组数会随着分组标志的增加而成倍增加，因为总的组数是每次分组组数的乘积，使每组包括的单位数相应减少，处理不好反而不利于分析问题。因此，不能滥用复合分组，尤其不宜采用过多的标志进行复合分组，一般复合分组的标志不宜超过三个，也不宜对较小总体进行复合分组。对同一总体按两个或两个以上的分组标志重叠起来进行分组，形成的树型结构分组体系称为复合分组体系。

例如，对某学校教师按性别和籍贯进行复合分组，就形成了如图 3-2 的复合分组体系。

教师按性别、籍贯复合分组 {男教师 {本省，外省}，女教师 {本省，外省}}

图 3-2　复合分组形成的复合分组体系

（2）统计分组按分组标志的性质不同，分为品质标志分组和数量标志分组

品质标志分组是将总体按品质标志进行分组，即按事物的某种属性分组。如企业按经济类型、行业分组；人口按性别、民族分组；大学生按专业分组等。这种分组可以反映总体的构成和不同属性事物在总体中的地位和作用。按品质标志进行分组一般也叫分类。

数量标志分组是将总体按数量标志进行分组，如企业按职工人数、劳动生产率分组，职工按工龄、工资分组等。按数量标志分组的目的并不是单纯确定各组在数量上的差别，而是要通过数量上的变化来区分各组的不同类型和性质。

品质标志分组和数量标志分组是一对重要的统计分组，在实际工作中，既要认识总体质的特征，又要认识总体量的变化，统计分组应包括品质标志分组和数量标志分组，从而达到对总体的全面认识。

（3）按分组的作用或目的不同，分为类型分组、结构分组和分析分组

类型分组是将复杂的现象总体，划分为若干个不同性质的组成部分（表 3-1）。

结构分组是在对总体分组的基础上计算出各组对总体的比重，以此来研究总体各部分的结构。类型分组和结构分组往往紧密联系在一起，很难区分（表 3-2）。

分析分组是为研究现象之间依存关系而进行的统计分组。分析分组的分组标志称为原因标志，与原因标志相对应的标志称为结果标志。如影响某种商品消费需求的因素有：该商品的价格、消费者收入、相关商品的价格、消费者偏好以及消费者对该商品的预期等。原因标志不同，结果标志也会不同；同一原因标志由于分组的不同，结果标志也会不同。例如，工人的劳动生产率与产量之间、商品流通费用率与商品销售额之间、广告费支出与产品销售量之间的依存关系，都可以按分析分组法来研究它们之间的联系。如表 3-3 就是用分析分组分析居民文化程度和收入水平之间的依存关系，原因标志和结果标志通常都是数量标志。

3.3 分配数列

3.3.1 分配数列的概念

在统计分组的基础上把总体的所有单位按组排列，列出各组对应的单位数，并按一定的顺序排列，形成总体单位数在各个组的分布，称为分布数列，又称分配数列或次数分布。分配数列包括两个要素：总体按某标志所分的组和各组对应的单位数（频数、次数）。分配数列中各个组的单位个数表示我们所要考察的标志值在各组中出现的次数，所以称为次数或频数，以绝对数 f 表示，各组次数占总次数的比重称为频率，即 $f/\sum f$，其计算公式为：

$$频率=\frac{某一组次数}{总体单位总个数}\times 100\%$$

按顺序列出按品质标志或数量标志值分成的各组和相应的频率形成的统计分布亦称频率分布。

很显然，任何一个频率分布都必须满足：①各组的频率大于 0；②各组的频率总和等于 1（或 100%）。通常分配数列包括分组形成的各组、各组的频数和频率。

分配数列反映总体中所有单位在各组间的分布状况和分布特征，是统计整理结果的基本表现形式。分配数列是对总体进行结构、比例等统计分析的直接依据，也是对总体进行其他分析的重要基础。因此，了解和掌握分配数列的有关理论，对于今后学习其他统计分析方法具有重要意义。

3.3.2 分配数列的种类

根据分组标志的不同，分配数列可以分为品质分配数列和变量分配数列。变量分配数列又有单项式变量分配数列（简称单项数列）和组距式变量分配数列（简称组距数列）。

（1）品质分配数列

按品质标志分组所编制的数列，如表 3-4 就是品质分配数列，它由各组名称和各组频数、频率构成。

表 3-4 某班学生的性别构成

按性别分组	人数(人)	比重(%)
男生	700	58.33
女生	500	41.67
合计	1200	100.00

（2）变量分配数列

按数量标志分组所编制的数列，它由各组变量值和各组频数、频率构成。

单项数列：数列中的每一组用一个变量值表示，即一个变量值代表一组，一般从小到大顺序排列。它一般适用于对离散型变量进行分组，且在该变量值的变化范围不大、总体单位数不太多的情况下使用，如表 3-5 就是单项数列。

组距数列：用变量值变动的一定范围为一组的数列。它适用于对离散型和连续型变量进行分组，且在总体单位数较多，变量值的变动范围较大的情况下使用。在组距数列中，表示各组界限的变量值称为组限，如 40～70，70～120 等。其中较小的变量值称为下限，如 40、70 等，较大的变量值为上限，如 70、120 等，各组上限与下限之差即为组距，组距＝上限－下限，70－40＝30，120－70＝50 等，各组上限与下限的中点称为组中值，即组中值＝

表 3-5 某班学生的年龄构成

按年龄分组(岁)	人数(人)	比重(%)
18	21	18.10
19	32	27.59
20	35	30.17
21	18	15.52
22	10	8.62
合计	116	100.00

(上限＋下限)/2，(40＋70)/2＝55，(70＋120)/2＝95，组中值具有一定的假定性，即假定次数在各组内的分布是均匀的，代表了各组内的一般水平。

组距数列还可分为不同的类型。

① 按组限的完备程度不同，组距数列分为开口数列和闭口数列两种。闭口数列是指在组距数列中，每一个组都有明确的上、下限，即每个组都不缺少上、下限。开口数列是指在组距式分组中，不是每一组的组限都完备。一般是在第一组即分组变量值最小的组缺少下限，用“多少以下”表示，在最后一组即分组变量值最大的一组缺上限，用“多少以上”表示。也可能只有一组缺少组限。

由于缺少组限，无法直接计算组距和组中值，组中值可参照相邻组的组距来近似计算。开口组的组中值计算公式如下：

首组组中值＝上限－相邻组组距的一半；

末组组中值＝下限＋相邻组组距的一半。

这实际上是假定开口组的组距和邻组组距相等，即根据邻组组距，给予开口组一个假定的上限或下限，如表 3-6 中，2000 元以下缺下限，可假定其下限为 1000 元，则该组就变成了闭口组，1000～2000 元。同理，最后一组假定的上限为 6000 元。

一般在变量值分布较均匀情况下编制闭口数列，而在变量值存在极端值时，为避免出现空白组或组距太长可编制开口数列。如表 3-6、表 3-7 就是开口数列，表 3-8 就是闭口数列。

表 3-6 某企业职工的收入情况

月收入(元)	人数(人)	比重(%)
2000 以下	15	12.82
2000～3000	29	24.79
3000～4000	35	29.91
4000～5000	28	23.93
5000 以上	10	8.55
合计	117	100.00

表 3-7 第五次全国人口普查年龄构成

年龄(岁)	人数(人)	比重(%)
0～14	28979	22.89
15～64	88793	70.15
65 岁及以上	8811	6.96
合计	126583	100.00

资料来源：第五次全国人口普查公报（第一号）。

② 按各组组距是否相等，组距数列分为等距数列和异距数列两种。等距数列是指各组组距全都相等的数列，异距数列是指各组组距不全相等，即只要有一个组距与其他组距不

等，就叫异距数列。

等距数列一般适用于分组变量值的变化比较均匀，总体各部分、各单位之间的性质变化，与分组变量值的均匀变化基本对应。这种关系从分布上来看，表现为对称性、均匀性的特点。等距数列由于各组组距相等，各组次数的分布不受组距大小的影响，它和消除了组距影响的次数密度（频率密度）的分布是一致的，能准确反映总体的实际分布特征和规律。如表 3-8 就是等距数列。

表 3-8 某班学生“统计学”考试成绩分布表

成绩(分)	人数(人)	比重(%)
50～60	12	10.62
60～70	29	25.66
70～80	38	33.63
80～90	24	21.24
90～100	10	8.85
合计	113	100.00

异距数列一般适用于总体各部分之间的性质变化，表现为分组变量值的变动不均匀，这种现象如果简单地进行等距分组，很难分辨出其性质上的差别。应该按总体性质变化的客观要求，采用不等距分组。如表 3-7 我国第五次全国人口普查年龄构成就是异距数列：0～14 岁的人口为 28979 万人，占总人口的 22.89%，此年龄段一般是中小学生；15～64 岁的人口为 88793 万人，占总人口的 70.15%，此年龄段一般为青壮年，有劳动能力；65 岁及以上的人口为 8811 万人，占总人口的 6.96%，此年龄段一般是老年人。

由于异距数列各组组距不全相等，各组的次数多少受组距不同的影响，组距大次数可能多，组距小，则次数可能少，因此必须消除组距对其分布的影响，即需计算次数密度（频率密度），

次数密度＝次数/组距，其作用主要是消除各组组距不相等而造成的对总体分布特征的影响。

③ 间断组距数列和连续组距数列。在组距数列中，每组包含许多变量值，每一组变量值中，其最小值为下限，最大值为上限。组距是上下限之间的距离，相邻两组的界限，称为组限。

间断组距数列：凡是相邻两组组限不相连（或称不重叠）的数列。例如，儿童按年龄分组分为未满 1 岁，1～2 岁，3～4 岁，5～9 岁，10～14 岁。

连续组距数列：凡是相邻两组组限相连（或称重叠）的分组，即以同一数值作为相邻两组的共同界限的分组。例如，企业按利润计划完成程度分组分为 90%～100%，100%～110%，110%～120%等组。

如果变量值只是在整数之间变动，例如企业数、职工数、机器设备台数等离散型变量，既可分组形成间断组距数列，也可分组形成连续组距数列。如果变量值在一定范围内的表现既可以是整数，也可以是小数，如产值、身高、体重等连续型变量，只能分组形成连续组距数列。

在连续组距数列中，由于以同一个数值作为相邻两组共同的界限，为了遵循统计分组穷尽和互斥原则，所以统计上规定，凡是总体某一个单位的变量值是相邻两组的界限值，这一个单位归入作为下限值的那一组内，即所谓“上组限不在内”原则。例如学生按成绩分组，把 70 分的学生归入 70～80 分组内，而不归入 60～70 分组内；把 80 分的学生归入 80～90 分组内，而不归入 70～80 分组内。根据这一原则，离散型变量的分组，各组的上限也可以

写为下一组的下限，这样处理既简明又便于计算。

3.3.3 组距数列的编制

分配数列是统计分组的结果，数列的编制过程就是统计分组的过程。品质分组和单项式分组相对较为简单，一般是按照分组标志表现一一列举即可完成分组。在顺序上，品质分组一般是按自然或习惯形成的顺序排列，如表 3-4。单项式变量分组首先将原始数据按由小到大进行排序，然后计算各组的频数或频率，最后将结果以表格形式表现出来，如表 3-5。组距分组相对较为复杂。这里我们重点介绍组距式分组的技术性问题。

从分组过程来讲，组距式分组可按以下几个步骤进行。

（1）确定最大值、最小值和全距

首先对所搜集的原始数据按由小到大进行排序，计算其最大值与最小值之间的距离即全距，它反映了变量值的变动幅度或范围，其计算公式为：全距＝最大值－最小值。这是组距式分组的基础，如果是变动幅度即全距不大的离散变量，即可编制单项式变量数列，如果是变量幅度即全距较大的离散变量或者是连续变量，就要编制组距式变量数列。

（2）确定组数和组距

前面已经介绍过组距数列有等距和不等距之分，应视研究对象的特点和研究目的而定。组距的大小和组数的多少，是互为条件和互相制约的。当全距一定时，组距大，组数就少；组距小，组数就多。确定组数有一个 sturges 经验公式可参照，即 $n=1+3.3\lg N$，N 为总体单位数，n 为组数。

在实际应用中，组距应是整数，最好是 5 或 10 的整倍数。在确定组距时，必须考虑原始资料的分布状况和集中程度，注意组距的同质性，尤其是对带有根本性的质量界限，绝不能混淆，否则就失去分组的意义。在等距分组条件下，存在以下关系：组数＝全距/组距。

（3）确定组限

组限要根据变量的性质来确定。如果变量值相对集中，无特大或特小的极端数值时，则采用闭口式，使最小组和最大组也都有下限和上限；反之，如果变量值相对比较分散，有特大或特小的极端数值时则采用开口式，使最小组只有上限（用“多少以下”表示），最大组只有下限（用“多少以上”表示）。如果是离散型变量，可根据具体情况采用不重叠组限或重叠组限的表示方法，而连续型变量则只能用重叠组限来表示。在采用闭口式时，应做到最小组的下限小于或等于最小变量值，最大组的上限大于或等于最大变量值。

在不等距分组情况下，组限的确定主要依据社会经济现象的内容决定，需要具体问题具体分析。在等距分组时，组限的确定因变量性质的不同，可分为以下两种情况。

① 连续型变量做等距分组时，相邻组的组限必须重叠。只有这样才能保证“不重复、不遗漏”。这时，在重叠组限上的单位，一般算作下限组的单位。这就是统计上的“上组限不在内”原则。

对连续型变量做等距分组时，如果是闭口分组，只要确定了第一组的下限，也就确定了其他组的组限。按照确定组限的基本原则和不遗漏原则，第一组（变量最小的组）的下限必须小于或等于最小标志值，最后一组（最大组）的上限，必须大于或等于最大标志值。

② 离散型变量做等距分组时，相邻组的组限可以断开。例如，按人数分组，“30 人以下”、“31～50 人”、“51～80 人”等，也可以采用组限重叠的方式。其重叠组限上的单位按“上组限不在内”的原则进行汇总。按这种方法，上边的分组可改为：“30 人以下”、“30～50”、“50～80”等。

（4）编制变量数列

经过统计分组，明确了全距、组距、组数和组限及组限表示方法以后，就可以把每个变量值归入各组，最后把各组单位数汇总后填入相应的各组次数（频数）栏中。

例，某地区 50 户居民月收入抽样调查资料如下：（单位：元）

4730 3630 3550 3720 2420 2440 3620 3540 2600 3440 2640 4650 2660 2470 4640
3680 2610 2430 3700 4660 3620 3520 2670 4460 2600 3490 3630 2590 3610 3710
2550 3780 3540 2690 4470 4820 3340 3910 4160 2790 3460 2850 3490 4520 4160
2830 3750 2540 4100 4150

第一步：将原始数据按由小到大进行排序（单位：元）

2420 2430 2440 2470 2540 2550 2590 2600 2600 2610 2640 2660 2670 2690 2790
2830 2850 3340 3440 3460 3490 3490 3520 3540 3540 3550 3610 3620 3620 3630
3630 3680 3700 3710 3720 3750 3780 3910 4100 4150 4160 4160 4460 4470 4520
4640 4650 4660 4730 4820

求全距 R＝最大值－最小值＝4820－2420＝2400（元）

第二步：确定组距与组数。数据相对较少，另从其客观性对收入进行定性分析，可以将其分为高收入、中等偏上、中等收入、低收入四种类型，故设定组数为 4 组较为适宜。所以组距＝全距/组数＝2400/4＝600（元）

第三步：确定组限。根据上面的分析，组距为 600 元，组限分别为 2420～3020、3020～3620、3620～4220、4220～4820

第四步：计算各组的次数，编制分布数列表 3-9。

表 3-9　某地区 50 户居民月收入情况分配数列

收入(元)	户数(户)	比重(%)
2420～3020	17	34.00
3020～3620	10	20.00
3620～4220	15	30.00
4220～4820	8	16.00
合计	50	100.00

3.4 统计图和统计表

数字是统计的语言。统计研究社会经济现象的数量关系，主要是通过数字资料来表现的。统计表和统计图都是系统地显示数字资料的基本形式，我们把统计图和统计表当作统计整理过程的最后一个步骤。统计图是将统计资料整理结果图形化，统计表是将统计资料整理结果表格化，它们使人获得明确而直观的印象，使统计资料清晰易懂、一目了然、形象直观。

3.4.1 统计图

3.4.1.1 统计图的含义

统计图是用点、线条、面积或立体图形等形式直观地显示统计资料的数值大小、分布情况、发展变化趋势或相互关系。

用统计图来表现统计资料的方法叫做统计图示法。统计图所表示的数量关系，比统计表更加明白具体，使人一目了然，印象深刻。统计图是一种综合性、总结性和比较完备、准确、形象的表示方法。常用统计图包括条形图（柱形图）、直方图、折线图、曲线图、圆形图、环形图等。

3.4.1.2 统计图的结构及制图规则

统计图由标题、图号、标目、图形、图注等项构成。

标题：图的标题应简明扼要地说明图的内容，有时附加小标题及注解，必要时可注明时间、地点，标题文字应由左向右排列，一般标注在图的正下方。

图号：文章中若有多张统计图，则需按其出现的先后次序编上序号，写在统计图标题前。

标目（坐标轴）：对于有纵横轴的统计图，应在纵横轴上分别标明统计项目名称及其尺度。横轴 X（基线）一般表示对总体的分组，尺度要等距，数字自左向右排列，小的数在左，大的数在右，写在横轴的下方。纵轴 Y 一般表示各组出现的频数或频率，柱形图和直方图纵坐标从 0 开始，数字自下向上排列，小的数在下，大的数在上，有时纵轴的两侧分别表示不同的项目，两个轴都要注明项目名称及其尺度。在同一个图形上比较两个事物时，使用的尺度要相同。

图形：图中线条的粗细，应依其重要性而有所区别。图形线条应最粗，而且要清晰。基线（横轴 X）和尺度线（纵轴 Y）次之。

图注：图注是对图形的解释和说明，便于读者理解，图注的文字应简明扼要，字体要小。图注和资料来源应写在标题的下方。

绘制统计图的一般步骤是：首先根据统计资料的性质和绘制统计图的目的任务，选定适当的图形，规划图的结构；其次是定坐标、划分尺度，根据统计表上的数据画图形；最后是上墨着色，书写标题和图例说明等。所有统计图均可借助 SPSS 和 Excel 自动完成。

3.4.1.3 常用统计图及绘制法

（1）条形图（柱形图）

条形图是用宽度相同的条形的高度或长度来表示品质数列的图形。条形图可以横置也可以纵置，纵置时又称为柱形图，也就是说，当各类别放在纵轴时，称为条形图；当各类别放在横轴时，称为柱形图。根据表 3-4 可绘制条形图（图 3-3）和柱形图（图 3-4）。

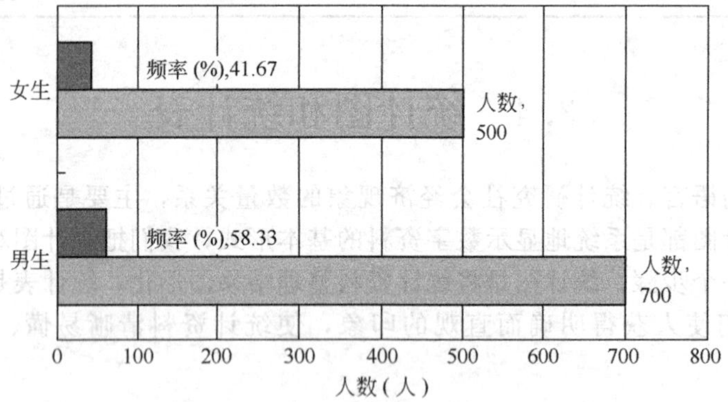

图 3-3 某年级学生的性别构成条形图

（2）直方图

直方图是用矩形的宽度和高度来表示组距数列频数（频率）分布的图形。在平面直角坐标中，对于等距数列，横轴表示数据分组，即各组组限，纵轴表示频数（一般标在左方）或频率（一般标在右方），若没有频率的直方图只保留左侧的频数。这样各组组距的宽度与相应的频数的高度就绘制成一个个矩形，即直方图。对于不等距数列，先要计算出各组的频数密度或频率密度，然后以组距为宽，以频数密度或频率密度为高画直方图，其中频数密度的计算公式为：

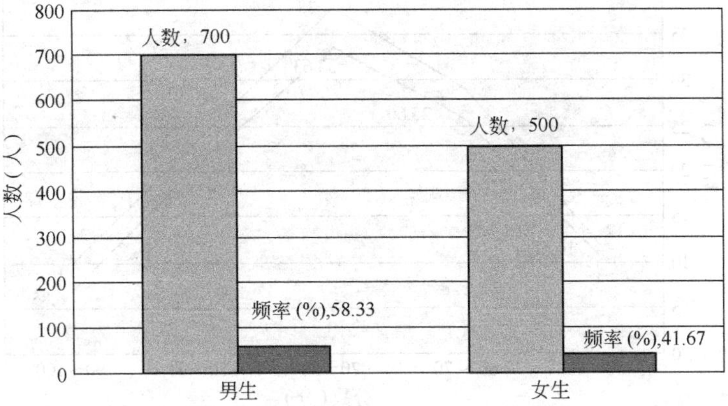

图 3-4 某年级学生的性别构成柱形图

频数(频率)密度＝频数(频率)÷组距

直方图与条形图的不同之处在于以下几方面。

条形图是用条形的长度（横置时）或高度（纵置时）表示各类别频数（频率）的多少，其宽度（表示类别）是固定的；直方图是用面积表示各组频数（频率）的多少，矩形的高度表示每一组的频数（频率）密度，宽度则表示各组的组距，因此其高度与宽度均有意义。如果是等距数列，则其各组宽度相等，如果是异距数列（不等距数列），则其各组宽度不相等。另外，条形图一般表示品质数列的频数（或频率）分布，各类之间有适当的间隔；而直方图表示组距数列的频数（或频率）分布，各组之间是连续的，没有间隔。根据表 3-8 数据可绘制如图 3-5 的直方图。

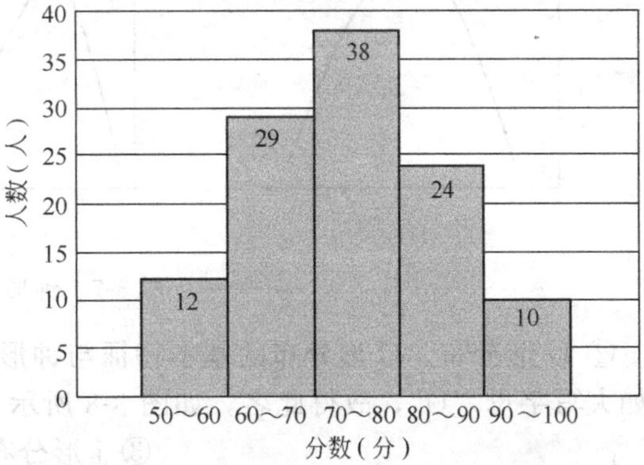

图 3-5 某班学生“统计学”考试成绩分布直方图

(3) 折线图

折线图是利用闭合的折线构成多边形以反映数据变化情况的一种统计图，也叫次数分布多边图。折线图以纵轴上的高度表示频数（或频率）的大小。折线图可以在直方图的基础上，将直方图中的每个长方形的顶端中点用折线连点而成。如果不绘制直方图，可以用组中值与频数求坐标点连接而成。

需要注意，折线图的两个终点要与横轴相交，具体的做法是将第一个矩形的顶部中点通过竖边中点（即该组频数一半的位置）连接到横轴，最后一个矩形顶部中点与其竖边中点连接到横轴。这样才会使折线图下所围成的面积与直方图的面积相等，从而使二者所表示的频数分布一致。根据表 3-8 绘制的折线图为图 3-6。上边是人数分布折线图，下边是频率分布折线图。

(4) 曲线图

当变量值非常多，对数据所分的组数很多时，组距会越来越小，这时所绘制的折线图就会越来越光滑，逐渐形成一条平滑的曲线，这就是频数（或频率）分布曲线，所以也可把曲线图理解为折线图的理论图。频数（或频率）分布曲线主要有以下三种。

① 钟形分布。这种分布的基本特征是“两头少，中间多”或“中间大，两头小”。即靠近中间的标志值出现次数多，从中间标志值向最小和最大标志值的两个方向上，次数越来越

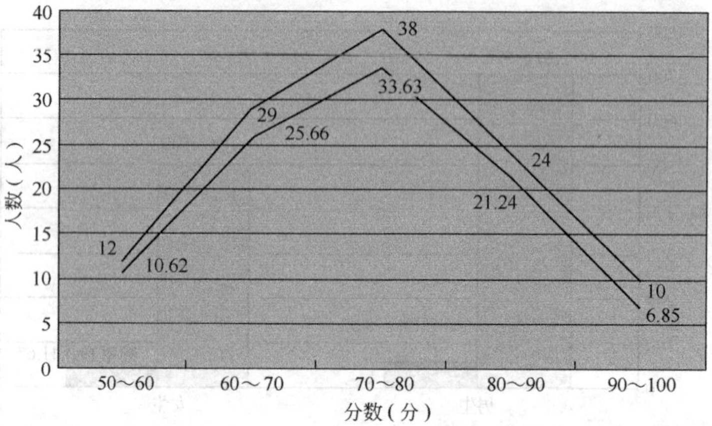

图 3-6 某班学生“统计学”考试成绩分布折线图

少。其图形像一口古钟，故得名，当分布完全对称时也叫正态分布，如图 3-7 中的（1）所示。当分布不完全对称时，其图形表现为右偏或左偏，如图 3-7 中的（2）和（3）所示。

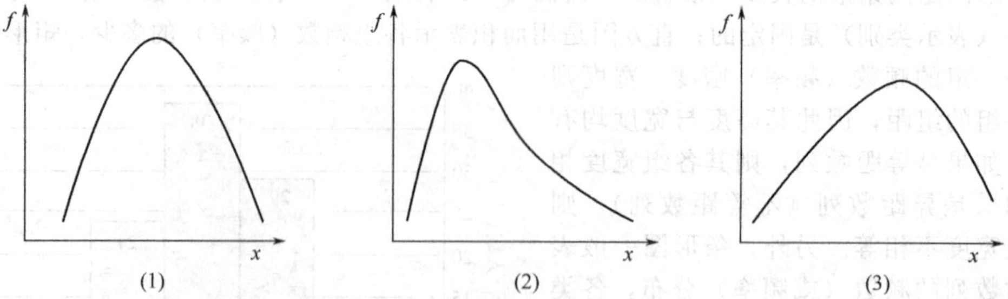

图 3-7 钟形分布示意图

② U 形分布。U 形分布的基本特征与钟形分布正好相反。即“两头大，中间小”，其形状如大写字母“U”，故得此名，如图 3-8 所示。

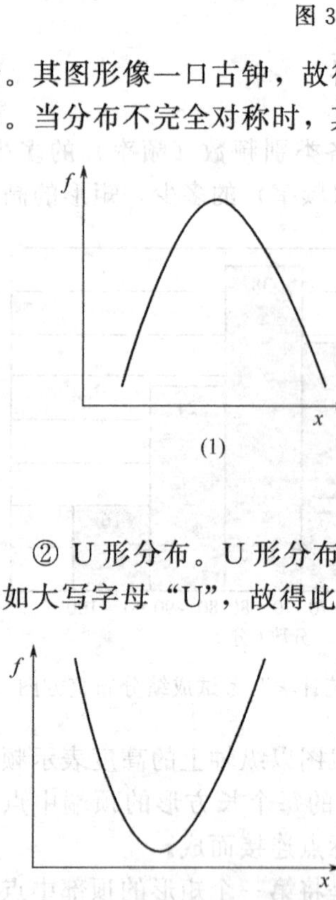

图 3-8 U 形分布示意图

③ J 形分布。这种分布的基本特征是：随着标志值从小到大，次数以几何的倍数增减，即“一头大，一头小”，大部分集中在某一端。其图形如字母“J”，故得此名。当次数与变量值同方向变化时，称为正 J 形分布，如图 3-9 中的（1）图。当次数与变量值反方向变化时，称为反 J 形分布，如图 3-9 中的（2）图。

（5）圆形图

圆形图又称为饼图，是以圆内各扇形面积占整个圆形面积的百分比来表示各组或类在其总体中所占比重的一种图示方法，用来对统计总体进行结构研究。圆形面积表示整个统计总体，圆中的各扇形表示各组成部分所占的比重，一般用百分数表示。根据表 3-8 的资料可绘制图 3-10 所示的圆形图。

（6）环形图

环形图与圆形图又有区别，环形图中间有一个空洞，外面是多个环形，每一个环形表示一个总体的结构。圆形图只能显示一个总体各部分所占的比例，而环形图则可以同时绘制多个总体的数据系列，每一个总体的数据系列为一个环，从而可以进行比较研究。根据表 3-2 第二次全国农业普查农业技术人员数量中全国、东部地区、中部地区数据绘制的环形图如图 3-11，图中三个环形由里到外分别表示全国、东部地区、中部地区农业技术人员的职称结构。

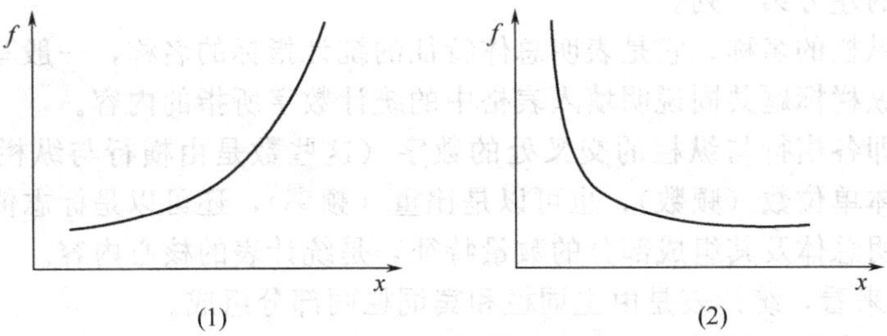

图 3-9 J形分布示意图

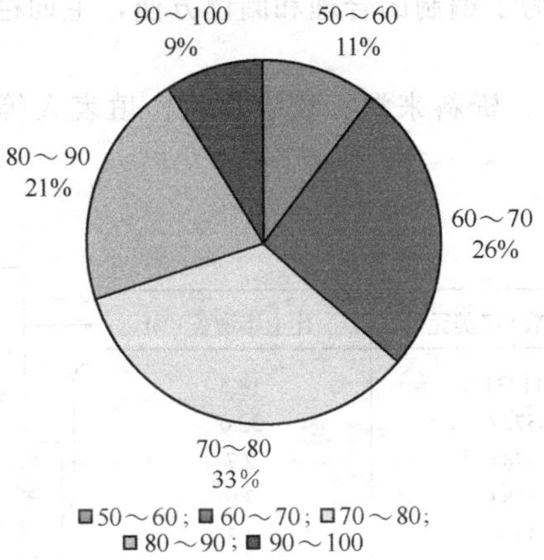

图 3-10 某班学生“统计学”考试成绩分布圆形图

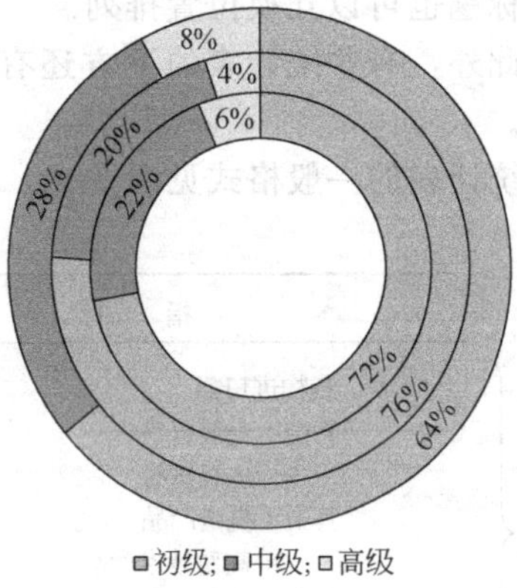

图 3-11 全国、东部地区、中部地区农业技术人员的职称结构环形图

3.4.2 统计表

3.4.2.1 统计表的概念

统计调查所得来的原始资料，经过统计整理，得到说明社会现象及其发展过程的数据，将这些数据按一定的顺序和格式填列在表格上，就形成了统计表。简而言之，统计表就是以纵横交叉的线条所绘制的表格来表现统计资料的一种形式，如前面的分布数列就是一种最简单的统计表。

广义的统计表包括统计工作各个阶段中所用的一切表格，如调查表、汇总表、分析表、动态数列表、相关系数计算表等。

狭义的统计表是指统计整理与统计分析研究阶段所使用的表格，也就是通常所说的统计表，它清楚、有条理地显示统计资料，直观地反映统计分布特征，是统计分析的一种重要工具。

3.4.2.2 统计表的结构

统计表的结构，可以从形式和内容两个方面来认识。

① 从形式上看，统计表是由纵横交叉的直线组成的左右两边不封口的表格，表的上面有总标题，即表的名称，左边有横行标题，上方有纵栏标题，表内是数字资料。

总标题是统计表的名称，它相当于一篇论文的总标题，简明扼要地说明表的基本内容，必要时加表号、时间、地点，它置于统计表的上端正中，并以较粗较大的字体显示出来。

横行标题是横行的名称，它表明研究总体及其组成部分，也就是统计表所要说明的对象，一般写在表的左方第一列。

纵栏标题是纵栏的名称，它是表明总体特征的统计指标的名称，一般写在表的上方第一行。横行标题和纵栏标题共同说明填入表格中的统计数字所指的内容。

数字资料。即各横行与纵栏的交叉处的数字（这些数是由横行与纵栏所限定的内容），它们既可以是总体单位数（频数），也可以是比重（频率），还可以是标志值的合计数或平均值，都是用来说明总体及其组成部分的数量特征，是统计表的核心内容。

② 从内容上来看，统计表是由主词栏和宾词栏两部分组成。

主词栏是统计表所要说明的总体及其组成部分，一般都列在表的左半部分，也就是横行标题；宾词栏是统计表用来说明总体数量特征的各个统计指标及其数值，一般都列在统计表的右半部分。也就是纵栏标题和数字资料。但有时为了编制的合理和阅读方便，主词栏和宾词栏标题也可以互换位置排列。

此外，有些统计表的下方还有补充资料、注解、资料来源、填表单位、填表人等附加内容。

统计表的一般格式见图 3-12。

指　　标	绝对数(亿美元)	比上年增长(%)
货物进口额	11331	18.5
其中：一般贸易	5727	33.6
加工贸易	3784	2.7
其中：机电产品	5387	7.9
高新技术产品	3419	4.3
其中：国有企业	3538	31.1
外商投资企业	6200	10.8
其他企业	1593	25.7

纵栏标题

横行标题

数字资料

主　　词　　栏

宾　　词　　栏

图 3-12　2008 年我国货物进口额及其增长速度

总标题

资料来源：中华人民共和国国家统计局，《中华人民共和国 2008 年国民经济和社会发展统计公报》，2009 年 2 月 26 日。

附加

3.4.2.3 统计表的分类

（1）按主词的结构分类

根据主词栏是否分组和分组的程度，统计表分为简单表、简单分组表和复合分组表。

简单表：简单表是指主词栏未经任何分组的统计表。简单表的主词栏按习惯或总体各个单位自然顺序排列或按时间先后顺序简单排列。例如，主词栏由研究总体各单位名称组成；主词栏由时间顺序组成的动态数列等等。如表 3-10 所示，2005～2008 年我国国内生产总值及其增长速度就是简单表。

表 3-10　2005～2008 年国内生产总值及其增长速度

年　份	国内生产总值(亿元)	增长速度(%)
2005	183217	—
2006	211924	15.67
2007	257306	21.41
2008	300670	16.85

资料来源：中华人民共和国国家统计局，《中华人民共和国 2008 年国民经济和社会发展统计公报》，2009 年 2 月 26 日。

简单分组表：简单分组表是指主词栏只按一个标志分组形成的统计表。可以按品质标志分组，也可以按数量标志分组。

利用简单分组表可以揭示现象不同类型的不同特征，研究总体的内部构成，分析现象之间的依存关系。如表 3-4 就是一个简单分组表。

复合分组表：复合分组表是指主词栏按两个或两个以上标志重叠进行分组形成的统计表，在一定分析任务的要求下，复合分组表可以把更多的标志结合起来，更深入地分析社会经济现象的特征和规律性。如某年级学生按籍贯和性别复合分组形成的复合分组表 3-11。

表 3-11 某年级学生的籍贯和性别构成

项目		人数(人)	比重(%)
本省		58	57.43
	其中：男生	25	24.75
	女生	33	32.68
外省		43	42.57
	其中：男生	25	24.75
	女生	18	17.82
合计		101	100.00

注意：进行分组的第二标志的组别名称要后退一或二字。

(2) 按宾词指标设计分类

统计表按宾词指标设计不同分为宾词未加工的统计表、宾词指标简单设计的统计表、宾词指标复合设计的统计表。

宾词未加工的统计表是指宾词指标不做任何分组、按一定顺序排列在统计表上，它的宾词栏数等于宾词个数，如表 3-11。

宾词指标简单设计的统计表是指宾词栏中各分组标志彼此分开，平行排列，它的宾词栏数等于各个宾词分组组数之和，如表 3-12。

表 3-12 某专业各年级学生的性别和年龄构成 单位：人

年级	全部人数	性别		年龄范围				
		男	女	18 岁	19 岁	20 岁	21 岁	22 岁
(甲)	(1)	(2)	(3)	(4)	(5)	(6)	(7)	(8)
一年级	102	46	56	20	35	31	16	0
二年级	127	58	69	12	25	35	39	16
三年级	145	78	67	0	29	36	42	38
四年级	159	85	74	0	0	53	69	37
合计	533	267	266	32	89	155	166	91

宾词指标复合设计的统计表是指统计指标同时有层次地按两个或两个以上标志分组，各种分组层叠在一起，它的宾词栏数等于各个宾词分组组数的连乘积，如表 3-13。

统计表的主词分组与宾词分组是有区别的。主词分组的结果使总体分成许多组成部分，它们是需要用统计指标（宾词）来描述和表现的。宾词分组的结果并不增加统计总体的组成部分，仅仅是为了比较详细地描述总体已有的各个组成部分。由此可见，主词分组具有独立的意义，而宾词分组从属于主词的要求，是为了描述主词的数量特征而设计的。

3.4.2.4 统计表的设计

统计表的设计要求是：简明、清晰、实用、美观、准确、醒目，便于理解和分析。

统计表形式设计应注意的事项包括以下几方面。

表 3-13 某专业各年级学生的性别和籍贯构成 单位：人

年级	全部人数			籍贯					
				本省			外省		
	男	女	小计	男	女	小计	男	女	小计
(甲)	(1)	(2)	(3)	(4)	(5)	(6)	(7)	(8)	(9)
一年级	46	56	102	22	23	45	24	33	57
二年级	58	69	127	32	39	71	26	30	56
三年级	78	67	145	32	29	61	46	38	84
四年级	85	74	159	38	29	67	47	45	92
合计	267	266	533	124	120	244	143	146	289

① 表格形状。统计表应设计成由纵横交叉线条组成的长方形表格，长与宽之间保持适当的比例；

② 线条的绘制。表的上下两端应以粗线绘制，表内纵线以细线绘制，横行各项目之间一般不划横线；表格的左右两端一般不划线，采用“开口式”；

③ 合计栏的设置。表中的横行“合计”，一般列在最后一行，表中纵栏的“合计”一般列在最后一栏。

④ 栏数的编号。表中主词栏各行和宾词栏各列，一般是按先局部后整体的原则排列，即排列出各项目后再列总计，在没有必要列出所有项目时，应先列总计后再列出其中部分重要项目。如果栏数较多，应当按顺序编号，主词栏和计量单位栏用（甲）、（乙）等文字标明，宾词栏常用（1）、（2）、（3）等数字标明。表中有关栏次如有计算上的钩稽关系，可同时标明，如 (3)=(2)/(1)等。

统计表内容设计应注意的事项包括以下几方面。

① 标题设计。无论是总标题，还是横行、纵栏标题都应简明扼要，简练而又准确地表述出统计资料的内容及所属的时间和空间范围。横行、纵栏标题的排列要按一定的逻辑顺序。

② 指标数值。数字一律用阿拉伯数字表示，表中数字应右对齐，填写整齐。如有小数，小数点后位数应保持一致，按小数点右对齐。当数字为 0 或不足单位起点时，应写上“0”；当缺乏某项数字时，用“…”表示；无法计算的数字用“—”表示，不能有空格。相同的数字要重写，不能用“同上”、“同左”等字样代替。如有注释则用“*”号等标出，注释放于表的下方。

③ 计量单位。统计表必须注明数字资料的计量单位。当全表只有一种计量单位时，可以把它写在表头的右上方。若各横行有不同的计量单位，可专设计量单位一栏，纵栏的计量单位，可写在指标名称下（后）面。

④ 注解与资料来源。为保证统计资料的科学性与严肃性，在统计表下，应注明资料来源，以方便查找和表示对他人劳动的尊重。必要时，在统计表下也应对某些数据的计算方法、计算口径作出说明。

课 后 练 习

一、判断题

1. 能够对统计总体进行分组，是由统计总体中的各个单位所具有的“同质性”特点决定的。（ ）

2. 统计分组的关键问题是确定组距和组数。(　　)

3. 连续型变量可以作单项分组或组距式分组，而离散型变量只能作组距式分组。(　　)

4. 分配数列的实质是把总体单位总量按照总体所分的组进行分配。(　　)

5. 按组距式分组会使资料的真实性受到一定影响。(　　)

6. 某一开口式变量数列中其开口组的下限为 200，邻组的组距为 10，则开口组的组中值为 205。(　　)

7. 在进行分组时，凡遇到某单位的标志值刚好等于相邻两组上、下限数值，一般是将此值归入上限所在组。(　　)

8. 统计资料整理是统计调查的前提，也是统计分析的结果，在整个统计工作中具有重要作用。(　　)

9. 对于任何形式的变量，都可以采用不重叠的组限。(　　)

10. 在进行统计分组时，总体中的任何一个单位有可能同时归属于两个或两个以上的组。(　　)

11. 分组标志可以是品质标志，也可以是数量标志。(　　)

12. 统计分组既是一种资料整理方法，又是一种统计分析方法。(　　)

二、单选题

1. 统计分组的关键在于(　　)。

A. 明确统计总体　　B. 选择分组标志　　C. 明确总体单位　　D. 选择统计指标

2. 一个变量数列的构成要素有(　　)。

A. 分组标志和指标　　B. 数量分组标志值和频数

C. 品质分组和频数　　D. 分组标志及次数

3. (　　)宜编制单项数列。

A. 连续性变量且各变量值变动比较均匀　　B. 离散型变量且各变量值变动幅度较小

C. 连续性变量且各变量值变动幅度较大　　D. 离散型变量且各变量值变动幅度较大

4. 某连续变量数列，其末组为开口组，下限为 300，又知其邻组的组中值为 250，则末组组中值为(　　)。

A. 350　　B. 400　　C. 375　　D. 425

5. 有 20 名工人看管机器台数资料如下：3，5，4，6，5，2，3，4，4，3，4，2，3，5，4，4，5，3，3，4，按上述资料编制变量数列应采用(　　)。

A. 单项分组　　B. 组距分组　　C. 等距分组　　D. 异距分组

6. 按某一标志分组的结果表现为(　　)。

A. 组内差异性，组间同质性　　B. 组内同质性，组间同质性

C. 组内同质性，组间差异性　　D. 组内差异性，组间差异性

7. 将人口总体分为“男”、“女”两组，这是按(　　)分组。

A. 变量　　B. 指标　　C. 数量标志　　D. 品质标志

8. 对某学校教师的生活水平状况进行分组研究，正确选择分组标志应当用(　　)。

A. 该校教师的月工资总额的多少　　B. 教师月人均收入额的多少

C. 教师家庭成员平均月收入额的多少　　D. 教师人均月岗位津贴及奖金的多少

9. 变量数列中，各组频率的总和应(　　)。

A. 小于 1　　B. 等于 1　　C. 大于 1　　D. 不等于 1

10. 划分连续型变量的组限时，相邻组限必须(　　)。

A. 相等　　B. 不等　　C. 重叠　　D. 间断

11. 某学校教师按工资水平分为四组：2000 元以下；2000～2500 元；2500～3000 元；3000 元以上。第一组和第四组的组中值分别为(　　)。

A. 1750 元和 3500 元　　　　B. 1800 元和 3250 元
C. 1800 元和 3500 元　　　　D. 1750 元和 3250 元
12. 统计分组时，若某标志值刚好等于相邻两组上下限数值时（　　）。
A. 将此数值归入上限所在组　　　　B. 将此数值归入下限所在组
C. 归入这两组中任意一组均可　　　　D. 另立一组
13. 企业按资产总额分组（　　）。
A. 只能使用单项式分组
B. 只能使用组距式分组
C. 可以使用单项式分组，也可以使用组距式分组
D. 无法分组

三、多选题

1. 统计整理是（　）。
A. 统计调查的继续　　B. 统计设计的继续　　C. 统计调查的基础
D. 统计分析的前提　　E. 统计分析的基础
2. 统计分组形成的组（　）。
A. 同组单位所有的指标值都相同　　　　B. 同组单位所有的标志都相同
C. 同组单位在分组标志上表现为同质　　　　D. 是一个更小的总体
E. 各组的总体单位具有相异的性质
3. 对离散型变量分组（　　）。
A. 可按每个变量值分别分组
B. 也可采用组距分组
C. 相邻组的组限可以不重叠，但要相互衔接
D. 各组组距可相等也可不等
E. 要按"上组限在本组内"的原则处理与上组限相同的变量值
4. 某班学生成绩分组中，80～90 分一组的学生人数占总数的 25%，这一数字是（　）。
A. 频数　　B. 次数密度　　C. 频率
D. 比重　　E. 次数
5. 在组距式数列中，组中值是（　　）。
A. 上限与下限之间的中点数　　　　B. 在开口组中无法确定
C. 是用来代表各组标志值的平均水平　　　　D. 在开口组中可参照邻组组距来确定
E. 就是组内变量值的平均数
6. 统计整理（　）。
A. 可以对原始资料整理　　　　B. 可以对次级资料整理
C. 是统计工作的第三个阶段　　　　D. 关键是统计分组
E. 是统计工作的第二个阶段
7. 统计分组的作用是（　　）。
A. 反映总体的基本情况　　　　B. 说明总体状况
C. 区分事物的本质　　　　D. 反映总体的内部结构
E. 研究现象之间的依存关系
8. 统计分组按采用的分组标志的种类不同可分为（　　）。
A. 按不同的标志分组　　　　B. 按品质标志分组
C. 按数量标志分组　　　　D. 复合分组
E. 简单分组
9. 下列那些分组是按品质标志分组（　　）。

A. 工厂按利润计划完成程度分组
B. 学生按性别分组
C. 企业按所有制形式分组
D. 职工按年龄分组
E. 职工按文化程度分组

四、计算题

1. 某班40名学生英语考试成绩分别为：(单位：分)

66 89 88 84 86 87 75 73 72 68 75 82 97 58 81 54 79 76 95 76 71 60 90 65 76 72 76 85 89 92 64 57 83 81 78 77 72 61 70 81

学校规定60分以下为不及格，60～70分为及格，70～80分为中，80～90分为良，90～100分为优。

要求：将该班学生分为不及格、及格、中、良、优五组，编制一张频数分配表。

2. 某生产车间40名工人日加工零件数（件）分别为：26 35 42 37 29 40 46 31 29 47 38 32 27 38 42 46 29 40 30 43 35 48 39 26 47 45 33 44 44 36 34 27 31 37 35 41 48 39 45 49 要求：将该生产车间工人日加工零件数分成以下五组：25～30、30～35、35～40、40～45、45～50，编制一张频数分配表。并计算每组组距和组中值。

4 综合指标

统计整理是对大量纷繁复杂的反映社会经济现象总体数量特征的资料进行条理化、系统化的加工与汇总，这些经过加工与汇总后取得的数值，就是反映社会经济现象总体数量特征的统计指标，即综合指标。统计指标有三种基本类型：总量指标、相对指标和平均指标。

利用统计指标进行统计分析的方法称为综合指标法。综合指标法是统计中最基本的分析方法。

4.1 总量指标

4.1.1 总量指标的概念和作用

总量指标是反映社会经济现象在一定时间、地点、条件下的总规模和总水平的统计指标。它的表现形式是绝对数，故又称绝对指标或绝对数。例如，2008 年年末全国总人口为 132802 万人，全年出生人口 1608 万人；2008 年国内生产总值 300670 亿元等都是总量指标。有时，总量指标还可以表现为总量之间的绝对差数，例如，2008 年年末全国总人口比上年年末增加 673 万人。

总量指标是统计中最基本的指标，它具有两个特点：①总量指标只反映有限总体的数量，因为社会经济现象研究的是有限总体，所以只有有限总体才能计算总量指标；②总量指标的数值随总体范围的大小而增减，即被研究范围越大，总量指标就越大，反之越小。

在社会经济统计实践中，总量指标的应用十分广泛，其主要作用可以概括为以下三点。

（1）总量指标是认识社会经济现象的起点

总量指标是认识社会经济现象的起点，是因为总量指标可以反映一个国家的国情和国力，反映一个地区、一个部门或一个单位的人力、物力和财力的情况。例如，掌握了一个国家或地区在一定时间的土地面积、人口总数、劳动力数量、社会总产值、国民收入、国内生产总值、国民生产总值以及各种矿产储量等总量指标，就对这个国家或地区有了一个基本认识。

（2）总量指标是实行社会经济管理的依据之一

一个国家或地区为更有效地指导经济建设，保持国民经济协调发展，就必须了解和分析各部门之间的经济关系。它虽然可以用相对数、平均数来反映，但归根结底还是需要掌握各部门在各个不同时间的总量指标。

（3）总量指标是计算相对指标和平均指标的基础

相对指标和平均指标一般是由两个有联系的总量指标对比计算出来的，是总量指标的派生指标。例如，男女性别比是男性人口数与女性人口数之比，单位面积产量是总产量与播种面积之比等。

4.1.2 总量指标的种类

4.1.2.1 总体单位总量和总体标志总量

总量指标按反映现象总体的内容不同，可分为总体单位总量和总体标志总量。

总体单位总量（即总体单位数）是反映总体或总体各组单位的总量指标。它是总体内所有单位的合计数，主要用来说明总体本身规模的大小。总体标志总量是反映总体或总体各组标志值总和的总量指标。它是总体各单位某一标志值的总和，主要用来说明总体各单位某一标志值总量的大小。

例如，调查某地区所有工业企业的生产经营情况，则该地区所有工业企业是总体，每个工业企业是总体单位，因此，该地区工业企业总数是总体单位总量，该地区工业企业总产值、职工总数、工资总额等是总体标志总量。

应当注意的是：一个总量指标究竟属于总体单位总量还是属于总体标志总量并不是绝对的，而是相对的，它是随着研究目的和被研究对象的变化而变化的。如上例的调查目的改为调查了解某地区工业企业职工的工资水平，那么，该地区工业企业的职工人数就不再是总体标志总量，而成了总体单位总量。明确总体总量与标志总量之间的差别对于区分和计算相对指标与平均指标具有重要意义。

4.1.2.2 时期指标和时点指标

总量指标按反映现象的时间状态不同，可以分为时期指标和时点指标。

(1) 时期指标

时期指标是说明现象在一段时间内发展过程总量的指标。如商品销售量（额）、产品产量、出生人数、能源消耗量等。时期指标有以下特点。

第一，时期指标无重复计算，可以累加，说明较长时期内现象发生的总量。如 1～3 月份的产量相加就成为第一季度的产量，1～4 季度的产量相加就是一年的产量；年产值是月产值的累计数，表示年内各月产值的总和。

第二，时期指标值的大小与时期的长短有着直接关系，一般来说时期越长，指标值越大；反之，则越小。例如，一年的能源消耗量比半年的多，一个月的商品销售额要比一年的商品销售额少。因此，当两个时期指标进行对比时，必须注意二者在时期长短上的可比性，即要消除因时期长短不同所产生的影响。

第三，时期指标值是通过连续登记取得的。它是通过经常性调查并加以汇总得到的。例如为取得某月的商品销售额资料，必须经常进行调查，并将每天商品销售额相加才能得到。

(2) 时点指标

时点指标是说明现象在某一时点上（瞬间）总量的指标。例如，年末人口数、月末商品库存量、年末银行存款余额、某期初牲畜存栏数等。时点数列有以下特点：

第一，时点指标有重复计算，除在空间上或计算过程中可相加外，一般相加无实际意义。例如，月末人口数之和不等于年末人口数。

第二，时点指标值的大小与时点的间隔长短没有直接关系。例如，年末设备台数并不一定比年内某月月末设备台数多。

第三，时点指标值是通过定期的一次性的登记取得的。

时期指标与时点指标最根本的区别，还在于各自反映的现象在时间规定性上的不同。弄清时期指标与时点指标的区别，对于计算总量指标时间序列的序时平均数是很重要的。

4.1.2.3 实物指标、价值指标和劳动指标

总量指标按计量单位的不同，可分为实物指标、价值指标和劳动指标。

(1) 实物指标

实物指标是用实物单位计量的总量指标。实物单位是根据事物的属性和特点而采用的计量单位，它使用的计量单位有以下几种：

第一，自然单位，即按照事物的自然属性来表现其数量的计量单位。例如，人口以

“人”为单位、汽车以“辆”为单位、牲畜以“头”为单位、鞋以“双”为单位、机器以“台”为单位等。

第二，度量衡单位，即按照统一的度量衡制度的规定来度量其数量的一种计量单位。例如，重量以“千克”或“吨”为单位，长度以“米”为单位、运输里程以“千米”为单位等。度量衡单位的采用主要是由于有些现象无法采用自然单位来表明其数量，如粮食、钢铁等；另外有些实物如鸡蛋等，虽然也可以采用自然单位，但不如用度量衡单位准确方便。

第三，双重单位。有些事物用一种计量单位不能准确地反映其真实的规模和水平，需要同时用两个单位分别加以反映，这种计量单位叫双重单位。例如，电机以“千瓦/台”、起重机以“吨/台”等为单位。

第四，复合单位。复合单位是把两种计量单位有机地结合在一起表示某一事物的数量。例如，货运量用“吨公里”、发电量用“千瓦小时”表示等。

第五，标准实物单位，是按统一的折算标准来度量被研究现象数量的一种单位，如各种型号的拖拉机以15马力（1马力=746W）为一标准台，15马力就称为标准实物单位。

实物指标可以直接反映产品的使用价值或现象的具体内容，但不同属性的实物指标不能直接相加，因此，它无法用来反映非同类现象的总规模和总水平，缺乏广泛的综合能力。

(2) 价值指标

价值指标是用货币单位计量的总量指标。计量单位有：元、百元、千元、万元等。如工业总产值、国内生产总值、商品销售额、利润额等。价值指标的优点是具有较强的综合概括能力，是应用最广泛的指标。但价值指标脱离了具体的物质内容，比较抽象。

(3) 劳动指标

劳动指标是用劳动量单位计量的总量指标。劳动量单位是用劳动时间表示的计量单位，如“工时”、“工日”、“台时”等。工时是工人数和劳动时数的乘积；工日是工人人数和劳动日数的乘积；台时是设备台数和开动时数的乘积。劳动指标主要在企业范围内使用，是评价劳动时间利用程度和计算劳动生产率的依据，是企业编制和检查劳动生产计划的依据。不同类型、不同经营水平的企业的劳动指标是不能直接相比较的。

4.1.3 计算和运用总量指标的原则

(1) 要注意现象的同类性

只有同类性的现象才能计算实物总量，而同类性是由事物的性质所决定的。例如，钢材和水泥的性质不同，就不能将它们混在一起计算实物总量，但原煤、原油、天然气等各种不同的燃料由于使用价值相同就可以折算为标准燃料计算总量。现象的同类性，还取决于现象所处的条件和统计研究的目的。如计算货物运输总量时，只要求计算运输货物的重量和里程，因此，就不问其实物性质，可将各种货物的重量和里程直接汇总。

(2) 要有明确的统计涵义和合理的统计方法

统计指标的涵义包括指标的内涵和外延两个方面。只有明确了总量指标的涵义，才能正确划分它的范围，正确地决定它的计算方法。如计算工业总产值，首先必须明确工业总产值的涵义，才能确定它的范围；其次是怎样计算工业总产值，或者说使用什么方法统计工业总产值。只有这样，才能使统计的总量指标科学、准确。

(3) 要有统一的计量单位

对于同一个总量指标在不同时间、地点、单位进行计量时，其计量单位应当一致，不一致时，应进行换算，使之统一，以便于汇总、对比和分析。

4.2 相对指标

4.2.1 相对指标的概念和作用

相对指标又称相对数，是社会经济现象中两个有联系的统计指标数值对比所得到的抽象的比值。例如，用实际产量与计划产量对比，可得产量计划完成相对指标；用本年产量与上年产量进行对比，可得产量的发展速度。用某地区的人口数与其土地面积对比，可得人口密度等。

相对指标有两个特点：①相对指标抽象，即它抽象掉了构成相对指标分子和分母的具体数值；②相对指标的数值不随总体范围的大小而增减。

社会经济现象之间的数量联系，在很多情况下是通过相对数来反映的。因此，相对数在统计分析和经济分析中得到广泛的应用。它的主要作用表现在以下几个方面。

(1) 反映社会经济现象之间的相对水平和联系程度

统计相对数可以反映社会经济现象之间的联系，深入说明统计绝对数不能充分说明的问题。运用相对指标，可以观察某一总体的任务完成程度，内部的结构状况，指标之间的比例关系，一事物在另一事物中的普遍程度、强度和密度，从而有利于分析同类现象在不同时空上的联系与区别，为揭示现象的本质和特点提供依据。例如，常用计划完成相对指标判断计划任务的完成情况等。

(2) 提供了现象之间的比较基础

不同的总量指标，由于他们所代表的事物的性质、规模各不相同、往往无法直接对比。相对指标把总量指标之间的具体差异抽象化了，从而使不可比的现象转化为可比现象。例如，甲、乙两个企业，甲企业生产衣服，乙企业生产鞋子，我们不能根据两企业的生产水平直接评比他们经营的好坏。但是，通过产值计划完成程度、产值利润率、产值发展速度等相对指标，就使他们有了共同的比较基础，从而能相互比较。

(3) 便于记忆、易于保密

在一定情况下下，相对指标比总量指标说明问题突出、给人印象鲜明，从而便于人们记忆。在社会经济指标中，有些绝对数是不便于公之于众的，但为了说明其发展状况，则可以提供发展速度等相对指标。

4.2.2 相对指标的表现形式

相对指标的表现形式有两种：无名数和有名数。

(1) 无名数

相对数大多是无名数表示。无名数是一种抽象化的数值，常用倍数、系数、成数、番数、百分数、百分点和千分数来表示。

① 倍数和系数。倍数和系数是将对比的基数抽象化为1来计算的相对数。当分子数值比分母数值大得很多时，一般用倍数表示。当分子、分母数值差别不大时，常用系数表示，系数可以略大于1，也可以小于1。

② 成数。成数是将对比的基数抽象化为10来计算的相对数，如某市粮食产量2008年比2007年增长二成，即增长十分之二。

③ 番数。番数是指两个相比较的数值中，一个数值是另一个数值的2^m倍时，则m是番数。例如，某地区2008年的工业增加值为100亿元，计划到2013年翻一番，则该地区2013年的工业增加值应达到200亿元；若计划翻两番，即为400亿元；翻三番，即为800

亿元。

④ 百分数、百分点、千分数。百分数（%）是将对比的基数抽象为100来计算的相对数，百分数是相对指标中最常用的表现形式。当分子、分母数值差别不大时可用百分数表示，如某企业计划完成程度为110%，学生出勤率为99%等。

百分点是百分数的另一种表述形式，它是百分数中以1%为单位，即1个百分点等于1%。它在两个百分数相减的情况下应用。例如，工业增加值今年的增长速度为19%，去年的增长速度为16%，今年比去年的增长幅度提高了3个百分点（16%～19%）。

千分数（‰）是将对比的基数抽象为1000来计算的相对数。一般在两个数值对比中，如果分子比分母的数值小很多时，则用千分数表示。如我国2008年人口出生率为12.14‰，死亡率为7.06‰，自然增长率为5.08‰。

（2）有名数

有名数是将对比的分子指标和分母指标的计量单位结合使用，用以表明客观事物的密度、强度和普通程度。如人口密度用人/平方公里，人均国民收入用元/人等。

4.2.3 相对指标的种类和计算方法

相对指标根据对比的基础不同，可以分为：计划完成相对指标、结构相对指标、比较相对指标、比例相对指标、强度相对指标和动态相对指标六种。

4.2.3.1 计划完成相对指标

（1）计划完成相对指标的概念

计划完成相对指标是实际完成数与计划任务数之比，又称计划完成相对数。它表明实际完成计划的程度，用来检查、监督计划的执行情况。计划完成相对指标一般用百分数来表示。它的基本计算公式为：

$$计划完成相对指标=\frac{实际完成数}{计划任务数}\times 100\%$$

【例4-1】 某工厂2008年计划工业总产值为300万元，实际完成360万元，则：

$$工业总产值计划完成程度=\frac{360}{300}\times 100\%=120\%$$

$$超额绝对值=360-300=60\ (万元)$$

计算结果表明，该工厂2008年工业总产值超额完成计划20%，超产60万元。

计算和应用计划完成相对指标，必须注意以下几点。

第一，公式中的分子与分母不能互换，而且要求分子、分母指标的涵义、计算口径、计算方法、计量单位、空间范围等方面完全一致。

第二，在用计划完成相对数检查计划完成情况时，不仅要用相对数观察计划的完成程度，而且还要看计划完成程度所产生的绝对效果，其做法是用实际完成数减去计划任务数而求得。如【例4-1】中，工业总产值超额完成计划20%，使工厂总产值增加了60万元。

第三，对计划完成情况的评价，还应注意指标的性质和要求。若计划指标是以最低限额规定的，如产量、销售额、利润等。则计划完成相对指标大于100%为好，大于100%部分为超额完成计划部分；若计划指标是以最高限额规定的，如产品原材料消耗量、产品成本、商品流通费用等，则计划完成相对指标小于100%为好，小于100%部分为超额完成计划部分。

（2）计划完成相对指标的计算

在计算计划完成相对指标时，由于计划指标数值的表现形式有绝对数、相对数和平均数三种，故其计算方法在基本计算公式的要求下其具体形式也有所不同。

一是根据绝对数来计算计划完成相对数，其计算公式：

$$计划完成相对指标=\frac{实际完成绝对数}{计划任务绝对数}\times 100\%$$

二是根据平均数来计算计划完成相对数，其计算公式：

$$计划完成相对指标=\frac{实际平均水平}{计划平均水平}\times 100\%$$

【例 4-2】某年某厂某种产品计划单位成本 50 元，实际单位成本 45 元，则：

$$单位成本计划完成程度=\frac{45}{50}\times 100\%=90\%$$

计算结果表明，该企业单位成本实际比计划降低了 10%，超额完成计划。

三是根据相对数来计算计划完成相对数，其计算公式为：

$$计划完成相对指标=\frac{实际相对数水平}{计划相对数水平}\times 100\%$$

【例 4-3】2008 年某企业计划规定出勤率为 95%，实际出勤率为 97%，则：

$$出勤率计划完成程度=\frac{97\%}{95\%}\times 100\%=102.11\%$$

计算结果表明，该企业出勤率超额完成计划 2.11%。

在实际工作中，也有用提高或降低百分比来规定计划任务的。如劳动生产率计划提高百分之几，成本计划降低百分之几。在这种情况下，计划完成相对指标就不能直接用实际提高或降低百分比除以计划提高或降低百分比，而应当将原有的基础计算在内，即恢复“为计划（或实际）”百分数，然后再进行对比。其计算公式为：

$$计划完成相对指标=\frac{1+实际增长率}{1+计划增长率}\times 100\%$$

$$计划完成相对指标=\frac{1-实际降低率}{1-计划降低率}\times 100\%$$

【例 4-4】某企业 2008 年计划劳动生产率比上年提高 5%，实际提高 10%，则：

$$劳动生产率计划完成程度=\frac{1+10\%}{1+5\%}\times 100\%=104.76\%$$

计算结果表明，该企业超额 4.76% 完成了劳动生产率计划。

【例 4-5】某企业 2008 年某产品单位成本计划规定比上年降低 5%，实际降低 7%，则：

$$产品单位成本计划完成程度=\frac{1-7\%}{1-5\%}=97.89\%$$

计算结果表明，该产品单位成本计划超额 2.11% 完成。

(3) 计划执行进度的检查

利用计划完成相对指标不仅可以检查计划完成情况，而且可以检查计划进度的执行情况。计划执行进度的检查可以按日、旬、月、季度、年来进行计算，以检查计划执行的均衡性和平稳性。其计算公式为：

$$计划执行进度相对指标=\frac{累计完成数}{全期计划数}\times 100\%$$

【例 4-6】某厂 2008 年 1～3 月份累计完成产值 384 万元，而年计划产值为 1500 万元，则：

$$一季度完成年产值计划的进度=\frac{384}{1500}\times 100\%=25.6\%$$

计算结果表明，截止一季度已完成全年产值计划的 25.6%，已超过时间进度的 25%，因此，预计该企业在正常生产条件下当年的产值计划是可以超额完成的。

计划执行进度的检查，如果计划是均衡的，根据时间进度检查计划执行的进度，按照时间过半任务过半的原则；如果计划不均衡，根据计划任务的要求进行检查。

(4) 长期计划执行情况的检查

长期计划一般是指五年及五年以上的计划。依据长期计划任务数的规定方法不同，检查长期计划的完成情况分为累计法和水平法。

第一，水平法。当计划任务是以计划期期末应达到的水平下达的，检查计划执行情况用水平法。这类指标比较普遍，如产品产量、商品销售额、粮食产量等。其计算公式为：

$$计划完成相对指标=\frac{计划期末年实际达到的水平}{计划期末年应达到的水平}\times 100\%$$

水平法确定提前完成计划的时间，是在计划期内有连续一年时间（不论是否在一个日历年度，只要连续 12 个月或 4 个季度即可）的实际完成数达到了计划规定最末一年的水平，剩余的时间就是提前完成计划的时间。

【例 4-7】 某产品计划规定第 5 年产量 56 万吨，实际第 5 年产量 63 万吨，则：

$$计划完成程度=\frac{63}{56}\times 100\%=112.5\%$$

那么，我们要问，提前多少时间完成计划？

现假定第 4 年、第 5 年各月完成情况如表 4-1 所示。

表 4-1 某产品第 4 年、第 5 年完成情况 单位：万吨

月 份	1	2	3	4	5	6	7	8	9	10	11	12	合计
第四年	3.5	3.5	4	3.8	4	3.8	4	4	5	5	5	4	49.6
第五年	4	4	4	5	5	5	5	6	6	6	6	7	63

由表 4-1 资料可知，从第 4 年 9 月～第 5 年 8 月，产量合计 57 万吨，而从第 4 年 8 月～第 5 年 7 月，产量合计 55 万吨，因此，当产量达到计划规定的 56 万吨时，时间一定在第 5 年 8 月某一天。现假设提前 X 天（指第 5 年 8 月中从后往前数的 X 天），又假设用月资料计算平均数代替每日资料，因此满足连续 12 个月的要求，故列方程如下

$$\frac{4}{31}X+51+\frac{6}{31}(31-X)=56$$

（51 万吨为第 4 年 9 月～第 5 年 7 月的产量合计）

解得 $X=15.5$（天）

计算结果表明，提前 4 个月又 15 天半完成五年计划。

第二，累计法。当计划任务数是以计划期内各年的总和规定的，用累计法检查长期计划的执行情况。这类指标有基本建设投资额、造林面积、新增生产能力等，其计算公式为：

$$计划完成相对指标=\frac{计划期内累计实际完成数}{计划期规定的累计数}\times 100\%$$

按累计法计算提前完成计划的时间，从计划期开始至某一时间所累计完成的实际数达到了计划规定的累计数，以后的时间就是提前完成计划的时间。

【例 4-8】 某企业“十五”期间计划规定基建投资总额为 2000 万元，五年实际累计完成 2100 万元，则：

$$计划完成程度=\frac{2100}{2000}\times 100\%=105\%$$

假定该企业 2001—2005 年间基建投资总额计划为 2000 亿元，实际至 2005 年 5 月底止累计实际投资额已达 2000 亿元，则提前 7 个月完成计划。

4.2.3.2 结构相对指标

结构相对指标是利用分组法，将总体区分为性质不同的各部分，以各部分数值与总体数值对比得到的比重或比率，即为结构相对指标，也称结构相对数。它表明总体内部的构成状况，说明各部分在总体中的地位。一般用百分数来表示，其计算公式为：

$$结构相对指标=\frac{总体某一部分数值}{总体的全部数值}\times 100\%$$

【例 4-9】2008 中国主要人口数据资料如表 4-2 所示。表中计算的结构相对数，可以了解我国人口的性别、城乡构成情况。

表 4-2 2008 年我国人口数及其构成

指　　标	年末数(万人)	比重(%)
全国总人数	132802	100.0
其中：城镇	60667	45.7
乡村	72135	54.3
其中：男性	68357	51.5
女性	64445	48.5

资料来源：中国人口信息网，2009-10-25。

结构相对指标有三个特点：一是它必须以分组法为基础，只有在对被研究总体按一定标志进行科学分组的前提下，才能通过计算结构相对指标，以准确地反映现象总体内部的构成状况；二是结构相对指标各部分所占比重之和必须为 1（或 100%）；三是结构相对指标的分子分母数值不得互换。其分子和分母数值可以是总体单位总量（如上例），也可以是总体标志总量（如积累率、消费率等）。

结构相对指标是相对指标中应用范围很广的指标，常常用于分析社会经济现象总体的内部结构情况，如就业率与失业率、积累率与消费率、及格率与不及格率、出勤率与缺勤率等均是相对指标的具体应用。

4.2.3.3 比例相对指标

比例相对指标也称比例相对数，是指同一总体内不同部分指标数值对比得到的相对指标，用以分析总体各部分之间的比例关系，其计算公式为：

$$比例相对指标=\frac{总体中某一部分数值}{总体中另一部分数值}$$

比例相对数可以用百分数表示，也可以用系数或 1 比几或几比几等形式表示，有时用 $1:m:n$（或 $n:m:1$）的连比形式。

【例 4-10】某学院有教职工 380 人，其中男职工 180 人，女职工 200 人，则男职工为女职工的 90%，男女职工性别比为 1∶1.11。

比例相对指标的特点：①要与统计分组法结合运用，只有明确了总体内部各部分之间内在的社会经济联系，才能据以计算有关比例相对指标；②根据研究目的不同，用作比较的两个指标数值可以互为分子与分母。

比例相对数与结构相对数虽计算方法不同，说明问题的角度不同，但二者的本质是一样的，并且可以相互换算。

【例 4-11】某会计班男生占 35%，女生占 65%，则男女生之比为：$\frac{35\%}{65\%}=7:13$；反之，已知男女生之比是 7∶13，则，男生所占的比重为：$\frac{7}{7+13}=35\%$，女生所占的比重为：$\frac{13}{7+13}=65\%$。

计算比例相对指标在于分析总体内各组成部分或各局部之间的数量关系是否协调一致，对于国民经济宏观调控具有重要意义。常用的比例相对指标有国民收入中积累与消费的比例、国内生产总值中各产业间的比例、人口普查中的性别比等。

4.2.3.4 比较相对指标

比较相对指标也称比较相对数，是指同一时间同类指标在不同空间之间对比求得的相对指标，它反映同一时间同类事物在不同空间条件下的差异程度。其不同空间可以指不同国家、不同地区、不同部门、不同单位。其计算公式为：

$$比较相对指标=\frac{某条件下的某类指标数值}{另一条件下的同类指标数值}$$

式中，分子与分母现象所属统计指标的涵义、口径、计算方法和计量单位必须一致。比较相对数通常用百分数或倍数表示。

【例 4-12】 2008 年云南省人均国内生产总值为 12809 元，北京市人均国内生产总值为 63029 元，则：

$$人均国内生产总值云南省为北京市的百分比=\frac{12809}{63029}\times 100\%=20.32\%$$

计算结果表明，2008 年人均国内生产总值云南省为北京市的 20.32%。

比较相对指标的特点：①分子项和分母项根据研究目的不同，可以互换计算两个比较相对数；②对比的两个统计指标，可以是绝对数也可以是相对数或平均数。由于绝对数易受具体条件不同的影响，缺乏直接的可比性，因而在计算比较相对数时多采用相对数或平均数来比较。

4.2.3.5 强度相对指标

强度相对指标也称强度相对数，是指同一时期两个性质不同而又相互联系的现象总量指标对比的相对数，用来说明现象的强度、密度和普遍程度等。其计算公式为：

$$强度相对指标=\frac{某一现象的总量指标数值}{另一有联系而性质不同的总量指标数值}$$

【例 4-13】 2008 年末我国人口数为 132802 万人，则人口密度约为：

$$人口密度=\frac{132802\ 万人}{960\ 万平方公里}=138(人/平方公里)$$

一些强度相对指标的分子和分母可以互换，形成强度相对指标的正指标和逆指标。

【例 4-14】 2008 年，某城市有零售商业机构 10000 个，人口为 200 万，则该市零售商业网点密度指标有：

$$零售商业网点密度(正指标)=\frac{10000\ 个}{2000000\ 人}=(5\ 个/千人)$$

计算结果表明该市每千人拥有 5 个零售商业机构。这个强度相对指标的数值越大，表明零售商业网点密度越大，所以称其为说明商业网密度的正指标。如果把分子与分母互换一下，则：

$$零售商业网点密度(逆指标)=\frac{2000000\ 人}{10000\ 个}=200(人/个)$$

计算结果表明该市每个零售商业机构平均服务 200 人。该指标的数值越大表示零售商业网点密度越小，所以称其为说明商业网密度的逆指标。

值得注意的是，并不是所有的强度相对指标都有正逆指标之分，正逆指标的应用，应视能否使对比的结果含义明确以及是否合乎习惯用法而定。如人口的出生率和死亡率、流通费用率等强度相对指标，就只有一种表现形式。

强度相对指标和其他相对指标比较，有两个明显的特点：第一，有些指标数值是用有名数表示的，一般用双重计量单位，如上例中的“人/平方公里”及“人/个”等；有些指标数值是用无名数表示的，如流通费用率就是用百分数表示，产值利润率、人口自然增长率则用千分数表示。第二，强度相对指标具有平均之意，如按全国人口分摊的人均国民收入、人均钢产量、人均粮食产量等等，表现形式上类似平均数，但两者有着本质上的区别，具体区分在平均指标一节中再详细介绍。

4.2.3.6 动态相对指标

动态相对指标也称动态相对数，它是表明同类现象在不同时间上的指标数值对比关系的相对指标，用以说明现象的发展变化。其计算公式为：

$$\text{动态相对指标}=\frac{\text{报告期水平}}{\text{基期水平}}\times 100\%$$

式中，作为对比标准的时间叫做基期，而同基期比较的时期叫做报告期，也称计算期。动态相对指标的计算结果通常用百分数或倍数表示。

动态相对指标的特点：①分子分母不可互换；②分子分母属于同类现象、同一总体、不同时间。动态相对指标在统计分析中应用广泛。

4.2.4 计算和运用相对指标的原则

(1) 注意两个对比指标的可比性

可比性是计算相对指标的最重要条件。所谓可比性，主要指对比的两个指标（即分子和分母）在经济内容上要具有内在联系，在总体范围及指标口径、计算方法、计算价格、时间和空间等方面应该一致。例如，工业总产值是按工厂法计算，还是按部门法或国民经济法计算；是采用同一不变价格，还是不同的不变价格，或者是采用现行价格计算等方面，在不同的空间和时间的对比中要取得一致。如果不一致时，就须进行调整和换算。这样的对比才符合实际、符合研究的目的，对比的结果才能正确的反映社会经济现象的实质。

(2) 注意相对指标与总量指标的结合运用

相对指标具有抽象化的特点，从而把现象的具体规模或水平抽象掉了，掩盖了现象绝对量上的差别。在统计分析中，不仅要研究现象在相对水平上增减变动的百分数，还要研究现象在绝对数上的实际量。这样才能使我们对客观事物有正确的认识。如表 4-3 所示，甲企业发展速度更快，但增长量却不比乙企业。

表 4-3 某工业公司两个企业产量发展情况资料 单位：吨

企 业	2007 年	2008 年	发展速度	增长量
甲企业	100	200	200%	100
乙企业	1000	1500	150%	500

由此可见，计算和运用相对指标，不能只凭相对数的大小判断事物。因为大的相对数背后的绝对值可能很小，而小的相对数背后却可能隐藏着较大的绝对值，只有将二者结合起来应用，才能对问题的实质作出正确的判断。

(3) 注意多种相对指标的结合运用

任何事物都有多方面的特征，一种相对指标只能反映现象某一方面的特点，要想较全面地认识一个复杂现象就应将许多相对指标结合起来运用，才能较全面地反映客观经济现象全貌。例如，要评价一个工业企业的生产情况，既要利用生产计划的完成情况指标，也要分析生产发展的动态指标，以及与先进单位的比较指标，把这几个指标结合起来运用。又如，研究生产计划的完成情况，就要全面分析产值计划、品种计划、劳动生产率计划、成本计划、利润计划等方面的完成情况，这样才能正确判断企业生产工作的好坏。

4.3 平均指标

4.3.1 平均指标的概念和作用

平均指标是同一时间同类社会经济现象的一般水平，或是不同时间同类社会经济现象的一般水平，前者为静态平均指标，后者为动态平均指标。本节只介绍静态平均指标，动态平均指标将在后文中介绍。

平均指标（静态平均数）是指同质总体各单位某一数量标志值在同一时间下的一般水平。例如，平均工资、单位成本等都是平均指标。平均指标具有三个特点：①抽象性，平均指标的抽象性与相对指标的抽象性不同，它是将总体内各单位标志值的差异抽象化；②代表性，平均指标是总体各单位标志值的差异抽象后的数值，它可能不等于总体内任何一个单位的具体水平，但它是总体各单位标志值的一般水平，对总体具有代表性；③平均指标的数值不随总体范围的大小而增减。

平均指标在认识社会经济现象总体数量特征方面有重要作用，得到广泛应用。其作用概括起来主要有以下几方面。

（1）反映总体各单位变量值分布的集中趋势

就社会经济现象变量数列来看，通常是接近平均数的标志值居多，而远离平均数的标志值较少；与平均数离差愈小的数值次数愈多，而离差愈大的标志值次数愈少，成正离差与负离差大体相等，整个变量数列以平均数为中心而波动。因而平均数反映了标志值变动的集中趋势，代表着变量数列的一般水平。某班学生考试成绩，分数很高或很低的学生是少数，而分数在中等水平即平均成绩周围的人数占有很大比重，因此，可用平均成绩代表该班考试成绩水平。

（2）用于同类现象在不同时空的对比

平均指标可以消除因总体范围不同而带来的总体数量差异，反映现象的一般水平，因此，有利于比较现象在不同空间之间的差异，反映现象在不同时间上的发展变化情况。例如，评价两个自然村（自然条件相同）的粮食生产水平，就不能用粮食总产量比较，因为粮食总产量受播种面积多少的影响，而平均指标即平均亩产量，就可以客观评价两个村的粮食生产水平。如果把连续几年的平均亩产量排在一起，还可以观察粮食生产水平的提高或降低情况。

（3）通过平均指标可以分析现象之间的依存关系

在社会经济现象中，现象并不是孤立的，而是相互联系的，利用平均指标可以分析它们的依存关系。例如，把每亩施肥量与农作物的平均亩产量进行比较，可以发现这两者之间的相互依存关系，即在一定范围内，农作物的平均亩产量与每亩施肥量呈正比关系。

（4）利用平均数估计、推算其他有关指标

如在抽样调查中要利用样本平均数来估计总体平均数和推算总体总量。平均数还可以作为制订各种定额，如劳动定额、原材料消耗定额、费用定额等的参数。

4.3.2 平均指标的计算

平均指标按计算方法不同，可分为算术平均数、调和平均数、几何平均数、众数和中位数。前三种是根据总体各单位所有标志值计算的，称为数值平均数；后两种是根据总体单位标志值所处的位置来确定的，称为位置平均数。各种指标的计算方法不同，指标的涵义、应用场合也有所不同，但他们都是总体各单位数量标志值一般水平的代表值。现分述如下。

(1) 算术平均数

算术平均数的基本形式是总体各单位某一数量标志值之和（总体标志总量）除以总体单位数，其基本公式为：

$$算术平均数=\frac{总体标志总量}{总体单位总数}$$

【例 4-15】 某企业 2009 年 3 月份职工人数为 380 人，其工资总额为 760000 元，则该企业 2009 年 3 月份职工平均工资为：

$$平均工资=\frac{760000}{380}=2000（元）$$

算术平均数适用于现象的总量是各单位标志值算术总和的社会经济现象，如上例的工资总额是各个工人工资的总和。再如，各单位面积的收获量之和是总收获量，各个工人的产量之和是总产量等。这类现象在社会经济现象中较为普遍，因此，算术平均数是平均数中最常用、最基本的平均指标。

算术平均数与强度相对指标的区别的说明：

算术平均数也是两个总量指标的对比关系，因而它和强度相对指标有相似的地方，但实质上是很不相同的。平均指标分子与分母是一一对应的关系，有一个总体单位必有一个标志值与之相对应，即标志总量必须是总体各单位标志值的总和，否则就不是平均指标。

强度相对指标的分子分母是两个性质不同但有联系的不同总体的总量指标，这两个总量指标之间没有依附关系，不存在各个标志值与各个单位相对应的问题。只是在经济内容上存在客观联系，可以说明现象的强度、密度和普遍程度。

例如，全国粮食产量与全国种粮农民人数之比，计算得出的农民劳动生产率是个平均指标；而全国粮食产量与全国人口数之比，计算得到的全国平均每人拥有的粮食产量指标是个强度相对指标。

根据掌握的资料不同，算术平均数又可以分为简单算术平均数和加权算术平均数两种。

① 简单算术平均数　若是未分组资料，将总体各单位的标志值相加得出总体标志总量，然后再除以总体单位总数所求的平均数称为简单算术平均数。其基本公式为：

$$\overline{X}=\frac{X_1+X_2+\cdots+X_n}{n}=\frac{\sum X}{n}$$

式中　$\overline{X}$——算术平均数；

X_n——总体各单位的标志值（$n=1, 2, 3, \cdots, n$）；

n——总体单位数；

$\sum$——求和符号。

【例 4-16】 某企业的某生产小组有 5 名工人，他们的工资分别为 1800 元、1900 元、2000 元、2100 元、2200 元，则工人的平均工资为：

$$\overline{X}=\frac{\sum X}{n}=\frac{1800+1900+2000+2100+2200}{5}=2000(元)$$

简单算术平均数只受各单位标志值大小的影响。

② 加权算术平均数　如果数据很多，就需要将他们整理分组，形成频数分配数列。其基本公式为：

$$\overline{X}=\frac{X_1f_1+X_2f_2+\cdots+X_nf_n}{f_1+f_2+\cdots+f_n}=\frac{\sum Xf}{\sum f}=\sum X\cdot\frac{f}{\sum f}$$

式中　X_n——各组的标志值或组中值（$n=1, 2, 3, \cdots, n$）；

f_n——各组单位数（各组的频数或权数）；

$\sum Xf$——总体标志总量；

$\sum f$——总体单位总数，亦称总体总次数或总权数；

$\frac{f}{\sum f}$——各组的频率（或各组的比重）。

在具体计算加权算术平均数时，又可分为单项式数列与组距式数列。

单项式数列的算术平均数计算，是通过各组变量值与各组的频数乘积的总和除以各组频数之和来进行的。

【例 4-17】某车间 20 名工人加工某种零件情况见表 4-4。

表 4-4 某车间 20 名工人加工某种零件情况

日加工零件 X/件	工人人数		零件总数 Xf/件	$X \cdot \frac{f}{\sum f}$
	绝对数 f/人	频率 $\frac{f}{\sum f}$/%		
14	2	0.1	28	1.4
15	4	0.2	60	3.0
16	8	0.4	128	6.4
17	5	0.25	85	4.25
18	1	0.05	18	0.9
合　计	20	1.0	319	15.95

则，该车间工人的平均日加工零件为：

$$\overline{X}=\frac{\sum Xf}{\sum f}=\frac{319}{20}=15.95\text{（件）}$$

或

$$\overline{X}=\sum X \cdot \frac{f}{\sum f}=15.95\text{（件）}$$

从上述计算可以看出，加权算术平均数不仅取决于各组变量值的大小，而且还受各组比重（频率）大小的影响。计算出来的算术平均数向出现次数最多的那个标志值或者说次数比重最大的那个标志值靠拢，这种方法计算出来的平均数称为加权算术平均数。在这里，次数对平均数的大小起着权衡轻重的作用，所以在计算加权算术平均数时，通常把次数称为权数。

当各组次数相同时，次数就失去了权数的作用，这时加权算术平均数就变成了简单算术平均数。简单算术平均数实际上是各变量值的次数均为 1 的一种特殊情况，或者说简单算术平均数是加权算术平均数的特例。即当 $f_1=f_2=f_3=\cdots=f_n=A$ 时，有：

$$\overline{X}=\frac{\sum Xf}{\sum f}=\frac{A\sum X}{An}=\frac{\sum X}{n}$$

下面介绍组距式数列的算术平均数计算。在实际工作中，有时需要根据组距式变量数列计算平均数。它的计算方法与单项式变量数列基本相同，所不同的是要先计算出各组的组中值，再以组中值作为某一组变量值的代表值来进行计算。

【例 4-18】某学院教职工工资情况见表 4-5。

表 4-5 某学院教职工工资情况

按职工月工资水平分组/元	人数 f(人)	组中值 X	工资总额 Xf(元)	$\frac{f}{\sum f}$
2000 以下	15	1750	26250	0.15
2000～2500	20	2250	45000	0.2
2500～3000	40	2750	110000	0.4
3000～3500	20	3250	65000	0.2
3500 以上	5	3750	18750	0.05
合　计	100	—	265000	1.00

则该学院教职工平均工资为：

$$\overline{X}=\frac{\sum Xf}{\sum f}=\frac{265000}{100}=2650\ (元)$$

或
$$\overline{X}=\sum X\cdot\frac{f}{\sum f}=2650\ (元)$$

根据组距式变量数列计算加权算术平均数，是假定各单位标志值在组内的分布是均匀的。实际上，分布要完全均匀一般是不可能的，由于各组组中值与组平均数会存在一定程度的误差，因此，用组中值计算出来的加权算术平均数只是一个近似值。

(2) 调和平均数

调和平均数是各个标志值倒数的算术平均数的倒数，所以又称倒数平均数。

【例 4-19】 市场上卖某种蔬菜，早市每千克 1.2 元，午市每千克 1.0 元，晚市每千克 0.8 元。现早、中、晚各花 1 元购买该蔬菜，则购买该蔬菜的平均价格为：

$$平均价格=\frac{1+1+1}{\frac{1}{1.2}+\frac{1}{1.0}+\frac{1}{0.8}}=\frac{3}{3.08}=0.97\ (元/千克)$$

上述购买该蔬菜平均价格的计算过程应用的就是调和平均数法。

从上例可看出，调和平均数与算术平均数的计算形式虽有明显的区别，但从计算内容上看，两者是一致的，都是总体标志总量与总体单位总数之比，如【例 4-19】中的平均价格是购买额与购买量之比。

根据掌握的资料不同，调和平均数又可以分为简单调和平均数和加权调和平均数两种。

① 简单调和平均数　如果掌握的资料是未分组的各标志值，用简单调和平均法计算平均指标。计算公式为：

$$H=\frac{n}{\sum\frac{1}{X}}$$

式中，H 为调和平均数，其余符号同前。

② 加权调和平均数　如果掌握的资料是各组的标志值和标志总量，而未掌握各组单位数，则用加权调和平均法计算平均指标。其计算公式为：

$$H=\frac{m_1+m_2+\cdots+m_n}{\frac{m_1}{X_1}+\frac{m_2}{X_2}+\cdots+\frac{m_n}{X_n}}=\frac{\sum m}{\sum\frac{m}{X}}$$

式中，m 代表各组标志总量，其余符号同前。

【例 4-20】 某车间工人加工某种零件情况见表 4-6。

表 4-6　某车间工人加工某种零件情况

日加工零件 X(件)	零件总数 m(件)	工人数 $\frac{m}{X}$(人)
14	28	2
15	60	4
16	128	8
17	85	5
18	18	1
合　计	319	20

则，该车间工人的平均日加工零件为：

$$H=\frac{\sum m}{\sum\frac{m}{X}}=\frac{319}{20}=15.95\ (件)$$

从加权算术平均数与加权调和平均数的计算分析中可以看出：

第一，不论是算术平均数还是调和平均数，都是标志总量与总体单位总数之比，同一个资料其计算结果相同，二者的经济意义也完全一样。事实上，加权调和平均法与加权算术平均法并无本质区别，只是由于掌握的资料不同，而采用了不同的计算形式而已。由于标志总量 $m=xf$，因此，称 m 为暗含权数。在社会经济统计中，加权调和平均数实际上是作为加权算术平均数的变形来使用的。其变形关系如下：

$$H=\frac{\sum m}{\sum \frac{m}{X}}=\frac{\sum Xf}{\sum \frac{Xf}{X}}=\frac{\sum Xf}{\sum f}=\overline{X}$$

第二，当掌握了算术平均数基本公式分母的直接资料，而不掌握基本公式分子的直接资料，换句话说，如果我们掌握了各个变量值和各组的次数或比重，应采用加权算术平均数公式计算平均数，且以分母资料为权数；当掌握了算术平均数基本公式分子的直接资料，而不掌握基本公式分母的直接资料，换句话说，如果我们掌握了各个变量值和各组的标志总量，应采用加权调和平均数公式计算平均数，且以分子资料为暗含权数。

调和平均数有如下特点：一是如果数列中有一个变量值为零，就不能计算调和平均数；二是调和平均数易受极端值的影响，且受极小值的影响比受极大值的影响更大。

(3) 几何平均数

几何平均数又称“对数平均数”，它是若干项变量值连乘积开其项数次方的算术根。当各项变量值的连乘积等于总比率或总速度时，适宜用几何平均数计算平均比率或平均速度。

由于掌握的资料不同，几何平均数有简单几何平均数和加权几何平均数之分。

① 简单几何平均数　对于未分组的资料，直接用 n 项变量值连乘积开 n 次方所得的平均数即为简单几何平均数。其计算公式为：

$$G=\sqrt[n]{X_1X_2\cdots X_n}=\sqrt[n]{\Pi X}$$

式中　G——几何平均数；其余符号同前。

Π——连乘符号；

n——变量值个数。

【例 4-21】 某机械厂有铸造车间、加工车间、装配车间三个连续流水作业车间。本月份这三个车间产品合格率分别为 95%、92%、90%，求车间产品平均合格率。

对于这个问题，不能采用算术平均数或调和平均数计算，而应采用几何平均数计算。即：

$$G=\sqrt[n]{\Pi X}=\sqrt[3]{95\%\times 92\%\times 90\%}=92.31\%$$

这说明该厂车间产品平均合格率为 92.31%

② 加权几何平均数

对于分组的资料，应采用加权几何平均数，其计算公式为：

$$G=\sqrt[f_1+f_2+\cdots+f_n]{X_1^{f_1}X_2^{f_2}\cdots X_n^{f_n}}=\sqrt[\sum f]{\Pi X^f}$$

【例 4-22】 将一笔钱存入银行，存期 10 年，以复利计息，10 年的利率分配是第 1 年至第 2 年为 5%、第 3 年至第 5 年为 8%、第 6 年至第 8 年为 10%、第 9 年至第 10 年 12%，计算平均年利率。

计算时，必须先将各年利率加 100%，然后按加权几何平均数计算，再减去 100%便得到平均年利率。

即：

$$平均年利率=\sqrt[10]{105\%^2\times108\%^3\times110\%^3\times112\%^2}-100\%$$
$$=108.77\%-100\%$$
$$=8.77\%$$

几何平均数较之算术平均数，应用范围窄。几何平均数还有以下特点：①如果数列中有一个标志值等于零或负值，就无法计算；②受极端值的影响较算术平均数和调和平均数小，故较稳健。

(4) 众数

众数是指总体中出现次数最多的标志值，它能直观地说明客观现象分配中的集中趋势。所以，在实际工作中，有时要利用众数来说明社会经济现象的一般水平。比如，为了解集贸市场上某种商品的价格水平，不必全面登记该商品的价格和成交量来求其算术平均数，只需用该商品成交量最多的那个价格即众数作为代表值，就可以反映该商品价格的一般水平。

由众数的定义可看出众数存在的条件：就是总体的单位数较多，各标志值的次数分配又有明显的集中趋势时才存在众数；如果总体单位数很少，尽管次数分配较集中，那么计算出来的众数意义就不大；如果总体单位数较多，但次数分配不集中，即各单位的标志值在总体分布中出现的比重较均匀，那么也无所谓众数。

① 众数的确定。

第一，根据未分组的资料确定众数。对于未分组的资料，确定众数的方法很简单，只需将总体各单位的标志值按大小顺序排列，其中出现次数最多的标志值即为众数。

第二，根据分组的资料确定众数。根据变量数列的不同而采用不同的方法。

一是根据单项数列确定众数。在单项数列情况下，确定众数比较简单，出现次数最多的那一组的变量值即为众数。

【例 4-23】 某商品的价格情况资料见表 4-7。

表 4-7 某商品的价格情况

价格(元)	销售数量(千克)	价格(元)	销售数量(千克)
2.0	20	4.0	80
2.4	60	合 计	300
3.0	140		

上面数列中，第三组次数最多，第三组的变量值 3.00 元就是众数。

二是根据组距数列确定众数。根据组距数列确定众数，一般步骤是：先由最多次数来确定众数所在组，然后采用比例插值法推算众数的近似值。其计算公式为：

下限公式： $$M_o=L+\frac{\Delta_1}{\Delta_1+\Delta_2}d$$

上限公式： $$M_o=U-\frac{\Delta_2}{\Delta_1+\Delta_2}d$$

式中 M_o——众数；

U——众数组的上限；

L——众数组的下限；

Δ_1——众数组次数与前一组次数之差；

Δ_2——众数组次数与后一组次数之差；

d——众数组组距。

众数的下限公式和上限公式是等价的，同一资料，用两个公式计算的结果全相同，但一般采用下限公式。

【例 4-24】某车间 50 个工人月产量情况见表 4-8。

表 4-8 某车间 50 个工人月产量情况

月产量(千克)	工人数(人)	月产量(千克)	工人数(人)
200 以下	3	600～800	8
200～400	7	合 计	50
400～600	32		

从表 4-8 中可知，工人数最多的是第三组，为 32 人，它所对应的人均月产量 400～600 千克为众数所在组。然后利用公式计算众数的近似值。

根据表 4-8 的资料，将有关数据代入公式，得到众数的近似值。

下限公式：

$$M_o=400+\frac{32-7}{(32-7)+(32-8)}\times(600-400)=400+\frac{25}{25+24}\times200=502.04\text{（千克）}$$

上限公式：

$$M_o=600-\frac{32-8}{(32-7)+(32-8)}\times(600-400)=600-\frac{24}{25+24}\times200=502.04\text{（千克）}$$

② 众数的特点及应用众数注意的问题如下。

第一，由于众数是根据变量值出现次数的多少来确定的，不需要通过全部变量值来计算，因此称其为位置平均数，它不受极端变量值和开口组的影响。

第二，在组距数列中，各组分布的次数受组距大小的影响，所以，根据组距数列确定众数时，要保证各组组距相等。

第三，对于组距分组数据，众数的数值与其相邻两组的频数分布有一定的关系。

这种关系可作如下的理解：（设众数组的频数为 f_0，众数前一组的频数为 f_1，众数后一组的频数为 f_2）当众数相邻两组的频数相等时，即 $f_1=f_2$，众数组的组中值即为众数；当众数组的前一组的频数多于众数组后一组的频数时，即 $f_1>f_2$，则众数会向其前一组靠，众数小于其组中值；当众数组后一组的频数多于众数组前一组的频数时，即 $f_1<f_2$，则众数会向其后一组靠，众数大于其组中值。

第四，在一个次数分布中有多个众数时，称为多重众数，此时说明总体内存在不同性质的事物。

第五，当数列没有明显的集中趋势而趋于均匀分布时，不存在众数。

(5) 中位数

中位数是指将总体各单位标志值按大小排列后，居于中间位置的那个标志值就是中位数。可见，中位数把全部标志值分成了两部分，一半单位的标志值小于它，一半单位的标志值大于它，所以中位数又称二分位数。中位数和众数一样，其数值也不受极端数值的影响，有时也可代替算术平均数来说明社会经济现象各单位标志值的一般水平。

根据掌握的资料不同，中位数的计算方法分两种情况，即由未分组资料确定中位数和由分组资料确定中位数。

① 根据未分组资料确定中位数。根据未分组资料确定中位数，首先将掌握的资料，按标志值大小顺序进行排列，然后确定中位数所在的位置，与中位数所在位置相对应的标志值即为中位数。

$$\text{中位数位置}=\frac{n+1}{2}\text{（}n\text{ 代表总体单位数）}$$

中位数所在位置的确定方法：如果标志值的项数是奇数，那么中间位置的那个标志值，就是中位数。如果标志值的项数是偶数，那么处于中间位置左右两边的标志值的算术平均数，就是中位数。

【例 4-25】 某班有甲、乙两个小组，甲组有 7 名同学，乙组有 8 名同学，统计学考试成绩分别为（单位：分）：

甲组：65、70、76、80、82、89、95

乙组：68、70、72、78、84、88、90、96

此资料中，甲组中间位置为第 4 位［（7＋1）/2］，则第 4 位所对应的标志值，即 80 分就是甲组中位数，它代表了甲组的一般水平。乙组中间位置为第 4、5 位［(8＋1）/2］的中间，其位置对应的标志值是 78 分和 84 分，则中位数为 81 分［（78＋84）/2］，81 分就是乙组的中位数。

② 根据分组资料确定中位数。根据变量数列的不同而采用不同的方法。

第一，根据单项数列确定中位数。先用公式$\frac{\sum f}{2}$确定中位数的位置，再根据中位数位置用累计次数确定为中位数所在的组。包含$\frac{\sum f}{2}$的最小累计次数（无论是较大制累计次数，还是较小制累计次数）的组即为中位数所在的组。该组的标志值即为中位数。

【例 4-26】 某班 2008～2009 学年共有 30 名同学获得奖学金，其分布情况见表 4-9。

表 4-9 学生奖学金分布情况及计算表

奖学金金额(元/人)	人数(人)	人数累计(人)	
		较小制累计	较大制累计
800	3	3	30
1000	6	9	27
1500	8	17	21
2000	7	24	13
2500	6	30	6
合 计	30	—	—

由表 4-9 中的资料可知，中位数位置为：30/2＝15（人），即排队后的第 15 个同学为中位数的位置，则包含 15 的最小较小制累计次数 17（或最小较大制累计次数 21）所对应的组就是中位数所在的组，即上数列第三组是中位数所在的组，标志值 1500 元即为中位数。

第二，根据组距数列确定中位数。先用公式$\frac{\sum f}{2}$确定中位数的位置，再根据中位数位置用累计次数确定为中位数所在的组（方法同单项数列确定中位数），并假定组内次数分布是呈均匀分布；然后再用比例插值法确定中位数的近似值。其计算公式如下。

下限公式：
$$M_e=L+\frac{\frac{\sum f}{2}-S_{m-1}}{f_m}d$$

上限公式：
$$M_e=U-\frac{\frac{\sum f}{2}-S_{m+1}}{f_m}d$$

式中 M_e——中位数；

L——中位数所在组的下限；

U——中位数所在组的上限；
S_{m-1}——中位数所在组前一组的较小制累计次数；
f_m——中位数所在组的次数；
S_{m+1}——中位数所在组后一组的较大制累计次数；
d——中位数所在组的组距；
$\sum f$——总次数。

中位数的下限公式和上限公式是等价的，同一资料，用两个公式计算的结果完全相同。

【例 4-27】 某车间 50 人月产量资料见表 4-10。

表 4-10　某车间 50 人月产量资料

月产量(千克)	工人数(人)	较小累计次数	较大累计次数
200 以下	3	3	50
200～400	7	10	47
400～600	32	42	40
600～800	8	50	8
合　计	50	—	—

第一步，确定中位数所在的组。

$$中位数位置=\frac{\sum f}{2}=\frac{50}{2}=25\ (人)$$

即排队后的第 25 人为中位数的位置，同理可知，中位数在 400～600 千克这一组里。

第二步，确定中位数的近似值。

按上面两个公式计算中位数的近似值。

按下限公式计算：$M_e=400+\frac{25-10}{32}\times(600-400)=493.75$（千克）

按上限公式计算：$M_e=600-\frac{25-8}{32}\times(600-400)=493.75$（千克）

4.3.3 平均指标的应用原则

在统计研究和分析中，平均指标得到了极其广泛的应用，为了保证平均指标的科学性，更好地发挥其作用，在应用时必须遵守以下基本原则。

(1) 平均指标只能运用于同质总体

同质总体是指由性质相同的同类单位构成的总体。只有在同质总体中，总体各单位才具有共同的特征，从而才能计算他们的平均指标来反映现象的一般水平。如果现象总体是不同质的，所计算的平均指标就会掩盖了总体各单位之间的本质差异，歪曲了事实真相，将会形成一种“虚构的”平均数，也就不能起到说明事物性质及其规律的作用。

(2) 用组平均数补充说明总平均数

许多平均指标的计算，是在科学分组的基础上进行的。我们应该重视影响总平均数的各个有关因素的作用，还必须计算组平均数对总平均数作补充说明，来揭示现象内部结构组成的影响，以便作出符合客观事实的结论。

【例 4-28】 某乡甲、乙两个村的粮食生产情况见表 4-11。

表 4-11 某乡甲、乙两个村的粮食生产情况

按耕地自然条件分组	甲村			乙村		
	播种面积（亩）	平均亩产（千克/亩）	粮食产量（千克）	播种面积（亩）	平均亩产（千克/亩）	粮食产量（千克）
山地	250	100	25000	1250	150	187500
丘陵地	1000	150	150000	500	200	100000
平原地	1250	400	500000	750	450	337500
合计	2500	270	675000	2500	250	625000

注：1 亩 $=\frac{1}{15}\text{hm}^2=666.67\text{m}^2$。

从表 4-11 可以看出，甲村粮食平均亩产 270 千克，乙村粮食平均亩产 250 千克，甲村亩产高于乙村。但将总体进一步按照对平均亩产影响最大的地形因素进行分组并计算组平均数，就会发现无论山地、丘陵还是平原，甲村的平均亩产都低于乙村。这说明乙村生产水平并非比甲村低，而在播种面积的地形结构中，乙村产量低的山地面积比重多甲村 40 个百分点，而产量居中的丘陵地面积比重少甲村 20 个百分点、产量高的平原面积比重少甲村 20 个百分点，因此尽管三种地形的亩产分别高于甲村，但总的平均亩产却低于甲村。这说明，由于播种面积的地形结构不同，总平均数把甲乙两村在不同地形上的真正的生产水平之间的差异掩盖了，由此可见用组平均数补充说明总平均数的重要意义。

(3) 用分配数列补充说明平均数

平均数反映了现象的一般水平，但平均数把总体各单位的数量差异给抽象化了，掩盖了总体各单位的差异及其分配情况。因此，为了比较深入的说明问题，在利用平均数对社会经济现象进行分析时，还要配合原来的分配数列，分析平均数在原数列中的位置，以及各单位标志值在平均数上下分配的情况。

【例 4-29】 某工业部门各企业年利润计划完成情况见表 4-12。

表 4-12 某工业部门各企业年利润计划完成情况

按计划完成程度分组(%)	企业数(个)	按计划完成程度分组(%)	企业数(个)
80 以下	2	110～120	22
80～90	3	120～130	15
90～100	10	合计	100
100～110	48		

根据表 4-12 资料，该数列的总平均计划完成程度是 108%，这说明该部门各企业年利润计划完成得比较好，平均超 8%完成年利润计划任务。如果结合分配数列，有 15 个企业（即 10%）没有完成销售计划，有 37 个企业（即 37%）超额 10%以上完成了年利润计划。

4.4 变异指标

4.4.1 变异指标的概念和作用

变异指标又称标志变动指标或标志变动度，它是综合反映总体各单位标志值差异程度的指标，所以又称离散程度或离中程度。前述平均指标都是用来反映总体各单位某一标志值的一般水平，它把各单位数量差异抽象掉了，是总体各单位某一标志值的代表值。但总体各单位数量之间的差异是客观存在的，它们之间差异程度的大小直接影响到平均指标的代表性高低。因此，在研究平均指标的同时，还必须对总体各单位标志值之间的差异程度进行测定。

变异指标在统计分析研究中的作用主要有如下几方面。

(1) 变异指标是评价平均指标代表性的依据

平均指标作为某一数量标志值的代表值，其代表性的高低与总体各单位标志值的差异程度密切相关。平均指标代表性与变异指标的关系是：变异指标愈大，平均指标的代表性愈低；反之，变异指标愈小，平均指标的代表性愈高。如果变异指标等于零，则说明平均数具有完全的代表性。

【例 4-30】 某车间两个生产小组，各人日产量资料（单位：件）如下：

甲组：20、40、60、70、80、100、120

乙组：67、68、69、70、71、72、73

甲、乙两生产小组的平均数均为 70 件，但各组数据的差异程度不同（图 4-1），平均数 70 件对各组数据的代表性就不同。甲组的差异程度明显大于乙组数据的差异程度，所以，甲组平均数 70 件的代表性显然低于乙组平均数 70 件的代表性。

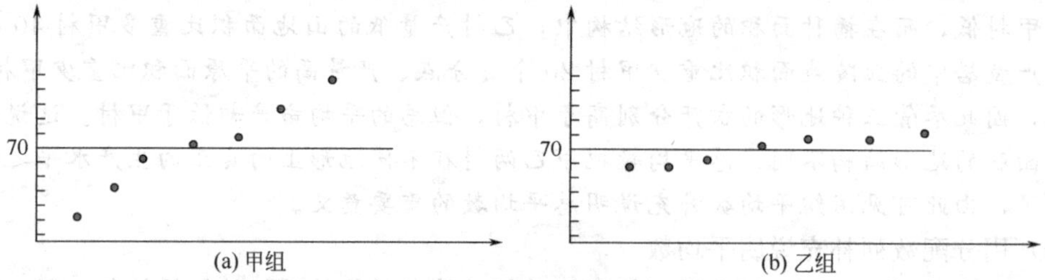

图 4-1 两组数据的散点图比较

(2) 变异指标可以反映社会经济发展过程的均衡性和稳定性

变异指标是反映总体各单位标志值差异程度的指标，若总体各单位标志值之间的差异程度越小，说明被研究总体各单位标志值的变化具有较强的均衡性和稳定性。通常，变异指标愈小，说明事物变化愈均衡、稳定；相反，变异指标愈大，说明事物变化愈不均衡、不稳定。

【例 4-31】 某公司所属两个企业某月份产品生产计划完成情况见表 4-13。

表 4-13 某公司所属两个企业某月份产品生产计划完成情况

公司所属企业	生产计划完成程度(%)			
	全 月	上 旬	中 旬	下 旬
甲企业	100	31.8	33.2	35
乙企业	100	18.9	31.1	50

从表 4-13 看，甲、乙企业月计划均已圆满完成，但从各旬完成情况看，甲厂生产比较均衡，各旬计划完成程度变异度小；但乙厂生产则存在前松后紧，生产很不均衡，上旬仅完成月计划 18.9%，而下旬突击完成月计划 50%，各旬完成程度变异度大。

(3) 变异指标是确定抽样误差和必要样本数目的必要依据。

4.4.2 变异指标的计算

测定变异指标的常用方法有四种：全距、平均差、标准差和标准差系数。当两个总体度量单位和平均数相同时，可以使用前三种变异指标来说明平均数的代表性高低；当两个总体度量单位或平均数不同时，必须使用标准差系数来说明平均数的代表性高低，现分述如下：

(1) 全距

全距也称为极差，是总体中最大标志值与最小标志值之差，说明标志值的变动范围，通常用 R 表示。即：

$$R=X_{max}-X_{min}$$

如【例 4-30】某车间两个生产小组各人日产量资料的全距为：

$$R_{甲}=120-20=100\text{（件）}$$

$$R_{乙}=73-67=6\text{（件）}$$

可见，虽然甲、乙两生产小组工人平均日产量都为 70 件，但两组工人日产量的变动范围不一样。甲组的全距比乙组大，说明乙组的平均日产量 70 件的代表性比甲组平均日产量 70 件的代表性高。

对于根据组距数列求全距，可以用最高组的上限与最低组的下限之差求全距的近似值。但当有开口组时，若不知极端数值，则无法求全距。

全距的优点是计算方法简单，但是它只说明总体中两个极端标志值的差异范围，而不能全面反映各单位标志值的变异程度。这是全距的局限性。

(2) 平均差

平均差是总体中各单位标志值对其算术平均数离差的绝对值的算术平均数，又称平均离差。通常以 $A.D.$ 表示。

由于总体各个标志值对其算术平均数的离差之和等于零，即 $\sum(X-\overline{X})=0$ 或 $\sum(X-\overline{X})f=0$，因此，在测定离差大小时，对正负离差都取其绝对值 $|X-\overline{X}|$，然后计算平均离差。

计算平均差的步骤是：第一，求各标志值与其算术平均数的离差；第二，求离差的绝对值；第三，将其离差绝对值相加求和即 $\sum|X-\overline{X}|$ 或 $\sum|X-\overline{X}|f$，再除以项数 n 或总次数 $\sum f$，得平均差。

根据掌握的资料不同，平均差的计算可分为简单式平均差与加权式平均差两种。

第一，简单式平均差。在资料未经分组时，可采用简单式计算平均差。其计算公式为：

$$A.D.=\frac{\sum|X-\overline{X}|}{n}$$

以【例 4-30】某车间两个生产小组各人日产量资料为例，说明简单式平均差的计算方法。见表 4-14。

表 4-14 某车间两个生产小组日产量的平均差计算表

甲组			乙组		
日产量/件	离差	离差绝对值	日产量/件	离差	离差绝对值
X	$X-\overline{X}$	$\lvert X-\overline{X}\rvert$	X	$X-\overline{X}$	$\lvert X-\overline{X}\rvert$
20	−50	50	67	−3	3
40	−30	30	68	−2	2
60	−10	10	69	−1	1
70	0	0	70	0	0
80	10	10	71	1	1
100	30	30	72	2	2
120	50	50	73	3	3
合 计	—	180	合 计	—	12

已知甲乙两生产小组工人平均日产量均为 70 件。则，

甲组工人日产量的平均差：

$$A.D._{甲}=\frac{\sum|X-\overline{X}|}{n}=\frac{180}{7}=25.71\text{（件）}$$

乙组工人日产量的平均差：

$$A.D._{乙}=\frac{\sum|X-\overline{X}|}{n}=\frac{12}{7}=1.71\text{（件）}$$

计算结果表明，在甲、乙两生产小组工人平均日产量都等于70件的情况下，甲组的平均差为25.71件，乙组的平均差为1.71件，甲组的平均差大于乙组，因而乙组平均数的代表性比乙组的高。

第二，加权式平均差。在资料经过分组后，则应采用加权式计算平均差。其计算公式为：

$$A.D.=\frac{\sum|X-\overline{X}|f}{\sum f}$$

【例4-32】某学院教职工工资情况资料，见表4-15。根据表4-15的资料，计算平均差如下：

表4-15　某学院教职工工资平均差的计算表

按职工月工资水平分组(元)	人数 f (人)	组中值 X	Xf	$X-\overline{X}$	$\vert X-\overline{X}\vert f$
2000以下	15	1750	26250	−900	13500
2000～2500	20	2250	45000	−400	8000
2500～3000	40	2750	110000	100	4000
3000～3500	20	3250	65000	600	12000
3500以上	5	3750	18750	1100	5500
合　计	100	—	265000	—	43000

$$\overline{X}=\frac{\sum Xf}{\sum f}=\frac{265000}{100}=2650\text{（元）}$$

$$A.D.=\frac{\sum|X-\overline{X}|f}{\sum f}=\frac{43000}{100}=430\text{（元）}$$

计算结果表明，该学院职工月平均工资为2650元，与各个工人的月工资比较，平均差430元。

平均差把所有标志值都考虑在内，测度了各个标志值之间的差异，因而能准确综合地反映总体中各单位标志值的差异程度，但由于平均差是取绝对值计算的，不便于各种代数的运算，所以在统计实际工作中应用较少。

（3）标准差

表4-16　某车间两个生产小组日产量的标准差计算表

甲组			乙组		
日产量(件)	离差	离差平方	日产量(件)	离差	离差平方
X	$X-\overline{X}$	$(X-\overline{X})^2$	X	$X-\overline{X}$	$(X-\overline{X})^2$
20	−50	2500	67	−3	9
40	−30	900	68	−2	4
60	10	100	69	−1	1
70	0	0	70	0	0
80	10	100	71	1	1
100	30	900	72	2	4
120	50	2500	73	3	9
合　计	—	7000	合　计	—	28

标准差是指总体各单位标志值与其对应的算术平均数离差平方的算术平均数的平方根。标准差通常用“σ”表示。标准差的平方称为方差，用“σ^2”表示。标准差的计算步骤是：第一，计算各单位标志值对算术平均数的离差；第二，将每个离差平方；第三，计算这些离差平方的算术平均数即方差；第四，再把这个方差开平方，其正根即为标准差。其计算公式依据掌握资料的实际情况不同也分为简单式标准差与加权式标准差两种。

① 简单式标准差　适用于未分组资料。其计算公式为：

$$\sigma=\sqrt{\frac{\sum(X-\overline{X})^2}{n}}$$

现仍以【例 4-30】某车间两个生产小组各人日产量资料为例，计算标准差。见表 4-16。已知甲乙两组工人平均日产量均为 70 件。则，

甲组工人日产量的标准差：

$$\sigma_{甲}=\sqrt{\frac{\sum(X-\overline{X})^2}{n}}=\sqrt{\frac{7000}{7}}=31.62\ (件)$$

乙组工人日产量的标准差：

$$\sigma_{乙}=\sqrt{\frac{\sum(X-\overline{X})^2}{n}}=\sqrt{\frac{28}{7}}=2\ (件)$$

计算结果表明，甲组标准差为 31.62 件，乙组标准差为 2 件。说明甲组标志值的变动大于乙组，可见乙组平均日产量的代表性比甲组的高。

② 加权式标准差　适用于分组资料。其计算公式为：

$$\sigma=\sqrt{\frac{\sum(X-\overline{X})^2 f}{\sum f}}$$

现仍以【例 4-32】某学院教职工工资情况资料为例，计算标准差，计算参见表 4-17。

表 4-17　某学院教职工工资标准差的计算表

按职工月工资水平分组(元)	人数 f(人)	组中值 X	Xf	$X-\overline{X}$	$(X-\overline{X})^2 f$
2000 以下	15	1750	26250	−900	12150000
2000～2500	20	2250	45000	−400	3200000
2500～3000	40	2750	110000	100	400000
3000～3500	20	3250	65000	600	7200000
3500 以上	5	3750	18750	1100	6050000
合　计	100	—	265000	—	29000000

$$\overline{X}=\frac{\sum Xf}{\sum f}=\frac{265000}{100}=2650\ (元)$$

$$\sigma=\sqrt{\frac{\sum(X-\overline{X})^2 f}{\sum f}}=\sqrt{\frac{29000000}{100}}=538.52\ (元)$$

计算结果表明，该学院职工月平均工资为 2650 元，与各个工人的月工资比较，标准差 538.52 元。

标准差与平均差既有相同之处又有不同之处，相同之处表现在：二者都是以平均数为中心，换句话说都是与平均数相比较，测定所有标志值变动程度的。不同之处表现在：①平均差是以绝对值消除离差正负号的，标准差是以平方消除离差正负号的，以平方消除离差正负号在代数变换上优于绝对值的办法；②同一个资料的标准差一般大于平均差，即：$\sigma \geqslant A.D.$，

这正是标准差的放大作用。标准差将标志值的差别程度放大后，并不影响对问题的分析结论。

(4) 标准差系数

上述全距、平均差和标准差是用绝对数形式来说明标志变动程度的大小，它们都是有计量单位的。各种变异指标的数值大小，不仅受标志值离散程度大小的影响，而且还受平均水平高低的影响。因此，为了对比分析平均水平或计量单位不同的两个总体标志值的变异程度及平均数的代表性，必须消除平均水平高低及计量单位的影响，以真正反映总体各单位标志值的离散程度，这就需要计算标志变动系数。

标志变动系数也称为离散系数。各种变异指标都可以计算标志变动系数，来反映总体各单位标志值的相对离散程度。但最常用的是根据标准差与算术平均数对比的标志变动系数，称作标准差系数，用 V_σ 表示，其计算公式如下：

$$V_\sigma=\frac{\sigma}{\overline{X}}\times100\%$$

【例 4-33】 有甲乙两个生产小组，甲组平均日产量为 36 件，标准差为 9.6 件，乙组工人日产量资料见表 4-18。

计算得知：

$$\overline{X}_{乙}=\frac{\sum Xf}{\sum f}=\frac{15\times15+25\times38+35\times34+45\times13}{100}=29.5\ (件)$$

$$\sigma_{乙}=\sqrt{\frac{\sum\ (X-\overline{X})^2 f}{\sum f}}=8.99\ (件)$$

表 4-18 乙组工人日产量资料

日产量件数(件)	工人数(人)	日产量件数(件)	工人数(人)
10～20	15	40～50	13
20～30	38	合 计	100
30～40	34		

由于甲乙两组平均日产量水平不同，应计算其标准差系数来比较：

$$V_{甲}=\frac{9.6}{36}\times100\%=26.67\%;$$

$$V_{乙}=\frac{8.99}{29.5}\times100\%=30.47\%$$

计算结果表明，甲组标准差系数小于乙组标准差系数，说明甲生产小组日产量变动程度比乙生产小组小，所以甲生产小组的平均日产量代表性比乙组高。

4.5 成数指标

4.5.1 是非标志的概念

在社会经济现象中，有时把某种社会经济现象的全部单位分为具有某一标志的单位和不具有这种标志的单位。例如，全部产品中，分为合格产品和不合格产品两组；全部农作物播种面积分为受灾面积和非受灾面积两组；全部人口中分为男性和女性两组等，我们把划分出的这两部分分别用“是”或“非”,“有”或“无”表示，这种用“是”与“非”或“有”与“无”表示的标志称为是非标志或交替标志。

因为是非标志只有两个表现，所以可以用 1 代表“是”，用 0 代表“非”。为此可以把 1 和 0 视为是非标志的标志值。全部总体单位数用 N 表示，标志值为 1 的单位数用 N_1 表示，标志值为 0 的单位数用 N_0 表示。则 $N=N_1+N_0$

是非标志的标志值为 1 的单位数占全部单位数的比重叫成数，用 P 来表示。其计算公式为：$P=\frac{N_1}{N}$

是非标志的标志值为 0 的单位数占全部单位数的比重也叫成数，用 Q 来表示。其计算公式为：$Q=\frac{N_0}{N}$

显然，两个成数之和等于 1，即 $P+Q=1$。

4.5.2 是非标志的平均数

是非标志的平均数可按表 4-19 计算如下。

表 4-19 是非标志的平均数的计算

是非标志的标志值	成数 $\frac{f}{\sum f}$
1	P
0	Q
合 计	1

$$\overline{X}=\sum X\frac{f}{\sum f}=1\times P+0\times Q=P$$

4.5.3 是非标志的标准差

是非标志的标准差可按表 4-20 计算如下。

表 4-20 是非标志的标准差的计算

是非标志的标志值	成数 $\frac{f}{\sum f}$	$X-\overline{X}$	$(X-\overline{X})^2$	$\frac{\sum(X-\overline{X})^2 f}{\sum f}$
1	P	$1-P$	$(1-P)^2$	$(1-P)^2P$
0	Q	$0-P$	P^2	$P^2(1-P)$
合 计	1	—	—	$P(1-P)$

综合上表可知，是非标志标准差的计算公式为：

$$\sigma=\sqrt{\frac{\sum(X-\overline{X})^2 f}{\sum f}}=\sqrt{P(1-P)}$$

【例 4-34】某机械厂铸造车间生产 600 吨铸件，合格 540 吨，试求平均合格率，标准差及标准差系数。

$$\overline{X}=P=\frac{540}{600}\times 100\%=90\%$$

$$\sigma=\sqrt{P(1-P)}=\sqrt{90\%\times(1-90\%)}=30\%$$

$$V_\sigma=\frac{\sigma}{\overline{X}}\times 100\%=\frac{30\%}{90\%}\times 100\%=33.33\%$$

课后练习

一、判断题

1. 总体单位总量与总体标志总量，可以随研究对象的变化而发生变化。(　　)

2. 同一个总体，时期指标值的大小与时期长短成正比，时点指标值的大小与时点间隔成反比。(　　)

3. 用劳动单位表示的总量指标，称为劳动量指标，它是不能直接相加的。(　　)

4. 某商店销售额今年与去年相比增加了15万元，这是总量指标。(　　)

5. 根据分组资料计算的算术平均数，只是一个近似值。(　　)

6. 某企业计划规定，2009年第二季度产品单位成本比去年同期降低2%，实际降低了4%，则超额完成计划50%。(　　)

7. 国民收入中积累额与消费额之比为1∶3，这是一个比较相对指标。(　　)

8. 甲乙两个公司2009年第一季度的职工平均工资的对比属于比例相对指标。(　　)

9. 权数对算术平均数的影响作用取决于权数本身绝对值的大小。(　　)

10. 中位数和众数都属于平均数，因此它们数值的大小受到总体内各单位标志值大小的影响。(　　)

11. 众数是总体中出现最多的次数。(　　)

12. 平均差和标准差都表示各标志值对其算术平均数的平均距离。(　　)

13. 如果甲组标志值的标准差小于乙组标志值的标准差，则说明甲组平均数的代表性比乙组大。(　　)

14. 是非标志属于品质标志，通常用文字表示，所以无法计算平均数。(　　)

15. 变异指标越大，平均指标的代表性越高。(　　)

二、单选题

1. 总量指标按其反映的内容不同可分为（　　）。

A. 实物指标和价值指标　　B. 总体单位总量和总体标志总量

C. 时期指标和时点指标　　D. 时间指标和时期指标。

2. 时期指标和时点指标的共同点是（　　）。

A. 都可以采取连续计数　　B. 都受时间长短影响

C. 都可以通过经常性调查取得　　D. 都是反映现象规模或总水平的综合指标

3. 2008年末我国总人口132802万人，其中城镇人口占总人口的45.7%，这两个指标（　　）。

A. 前者是时期指标，后者是时点指标

B. 前者是时点指标，后者是时期指标

C. 前者是时点指标，后者是结构相对指标

D. 前者是时期指标，后者是结构相对指标

4. 某地区国内生产总值2008年为2000年的171.56%，此指标为（　　）。

A. 结构相对指标　　B. 比较相对指标　　C. 比例相对指标　　D. 动态相对指标

5. 将对比的基数抽象为10，则计算出来的相对数称为（　　）。

A. 倍数　　B. 百分数　　C. 成数　　D. 系数

6. 粮食产量和全国人口数对比是（　　）。

A. 平均指标　　B. 比例相对指标　　C. 比较相对指标　　D. 强度相对指标

7. 加权算术平均数的大小（　　）。

A. 受各组标志值大小的影响，与各组次数无关

B. 受各组次数多少的影响，与各组标志值无关

C. 既受各组标志值的影响，又受各组次数影响

D. 既与各组标志值大小无关，也与各组次数无关

8. 在平均指标中，被称为位置平均数的是（　　）。

A. 中位数和算术平均数　　B. 调和平均数和众数

C. 算术平均数和众数　　D. 中位数和众数

9. 若已知 4 个水果店的苹果单价和销售额，要求计算 4 个商店苹果的平均单价，应该采用（　　）。

A. 简单算术平均数　　B. 加权调和平均数　　C. 加权算术平均数　　D. 几何平均数

10. 如果所有标志值的频数都减少为原来的 1/5，而标志值仍然不变，那么算术平均数（　　）。

A. 不变　　B. 扩大到 5 倍　　C. 减少为原来的 1/5　　D. 不能预测其变化

11. 某企业 5 月份计划要求销售收入比上月增长 8%，实际增长 12%，其超计划完成程度为（　　）。

A. 103.70%　　B. 50%　　C. 150%　　D. 3.7%

12. 若甲单位的平均数比乙单位的平均数小，但甲单位的标准差比乙单位的标准差大，则（　　）。

A. 甲单位的平均数代表性比较大　　B. 甲单位的平均数代表性比较小

C. 两单位的平均数代表性一样大　　D. 无法判断

三、多项选择题

1. 下列统计指标属于总量指标的有（　　）。

A. 工资总额　　B. 商业网点密度　　C. 商品库存量

D. 人均国民生产总值　　E. 进出口总额

2. 下列指标中属于时点指标的有（　　）。

A、年末人口数　　B. 某银行月末存款余额

C、某商店一月底商品库存量　　D. 人口出生率

3. 下列指标中属于比较相对指标的有（　　）。

A. 甲地区的总人口较乙地区多 20 万　　B. 甲厂产值是乙厂的 2 倍

C. 某地每万人中有科技人员 150 人　　D. 甲地平均粮食亩产量是乙地的 140%

4. 一般情况下，分子分母不能互换的相对指标有（　　）。

A. 比较相对指标　　B. 结构相对指标

C. 计划完成程度相对指标　　D. 动态相对指标

5. 比例相对指标是（　　）。

A. 反映同一总体内部结构情况　　B. 反映同一总体中各组成部分之间比例关系

C. 子项和母项可以互换　　D. 是无名数

6. 平均指标的作用是（　　）。

A. 反映总体的一般水平

B. 对不同的时间、不同地点、不同部门的同质总体平均指标进行对比

C. 测定总体各单位分布的离散程度

D. 测定总体各单位分布的集中趋势

E. 反映总体的规模

7. 从指标的性质看，下面指标中属于平均指标的有（　　）。

A. 人均粮食产量　　B. 人均粮食消费量

C. 某工厂生产工人的劳动生产率　　D. 某企业全体职工的平均工资

E. 单位产品成本

8. 标准差（　　）。
A. 表明总体单位标志值对其算术平均数的平均距离
B. 反映总体单位的一般水平　　C. 反映总体单位标志值的离散程度
D. 反映总体分布的集中趋势　　E. 反映总体分布的离中趋势

四、计算题

1. 某公司所属三个企业销售资料（单位：万元）如下：

企业	2008年					2007年实际销售额（万元）	2008年销售额为2007年的百分比(%)
	计划		实际		完成计划(%)		
	销售额（万元）	比重(%)	销售额（万元）	比重(%)			
甲	1200		1224			1100	
乙	1000				102.6	900	
丙			1710		95	1640	
合计		100		100			

要求：(1) 根据上表资料，计算各空栏的指标；(2) 指出表中各列分别是什么指标。

2. 某企业生产某种产品，按五年计划规定最后一年产量应达到100万吨。计划执行情况见下表：

项　目	第一年	第二年	第三年		第四年				第五年			
			上半年	下半年	一季	二季	三季	四季	一季	二季	三季	四季
产量/万吨	78	82	44	45	23	24	24	25	26	27	27	28

要求：(1) 该产品产量计划完成程度；(2) 该企业提前多少时间完成了五年计划规定的指标。

3. 某种工业产品单位成本，本期计划比上期下降5%，实际下降了9%，问该种产品成本计划执行结果？

4. 某企业产值计划完成103%，比去年增长5%，试问计划规定比去年增长多少？

5. 某商店职工销售额资料如下：

按日销售额分组(元)	职工人数(人)	按日销售额分组(元)	职工人数(人)
200以下	15	400～500	75
200～300	25	500以上	35
300～400	50	合　计	200

要求：根据上表资料计算该商店职工的平均日销售额、众数、中位数及平均差。

6. 某种蔬菜价格早上为0.5元/斤、中午为0.4元/斤、晚上为0.25元/斤。现早、中、晚各卖1元，求平均价格。

7. 某地甲、乙两个农贸市场三种主要蔬菜价格及销售额资料如下：

品　种	价格(元/千克)	销售额(万元)	
		甲市场	乙市场
甲	0.30	75.0	37.5
乙	0.32	40.0	80.0
丙	0.36	45.0	45.0

要求：计算比较该地区哪个农贸市场蔬菜平均价格高？并说明原因。

8. 甲工厂某产品分三批生产，有关资料为：第一批出厂价格为每吨 460 元，产品占总产量的 20%；第二批出厂价格为每吨 420 元，产量占总产量的 50%；第三批出厂价格为每吨 400 元。试根据上述资料计算该厂三批产品的平均出厂价格。

9. 某厂生产某种机床配件，要经过四道工序，各加工工序的合格率分别为 90%、92%、95%和 98%，求四道工序的平均合格率。

10. 某笔投资年利率资料如下：

年利率(%)	年　数	年利率(%)	年　数
2	1	7	4
4	3	8	2
5	6	合计	16

要求：(1) 若年利率按复利计算，则该笔投资的平均年利率为多少？(2) 若年利率按单利计算，即利息不转为本金，则该笔投资的平均年利率为多少？

11. 甲、乙两工厂职工的工资资料如下：

甲　工　厂		乙　工　厂	
月工资(元)	职工人数(人)	月工资(元)	职工人数(人)
600 以下	2	600 以下	1
600～700	4	600～700	2
700～800	10	700～800	4
800～900	7	800～900	12
900～1000	6	900～1000	6
1000～1100	4	1000～1100	5
合　　计	33	合　　计	30

要求：试比较哪个单位的职工工资差异程度小。

12. 某企业对甲产品进行质量检查，检查结果其产品合格率为 98%，试求平均合格率、标准差及标准差系数。

5 时间序列

5.1 时间序列概述

5.1.1 时间序列的概念和作用

社会经济现象随着时间推移不断发展变化，关于社会经济现象的统计指标是在不同时间观察记录的。例如，工业企业在其生产经营的过程中，产品的产量、工人的工资、工业总产值等都会因时间的变化而呈现出动态变化的过程。所谓时间序列，即把反映某种社会经济现象的一系列统计指标数值按时间（如按年、季、月、日等）先后顺序排列所形成的数列，也称动态数列或时间数列。

表 5-1 每一行指标数值，就是一个时间序列，表中共四个时间序列。不难看出时间序列由两个基本要素所构成：一是资料所属的时间；二是对应时间上的统计指标数值。两者缺一不可。

表 5-1 我国 2004～2008 年国民经济主要指标

年　份	2004	2005	2006	2007	2008
国内生产总值(亿元)	159878.3	183217.4	211923.5	257305.6	300670.0
全国人口年末数(万人)	129988	130756	131448	132129	132802
第三产业产值占国内生产总值比重(%)	40.4	40.1	40.0	40.4	40.1
全国职工年平均工资(元)	16024	18364	21001	24932	29229

资料来源：中国统计年鉴（2009 年）。

编制和研究时间序列，在社会经济统计中具有十分重要的作用。

① 时间序列可以描绘社会经济现象发展变化的过程。通过时间序列，可以观察事物发展变化的升降起伏；可以观察事物由起点水平怎样发展到现在这个水平。它把事物发展变化的过程描绘得一清二楚。例如，表 5-1 中的资料。

② 通过时间序列可以研究社会经济现象的发展速度、发展趋势，探索现象发展变化的规律，并据以进行统计预测。

③ 可以利用不同的但互有联系的数列进行对比分析或相关分析。

5.1.2 时间序列的种类

时间序列按统计指标的性质不同，可分为总量指标时间序列、相对指标时间序列和平均指标时间序列三种类型，其中总量指标时间序列是基本序列，相对指标时间序列和平均指标时间序列则是由总量指标时间序列形成的派生序列。

(1) 总量指标时间序列

所谓总量指标时间序列是将现象某一总量指标按时间先后顺序排列所形成的时间序列，

也称为绝对数时间序列。它可以反映现象在不同时间上所表现出来的总量水平。按照统计指标所表明的社会经济现象所属的时间不同，总量指标时间序列又分为时期指标时间序列和时点指标时间序列，即时期序列和时点序列。

① 时期序列。在总量指标时间序列中，如果各项指标都反映某种现象在一段时期内发展过程的总量，这样的总量指标时间序列就称为时期序列。例如，表 5-1 中所列的国内生产总值就是一个时期序列。

时期序列的主要特点如下。

第一，时期序列中各项指标的数值是可以相加的，即相加具有一定的经济意义。由于时期序列中每个指标的数值表示在一段时期内发展过程的总量，所以相加以后的数值就表示现象在更长一段时期内发展的总量。

第二，时期序列中每个指标数值的大小与所属时期的长短有直接的关系。在时期序列中，每个指标数值反映现象所属时间的长短，称为时期。时期可长可短，主要视研究的目的而定，可以是一日、一旬、一月、一季、一年或更长时期。例如，表 5-1 中所列时期序列的时期为一年。一般来说，时期越长，指标数值就愈大；反之就愈小。

第三，时期序列中每个指标的数值，通常是通过连续不断的登记而取得的。

② 时点序列。在总量指标动态数列中，如果各项指标都反映某种现象在某一时点上（瞬间）的总量，这样的总量指标时间序列就称为时点序列。例如，表 5-1 中所列的全国人口年末数就是一个时点数序列。

时点序列有如下主要特点如下。

第一，时点序列中各项指标数值除非计算过程需要外，一般不能相加，即相加没有实际经济意义。这是由于时点序列中每个指标数值都表明现象在某一时点上（瞬间）的总量，相加后无法说明属于哪一时点（瞬间）的总量。

第二，时点序列中每个指标数值的大小与时间间隔长短没有直接关系。在时点序列中，两个相邻指标在时间上的距离，称为间隔。例如，表 5-1 中所列时点数列的间隔为一年。时点序列每个指标数值，只表明现象某一时点上（瞬间）的总量，年末数值可能大于月末数值，也可能小于月末数值，指标数值的大小与时间间隔长短无直接关系。

第三，时点序列中每个指标数值，通常是通过一定时期登记一次而取得的。

（2）相对指标时间序列

所谓相对指标时间序列是将反映现象特征的某一相对指标按时间先后顺序排列所形成的时间序列，也称为相对数时间序列。它反映社会经济现象之间的数量对比关系或说明现象的结构、速度等的发展变化过程。例如，表 5-1 中所列的第三产业产值占国内生产总值比重就是一个相对指标时间序列。在相对指标时间序列中，各个指标数值是不能相加的。

（3）平均指标时间序列

所谓平均指标时间序列是将反映现象特征的某一平均指标按时间先后顺序排列所形成的动态数列，也称为平均数时间序列。主要用来反映现象一般水平的发展变化过程。由于平均指标可分为静态平均指标（一般平均指标）和动态平均指标（序时平均数），因此平均指标时间序列分为静态平均指标时间序列和动态平均指标时间序列。

静态平均指标是根据同一时间总体各单位的变量值计算的平均数。例如，表 5-1 中所列的全国职工年平均工资就是一个静态平均数时间序列。静态平均数时间序列中的各期指标数值，也是不能直接相加的。

动态平均指标是根据同一总体不同时间的变量值计算的平均数。（序时平均数在 5.2.1 中阐述）。在动态平均指标时间序列中，各个指标数值一般来说也是不能相加的，相加没有经济意义。但有时为了进一步计算该动态平均数时间序列的序时平均数，作为一个计算步骤，则是可以相加的。

为了对社会经济现象发展过程进行全面的分析，在实际工作中可以把上述各种时间序列结合起来运用。

5.1.3 时间序列的编制原则

编制时间序列的目的，是为了进行动态对比和动态分析，以观察事物发展变化的过程、发展速度及发展趋势和规律性。因此，保证时间序列中各个指标数值的可比性，是编制时间序列的基本原则。具体有以下几点要求。

(1) 时间可比

时期序列中，各个指标数值的大小与时期的长短有直接的关系，因此各个指标数值所属的时期长短应该前后统一。时期长短不统一，往往就很难作直接比较。例如，一个月的产量与一年的产量比较没有实际意义。

但是，有时为了研究不同时期的经济发展水平或各个历史阶段的发展变化，也可以编制时期长短不等的时期序列，这主要是根据研究的目的而定。如表 5-2 所示的时间序列：

表 5-2 我国不同历史时期钢产量

时期(年)	1900～1948	1953～1957	2001～2005
钢产量(万吨)	760	1667	119164

资料来源：李洁明，祈新娥. 统计学原理. 上海：复旦大学出版社，2007。

从表 5-2 可知，我国第一个五年计划时期的钢产量超过旧中国将近半个世纪钢产量 1 倍以上，第十个五年计划时期的钢产量又比“一五”时期有了更快的发展，增长了 71 倍以上。

对于时点序列来说，指标数值的大小与时点间隔长短虽然没有直接的联系，但为了更好地反映社会经济现象发展变化的规律性，便于对比分析，时点间隔最好能保持一致。

(2) 总体范围大小应该一致

总体范围通常是指现象的空间范围，例如，要研究一个省（直辖市、自治区）的人口数、耕地面积等现象的发展变化状况，需要分别编制这些统计指标的时间序列。如果该省的行政区划有过变动，其变动前后的指标数值是不能直接对比的，否则会歪曲被研究现象本身变化的趋势或规律性。正确地编制时间序列，应根据研究的目的，将总体区划变动前后的资料加以调整，使其总体范围一致。

(3) 指标的经济内容应该相同

经济内容和涵义不同的指标，不能混合编成一个时间序列。例如，全员劳动生产率和生产工人劳动生产率经济内容不是完全相同的，我们不能把全员劳动生产率和生产工人劳动生产率混合起来，编制一个时间序列进行比较分析。

(4) 指标计算方法、计算价格和计量单位应该统一

时间序列中的各个指标的计算方法应前后一致，否则难以进行比较。如国内生产总值(GDP)，可以用生产法、分配法和支出法来计算，从理论上讲，三种方法的计算结果应一致，但由于资料来源的渠道不同，这三种方法计算的结果往往存在差异。因此，在同一时间序列中，各个指标值的计算方法要统一。统计指标的计算价格应一致。价值指标有不变价、现行价，而不变价又有不同时期的不变价，编制价值指标的时间序列要保证各指标的计算价格相同，才具有比较意义，否则就需要调整，使其统一。实物指标的时间序列，则要求计量单位保持一致，否则也要进行调整。

5.2 时间序列的水平分析指标

时间序列的水平，也就是现象发展水平。反应现象发展水平的指标有发展水平、平均发展水平、增长量和平均增长量。

5.2.1 发展水平与平均发展水平

(1) 发展水平

在时间序列中，各项具体的指标数值叫做发展水平，也称为时间序列水平。它反映某种社会经济现象在一定时间上所达到的规模或水平，是计算其他动态数列指标的基础。发展水平可以是总量指标数值、平均指标数值或相对指标数值。

发展水平按其在时间序列中所处的次序地位不同，可分为最初水平、中间水平和最末水平三种。在时间序列中，首项指标数值叫最初水平，末项指标数值叫最末水平，其余各项指标数值叫中间水平。如果用a_0，a_1，a_2，…，a_{n-1}，a_n表示现象各期发展水平，则a_0就是最初水平，a_n就是最末水平，其余各项就是中间水平。

在动态分析中，我们将要研究时期的指标水平称为报告期水平，将用作对比基础时期的指标水平，称为基期水平。

表 5-3 云南省 2004～2008 年生产总值资料

年　份	2004	2005	2006	2007	2008
生产总值(亿元)	3081.91	3472.89	3981.31	4741.31	5700.10

资料来源：《中国统计年鉴》(2009 年)。

在表 5-3 中，2004 年生产总值 3081.91 亿元是最初水平，2008 年生产总值 5700.10 亿元是最末水平，其余各项是中间水平。如果把 2007 年生产总产值与 2006 年生产总产值进行对比，那么 2006 年的生产总值就是基期水平，2007 年的生产总值就是报告期水平；如果把 2008 年生产总值与 2007 年生产总值进行对比，那么 2007 年生产总值就是基期水平，2008 年生产总值就是报告期水平。报告期水平与基期水平的划分是随着研究目的的改变而改变的。

(2) 平均发展水平

平均发展水平是对一个时间序列不同时期的发展水平求平均数，在统计上又称序时平均数或动态平均数。它与静态平均数（一般平均数）既有相同点，又存在明显的区别。相同点是：二者都是抽象现象在数量上的差异，以反映现象总体的一般水平。它们的区别是：①序时平均数平均的是现象在不同时间上的数量差异，一般平均数平均的是总体各单位某一标志值在同一时间上的数量差异；②序时平均数是动态说明被研究现象本身在一段时间内的平均发展水平，一般平均数是静态说明总体各单位某个标志值的平均水平；③序时平均数的计算依据是时间序列，一般平均数的计算依据是变量数列。

时间序列有三种，各种时间序列的序时平均数的计算方法有不同的特点。但由于相对指标和平均指标是由总量指标派生的，所以总量指标时间序列序时平均数的计算方法是最基本的方法。现分别介绍如下。

① 总量指标时间序列序时平均数的计算　总量指标时间序列包括时期序列和时点序列，这两种时间序列序时平均数的计算方法是不一样的。

第一，时期序列序时平均数的计算。时期序列序时平均数的计算比较简单，采用的是简单算术平均法，即时间序列中各期发展水平之和除以时期项数。其计算公式为：

$$\bar{a}=\frac{a_1+a_2+a_3+\cdots+a_{n-1}+a_n}{n}=\frac{\sum a}{n}$$

式中，a_1，a_2，a_3，…，a_{n-1}，a_n代表现象各期发展水平；$\bar{a}$代表平均发展水平；n代表时期项数。

【例 5-1】 根据表 5-1，计算 2004～2008 年每年平均国内生产总值。

$$\bar{a}=\frac{\sum a}{n}=\frac{159878.3+183217.4+211923.5+257305.6+300670.0}{5}$$

$$=\frac{1112994.8}{5}=222598.96\text{（亿元）}$$

第二，时点序列序时平均数的计算。时点序列都是瞬间资料，在两个时点之间都有一定的间隔。严格地说，时点序列都是不连续的。但是，在社会经济统计实践中，由于资料所属时间的最小计算单位一般是“日”，如果时点数列的资料是逐日记录的，这样的时间序列就视为连续的时点序列；在实际统计工作中，对时点性质的指标，为了简化登记手续，往往每隔一定时间登记一次，时点定在月（季、年）初或末，这样的时点序列称为间断时点序列。两类时点序列序时平均数的计算方法有所不同，分述如下。

一是连续时点序列序时平均数的计算。连续时点数列也分为间隔相等和间隔不相等两种情况。

a. 间隔相等的连续时点序列序时平均数的计算。如果掌握了整个研究时期中每天时点的资料，则可采用简单算术平均法，其计算公式如下：

$$\bar{a}=\frac{\sum a}{n}$$

【例 5-2】 某班学生星期一至星期五出勤资料见表 5-4。

表 5-4 某班学生出勤资料

时　间	星期一	星期二	星期三	星期四	星期五
人数/人	115	112	108	107	113

则该班本周平均出勤人数为：

$$\bar{a}=\frac{\sum a}{n}=\frac{115+112+108+107+113}{5}=111\text{（人）}$$

b. 间隔不等的连续时点序列序时平均数的计算。如果掌握了一段时期中每次变动的资料（即只需在发生变动时记录即可），则可采用加权算术平均法，其计算公式如下：

$$\bar{a}=\frac{\sum af}{\sum f}$$

其中，f 为各时点水平所持续的间隔长度，其他符号同前。

【例 5-3】 某企业 2009 年 4 月份职工人数资料见表 5-5。

表 5-5 某企业 2009 年 4 月份职工人数资料

日期(天)	1～5	6～13	14～26	27～30
职工人数(人)	364	368	372	360

则该企业 2009 年 4 月份平均职工人数为：

$$\bar{a}=\frac{\sum af}{\sum f}=\frac{364\times5+368\times8+372\times13+360\times4}{5+8+13+4}=\frac{11040}{30}=368\text{（人）}$$

二是间断时点序列序时平均数的计算。间断时点数列也分为间隔相等和间隔不相等两种情况。

a. 间隔相等的间断时点数列序时平均数的计算。假设所研究现象在相邻两个时点数之间是均匀变动的，就可用两个相邻时点数的简单算术平均数得到这两个时点之间的序时平均数。由于间隔相等，无需加权，只需将所有两两相邻时点数的序时平均数再进行简单算术平均便可求得整个研究时期内的序时平均数。其计算公式如下：

$$\bar{a}=\frac{\frac{a_1+a_2}{2}+\frac{a_2+a_3}{2}+\cdots+\frac{a_{n-1}+a_n}{2}}{n-1}$$

$$=\frac{\frac{a_1}{2}+a_2+a_3+\cdots+a_{n-1}+\frac{a_n}{2}}{n-1}$$

其中，n 为时点项数，其他符号同前。

由于这个公式采用的是“两头一半加中间除以项数减一”的办法，故称首末折半法。

【例 5-4】某企业 2009 年第二季度某成品库存量资料见表 5-6。

表 5-6　某企业 2009 年第二季度某成品库存量资料

时　间	3 月 31 日	4 月 30 日	5 月 31 日	6 月 30 日
库存量(件)	3000	3300	2680	2800

则该企业 2009 年第二季度月平均库存量为：

$$a=\frac{\frac{a_1}{2}+a_2+a_3+\cdots+a_{n-1}+\frac{a_n}{2}}{n-1}$$

$$=\frac{\frac{3000}{2}+3300+2680+\frac{2800}{2}}{4-1}=\frac{8880}{3}=2960\ (件)$$

b. 间隔不等的间断时点数列序时平均数的计算。如掌握的是间隔不等的间断时点资料，在间隔相等的间断时点数列的基础上需用不同的时点间隔长度作权数，用加权算术平均法计算平均发展水平，其公式如下：

$$\bar{a}=\frac{\frac{a_1+a_2}{2}f_1+\frac{a_2+a_3}{2}f_2+\cdots+\frac{a_{n-1}+a_n}{2}f_{n-1}}{\sum_{i=1}^{n-1}f_i}$$

其中，f 为各时点间隔长度，其他符号同前。

【例 5-5】某商场 2008 年销售员人数资料见表 5-7。

表 5-7　某商场 2008 年销售员人数资料

时　间	1 月 1 日	4 月 1 日	9 月 1 日	12 月 31 日
销售员人数(人)	80	84	88	96

则该商场 2008 年月平均销售员人数为：

$$\bar{a}=\frac{\frac{a_1+a_2}{2}f_1+\frac{a_2+a_3}{2}f_2+\cdots+\frac{a_{n-1}+a_n}{2}f_{n-1}}{\sum_{i=1}^{n-1}f_i}$$

$$=\frac{\frac{80+84}{2}\times3+\frac{84+88}{2}\times5+\frac{88+96}{2}\times4}{3+5+4}=\frac{1044}{12}=87\ (人)$$

必须指出，间断时点序列序时平均数的计算是假定所研究的现象在相邻时点之间的变动是匀速的。实际上现象的变化并非完全如此，所以其计算结果难免有误差，只是一个近似值。时点序列的间隔越大，这种假定性越大，其准确性就越差。

② 相对指标时间序列序时平均数的计算。相对指标分为静态相对指标和动态相对指标，相应的时间序列就有静态相对指标时间序列和动态相对指标时间序列之分，这两类相对指标时间序列的性质不同，因而他们的序时平均数计算方法不大相同。在这里，仅介绍静态相对指标时间序列序时平均数的计算。动态相对指标时间序列序时平均数的计算在平均发展速度中介绍。

相对指标时间序列中的指标数值不能相加，因此，其序时平均数的计算不能由序列中的相对指标数值直接计算得到。由于相对指标是由两个相互联系的总量指标（或平均指标）对比得到的，故计算相对指标时间序列序时平均数时，必须先计算派生这个相对指标时间序列的两个总量指标（或平均指标）时间序列的序时平均数，然后再将两个序时平均数加以对比就得到相对指标时间序列的序时平均数。其计算公式如下：

$$\bar{c}=\frac{\bar{a}}{\bar{b}}$$

式中 $\bar{c}$——相对指标时间序列的序时平均数；

$\bar{a}$——分子时间序列的序时平均数；

$\bar{b}$——分母时间序列的序时平均数。

应用这个公式的关键是计算 $\bar{a}$ 和 $\bar{b}$。根据对比的分子和分母指标的性质不同，相对指标时间序列计算又分为以下几种情况。

第一，相对指标时间序列分子、分母都是时期序列。

【例 5-6】 某企业 2009 年第二季度，即 4～6 月生产计划完成情况资料见表 5-8。

表 5-8 某企业 2009 年 4～6 月生产计划完成情况资料

时间	4 月份	5 月份	6 月份
a 实际产量(吨)	1256	1367	1978
b 计划产量(吨)	1150	1280	1760
c 产量计划完成程度(%)	109.2	106.8	112.4

则该企业 2009 年第二季度月平均计划完成程度为：

$$\bar{c}=\frac{\bar{a}}{\bar{b}}=\frac{(1256+1367+1978)/3}{(1150+1280+1760)/3}=\frac{4601}{4190}=109.81\%$$

第二，相对指标时间序列分子、分母都是时点序列。

【例 5-7】 某厂 2009 年第三季度，即 7～9 月生产工人与职工人数资料见表 5-9。

表 5-9 某厂 2009 年第三季度生产工人与职工人数资料

时间	6 月 30 日	7 月 31 日	8 月 31 日	9 月 30 日
a 生产工人数(人)	645	670	695	710
b 全体职工数(人)	805	826	830	845
c 生产工人占全体职工比重(%)	80.1	81.1	83.7	83.1

则该厂 2009 年第三季度月平均生产工人占全体职工比重为：

$$\bar{c}=\frac{\bar{a}}{\bar{b}}=\frac{\left(\frac{645}{2}+670+695+\frac{710}{2}\right)\div 3}{\left(\frac{805}{2}+826+830+\frac{845}{2}\right)\div 3}=\frac{2042.5}{2485.5}=82.18\%$$

第三，相对指标时间序列分子、分母中有一个时期数列和一个时点数列。

【例 5-8】某企业 2008 年第一季度，即 1～3 月劳动生产率资料见表 5-10。

表 5-10 某企业 2008 年第一季度劳动生产率资料

时间	1月	2月	3月	4月
a 产值(百元)	3000	3200	3400	—
b 月初人数(人)	60	64	68	70
c 劳动生产率(百元/人)	48.39	48.48	49.28	—

计算该企业 2008 年第一季度月平均劳动生产率及第一季度劳动生产率。

则该企业 2008 年第一季度月平均劳动生产率为：

$$\bar{c}=\frac{\bar{a}}{\bar{b}}=\frac{(3000+3200+3400)/3}{\left(\frac{60}{2}+64+68+\frac{70}{2}\right)/(4-1)}=\frac{9600}{197}=48.73\ (\text{百元/人})$$

该企业 2008 年第一季度劳动生产率有两种计算形式。一种是用该企业 2008 年第一季度每月平均劳动生产率乘月份个数 n，即 $n\bar{c}=48.73\times 3=146.19$ 百元/人；另一种则采用下列公式计算：

$$\bar{c}=\frac{\sum a}{\bar{b}}=\frac{3000+3200+3400}{\left(\frac{60}{2}+64+68+\frac{70}{2}\right)/(4-1)}=146.19\ (\text{百元/人})$$

③ 平均指标时间序列序时平均数的计算。平均指标时间序列有一般（静态）平均指标时间序列和动态平指标时间序列两种，这两种平均指标时间序列序时平均数的计算方法大不一样。

第一，静态平均指标时间序列序时平均数的计算。静态平均指标时间序列，各项指标数值也是不能相加的，其指标数值也是由两个总量指标数值对比计算得到的，因此，其序时平均数的计算与静态相对指标时间序列序时平均数的计算是完全相同的。

【例 5-9】某企业 2009 年第二季度，即 4～6 月工资总额及职工人数资料见表 5-11。

表 5-11 某企业 2009 年第二季度工资总额及职工人数资料

日期	3月	4月	5月	6月
a 工资总额(万元)	—	85.5	84.8	86.2
b 月末人数(人)	300	340	335	342

平均指标时间序列即平均工资时间序列虽然没有具体列出，但它是由工资总额时期序列和职工人数间隔相等的间断时点数列对比形成的。因此，该企业 2009 年第二季度月平均工资计算如下：

$$\bar{c}=\frac{\bar{a}}{\bar{b}}=\frac{(85.5+84.8+86.2)/3}{\left(\frac{300}{2}+340+335+\frac{342}{2}\right)/(4-1)}=\frac{256.5}{996}=0.2575(\text{万元/人})=2575(\text{元/人})$$

第二，动态平均指标时间序列序时平均数的计算。动态平均指标时间序列序时平均数的计算方法有以下两种。

一是当序列中各个时期的间隔相等时，可采用简单算术平均法计算序时平均数，其公式如下：

$$\bar{a}=\frac{\sum a}{n}$$

【例 5-10】某企业 2009 年 1～3 月平均职工人数资料见表 5-12。

表 5-12 某企业 2009 年 1～3 月平均职工人数资料

时　间	1月	2月	3月
平均职工人数(人)	380	385	390

则第一季度月平均职工人数为：

$$\bar{a}=\frac{\sum a}{n}=\frac{380+385+390}{3}=\frac{1155}{3}=385\text{（人）}$$

二是当序列中各个时期的间隔不等时，则以间隔长度为权数用加权算术平均法计算序时平均数，其公式如下：

$$\bar{a}=\frac{\sum af}{\sum f}$$

【例 5-11】2008 年某旅游区游客月平均人数资料见表 5-13。

表 5-13 2008 年某旅游区游客月平均人数资料

时　间	1～2月	3～5月	6～10月	11～12月
月平均人次(万人次)	30	25	37	20

则该旅游区 2008 年月平均人次为：

$$\bar{a}=\frac{\sum af}{\sum f}=\frac{30\times2+25\times3+37\times5+20\times2}{2+3+5+2}=30\text{（万人次）}$$

5.2.2 增长量与平均增长量

（1）增长量

增长量是报告期水平与基期水平之差，反映现象在一定时期内增长的绝对数量。

其计算公式为：增长量＝报告期水平－基期水平。

增长量的计算结果有正负之分，正数表示增加（或增长），负数则表示减少（或降低），因此，增长量又称为增减量。

由于采用的基期不同，增长量可分为逐期增长量和累计增长量。逐期增长量是报告期水平与前一期水平之差，表明报告期较前一期增长的绝对量。而累计增长量是报告期水平与某一固定基期水平（通常为最初水平）之差，表明报告期较某一固定基期增长的绝对量。设时间序列为：a_0，a_1，a_2，…，a_{n-1}，a_n。则这两个指标可用公式表示如下：

逐期增长量：a_1-a_0，a_2-a_1，…，a_n-a_{n-1}

累计增长量：a_1-a_0，a_2-a_0，…，a_n-a_0

逐期增长量和累计增长量之间存在这样的运算关系：

① 逐期增长量之和等于相应时期的累计增长量，即：

$$(a_1-a_0)+(a_2-a_1)+\cdots+(a_n-a_{n-1})=a_n-a_0$$

② 两个相邻的累计增长量之差等于报告期的逐期增长量，即：

$$(a_i-a_0)-(a_{i-1}-a_0)=a_i-a_{i-1}$$

现举例说明，见表 5-14。

表 5-14 我国 2004～2008 年国内生产总值

年　份	2004	2005	2006	2007	2008
国内生产总值/(亿元)	159878.3	183217.4	211923.5	257305.6	300670.0
逐期增长量/(亿元)	—	23339.1	28706.1	45382.1	43364.4
累计增长量/(亿元)	—	23339.1	52045.2	97427.3	140791.7

资料来源：《中国统计年鉴》(2009 年)。

$$
\begin{aligned}
\text{逐期增长量之和} &= (a_1-a_0)+(a_2-a_1)+(a_3-a_2)+(a_4-a_3)\\
&= 23339.1+28706.1+45382.1+43364.4\\
&= 140791.7\ (\text{亿元})
\end{aligned}
$$

$$
\begin{aligned}
\text{两个相邻的累计增长量之差} &= (a_4-a_0)-(a_3-a_0)=a_4-a_3\\
&= 140791.7-97427.3\\
&= 43364.4\ (\text{亿元})
\end{aligned}
$$

在统计实践中，为了消除季节变动的影响，常计算年距增长量指标，它是报告期水平与上年同期水平之差，表明报告期水平较上年同期水平增长的绝对量，其计算公式如下：

$$\text{年距增长量}=\text{报告期水平}-\text{上年同期水平}$$

【例 5-12】 某商店 2009 年第一季度销售额为 500 万元，2008 年第一季度销售额为 450 万元，则年距增长量为：

$$\text{年距增长量}=500-450=50\ (\text{万元})$$

这说明该商店 2009 年第一季度销售额比上年同期增加了 50 万元。

(2) 平均增长量

平均增长量是时间序列中逐期增长量的序时平均数，表明现象在一定时段内平均每期增长的绝对量。计算平均增长量可以将各逐期增长量相加除以逐期增长量个数，用简单算术平均法计算；也可以将累计增长量除以时间序列项数减 1。用公式表示如下：

$$\text{平均增长量}=\frac{\text{逐期增长量之和}}{\text{逐期增长量个数}}=\frac{\text{累计增长量}}{\text{时间序列项数}-1}$$

【例 5-13】 根据表 5-14 中的资料计算平均增长量如下：

$$\text{平均增长量}=\frac{23339.1+28706.1+45382.1+43364.4}{4}=\frac{140791.7}{5-1}=35197.9\ (\text{亿元})$$

平均增长量也有正负之分，正值表示平均增加量（或增长量），负值表示平均减少量（或降低量）。若现象在一定时期内的逐期增长量大体相等，其平均增长量可作为预测的依据。

5.3 时间序列的速度分析指标

时间序列的速度分析指标主要有发展速度、增长速度、平均发展速度和平均增长速度。这些指标之间有着密切的联系，其中发展速度是最基本的。

5.3.1 发展速度与增长速度

(1) 发展速度

发展速度是将现象报告期水平与基期水平进行对比求得的，表明社会经济现象发展程度的动态相对指标。一般用百分数或倍数表示。其计算公式如下：

$$\text{发展速度}=\frac{\text{报告期水平}}{\text{基期水平}}$$

若发展速度大于 1（或大于 100%），表示向上发展；若发展速度小于 1（或小于 100%），则表示向下发展。

发展速度由于采用的基期不同，可分为环比发展速度和定基发展速度。环比发展速度是报告期水平与其前一期水平之比，它用来说明报告期水平为前一期水平的百分之几（或多少倍），表明现象逐期的发展速度。定基发展速度是报告期水平与某一固定基期水平（通常为最初水平）之比，它用来说明报告期水平为某一固定基期水平的百分之几（或多少倍），表明现象在某一较长时期内总的发展速度，故又称总速度。设时间序列为：a_0，a_1，a_2，…，

a_{n-1}，a_n。这两个指标可用公式表示如下：

环比发展速度：$\frac{a_1}{a_0}$，$\frac{a_2}{a_1}$，$\frac{a_3}{a_2}$，…，$\frac{a_n}{a_{n-1}}$

定基发展速度：$\frac{a_1}{a_0}$，$\frac{a_2}{a_0}$，$\frac{a_3}{a_0}$，…，$\frac{a_n}{a_0}$

环比发展速度和定基发展速度之间存在这样的运算关系：

① 环比发展速度的连乘积等于相应时期的定基发展速度，即：

$$\frac{a_1}{a_0}\times\frac{a_2}{a_1}\times\frac{a_3}{a_2}\times\cdots\times\frac{a_n}{a_{n-1}}=\frac{a_n}{a_0}$$

② 两个相邻定基发展速度之比等于报告期的环比发展速度，即：

$$\frac{a_i}{a_0}\div\frac{a_{i-1}}{a_0}=\frac{a_i}{a_{i-1}}$$

现举例说明，见表 5-15。

表 5-15 我国 2004～2008 年国内生产总值

年　份	2004	2005	2006	2007	2008
国内生产总值(亿元)	159878.3	183217.4	211923.5	257305.6	300670.0
环比发展速度(%)	—	114.60	115.67	121.41	116.85
定基发展速度(%)	100	114.60	132.55	160.94	188.06

资料来源：《中国统计年鉴》(2009 年)。

$$\text{环比发展速度的连乘积}=\frac{a_1}{a_0}\times\frac{a_2}{a_1}\times\frac{a_3}{a_2}\times\frac{a_4}{a_3}$$
$$=114.60\%\times115.67\%\times121.41\%\times116.85\%$$
$$=188.06\%$$

$$\text{两个相邻定基发展速度之比}=\frac{a_4}{a_0}\div\frac{a_3}{a_0}=\frac{a_4}{a_3}=188.06\%\div160.94\%=116.85\%$$

在统计实践中，为了消除季节变动的影响，还常要计算年距发展速度指标，它是报告期水平与上年同期水平之比。其计算公式如下：

$$\text{年距发展速度}=\frac{\text{报告期水平}}{\text{上年同期发展水平}}$$

根据【例 5-12】资料计算的年距发展速度$=\frac{500}{450}\times100\%=111.11\%$

这表明 2009 年第一季度的销售额已达到上年同期的 111.11%。

(2) 增长速度

增长速度是增长量与基期水平之比求得的，表明社会经济现象增长程度的相对指标。其计算公式如下：

$$\text{增长速度}=\frac{\text{报告期增长量}}{\text{基期水平}}=\frac{\text{报告期水平}-\text{基期水平}}{\text{基期水平}}$$
$$=\text{发展速度}-1\ (100\%)$$

由此可见，发展速度大于 1（或大于 100%），则增长速度为正值，表示某一现象增长程度和发展程度是上升的；反之，发展速度小于 1（或小于 100%），则增长速度为负值，表示某一现象降低的程度和发展是下降的。

增长速度由于采用的增长量和对比的基期水平不同，也分为环比增长速度和定基增长速度。环比增长速度是逐期增长量与其前一期发展水平之比，表明现象逐期增长的程度。定基增长速度是累计增长量与某一固定基期水平（通常为最初水平）之比，表明现象在某一较长时期总的的增长程度。这两个指标可用公式表示如下：

$$环比增长速度=\frac{逐期增长量}{前一期发展水平}=\frac{报告期水平-前一期发展水平}{前一期发展水平}$$
$$=环比发展速度-1(100\%)$$

$$定基增长速度=\frac{累计增长量}{固定基期水平}=\frac{报告期水平-固定基期水平}{固定基期水平}$$
$$=定基发展速度-1(100\%)$$

所以，只要将环比发展速度或定期发展速度减 1（或 100%），即可得到相应的环比增长速度或定基增长速度；相反，若已知环比增长速度或定基增长速度，分别将它们加 1（或 100%），即可得相应的环比发展速度和定基发展速度。

必须注意的是：环比增长速度和定基增长速度之间并没有直接的换算关系。如果已知各期的环比增长速度求其相应的定基增长速度，则需先将各期环比增长速度加 1（或 100%）换算成各期环比发展速度，再将它们连乘，得到相应的定基发展速度，最后，将各期定基发展速度减 1（或 100%）换算成各期的定基增长速度。相反，如果已知各期的定基增长速度求相应的环比增长速度，也要经过一定的变换才能求得。

在统计实践中，为了消除季节变动的影响，也经常计算年距增长速度指标，它是报告期年距增长量与上年同期发展水平之比。其计算公式如下：

$$年距增长速度=\frac{报告期年距增长量}{上年同期发展水平}$$
$$=\frac{报告期发展水平-上年同期发展水平}{上年同期发展水平}$$
$$=年距发展速度-1\ (100\%)$$

根据【例 5-12】资料计算的年距增长速度=111.11%-1=11.11%。这表明 2009 年第一季度的销售额比上年同期的增长了 11.11%。

在时间序列的分析指标中，增长量所说的是现象增长的绝对数量，增长速度所说的是现象增长的相对程度（在低水平基础上的增长速度与高水平基础上的增长速度是没有可比性的）。故在应用时，应该根据相对指标与绝对指标相结合的原则，即把增长速度和增长量结合起来进行观察，说明现象在基期水平上速度每增长 1%时增长的绝对量，这就需要计算“增长 1%的绝对值”指标。其计算公式为：

$$增长1\%绝对值=\frac{增长量}{增长速度\times100}=\frac{基期水平}{100}$$

增长 1%的绝对值，又具体分为定基增长速度增长 1%绝对值和环比增长速度增长 1%绝对值两种，但主要计算的是后者。即：

$$增长1\%的绝对值=\frac{逐期增长量}{环比增长速度\times100}=\frac{前一期水平}{100}$$

现举例说明，见表 5-16。

表 5-16 我国 2004～2008 年国内生产总值

年份		2004	2005	2006	2007	2008
国内生产总值/亿元		159878.3	183217.4	211923.5	257305.6	300670.0
发展速度(%)	环比	—	114.60	115.67	121.41	116.85
	定基	100	114.60	132.55	160.94	188.06
增长速度(%)	环比	—	14.60	15.67	21.41	16.85
	定基	—	14.60	32.55	60.94	88.06
增长 1%绝对值(亿元)		—	1598.783	1832.174	2119.235	2573.056

资料来源：《中国统计年鉴》(2009 年)。

5.3.2 平均发展速度和平均增长速度

(1) 平均发展速度

平均发展速度是各个时期环比发展速度的序时平均数，说明社会经济现象在较长时期内发展变化的平均程度。由于环比发展速度是根据同一现象在不同时间发展水平对比而得的动态相对指标，因此，它不能用上述静态相对指标序时平均数的方法来计算。在实际工作中有两种计算平均发展速度的方法，即几何平均法和方程式法。这里主要介绍用几何平均法计算平均发展速度。

① 几何平均法。计算平均发展速度时，由于现象发展的总速度并不等于各期环比发展速度之和，而是等于各期环比发展速度的连乘积，所以不能在速度代数和的基础上按算术平均法去计算，而只能在环比速度的连乘积上按几何平均法来计算。在实践中，如果按水平法来制定长期计划，则要求用几何平均法计算其平均发展速度，按此平均发展速度发展，可以保证在最后一年达到规定的 a_n 水平，所以几何平均法也称水平法。其基本思想是：现象从最初水平 a_0 出发，如果各期都以平均发展速度 $\overline{X}$ 发展，那么最末一期的理论水平应与最末一期的实际水平相等。

设 $\overline{X}$ 为平均发展速度，a_0 为初始发展水平

第一期的理论水平：$a_0\overline{X}$

第二期的理论水平：$a_0\overline{X}\,\overline{X}=a_0\overline{X}^2$

第三期的理论水平：$a_0\overline{X}^2\overline{X}=a_0\overline{X}^3$

$\vdots \qquad\qquad \vdots$

第 n 期的理论水平：$a_0\overline{X}^{n-1}\overline{X}=a_0\overline{X}^n$

由于各期实际水平分别为：a_1，a_2，…，a_{n-1}，a_n，按照几何法的基本思想，则

$$a_n=a_0\overline{X}^n\text{，那么，}$$

$$\overline{X}=\sqrt[n]{\frac{a_n}{a_0}} \tag{5-1}$$

式中，n 代表环比发展速度的项数（时间序列项数-1），其他符号同前。这个计算平均发展速度的公式适用于掌握了最初水平和最末水平的资料。

由于环比发展速度的连乘积等于相应时期定基发展速度，所以当掌握各个环比发展速度时，平均发展速度也可以按下式计算：

$$\overline{X}=\sqrt[n]{\frac{a_n}{a_0}}=\sqrt[n]{X_1X_2\cdots X_n}=\sqrt[n]{\Pi X} \tag{5-2}$$

式中，X_1，X_2，X_3，…，X_n 代表现象各期环比发展速度，Π 是连乘号，其他符号同前。这个计算平均发展速度的公式适用于掌握了各期环比发展速度。

又因为 $\frac{a_n}{a_0}$ 也是整个时期的总速度，所以平均发展速度又可按下式计算：

$$\overline{X}=\sqrt[n]{\frac{a_n}{a_0}}=\sqrt[n]{R} \tag{5-3}$$

式中，R 代表总发展速度，其他符号同前。这个计算平均发展速度的公式适用于掌握了总速度。

同一时间序列资料，三个公式计算结果是一致的。

【例 5-14】 某企业 2003～2008 年总产值及发展速度资料见表 5-17。

表 5-17 某企业 2003～2008 年总产值及发展速度资料

年份(年)	2003	2004	2005	2006	2007	2008
总产值(万元)	270.1	273.80	289.20	314.40	322.30	340.70
环比发展速度(%)	—	101.37	105.62	108.71	102.51	105.71
定基发展速度(%)	—	101.37	107.07	116.40	119.33	126.14

则该企业平均发展速度为：

$$\overline{X}=\sqrt[5]{1.0137\times1.0562\times1.0871\times1.0251\times1.0571}$$

$$=\sqrt[5]{1.261268}=104.75\%$$

或 $$\overline{X}=\sqrt[5]{\frac{340.7}{270.1}}=\sqrt[5]{1.261385}=104.75\%$$

或 $$\overline{X}=\sqrt[5]{1.2614}=104.75\%$$

② 方程法。在实践中，如果按累计法来制定长期计划，则要求用累积法计算平均发展速度，按此平均发展速度，可以保证计划内各期发展水平的累计达到计划规定的总数，所以方程法也称累计法。其基本思想是：现象从最初水平 a_0 出发，每期都按照平均发展速度 $\overline{X}$ 发展，则推算出来的各期发展水平总和，应与各期实际发展水平的累计总和相等。

设 $\overline{X}$ 为平均发展速度，a_0 为初始发展水平

第一期的理论水平：$a_0\overline{X}$

第二期的理论水平：$a_0\overline{X}\,\overline{X}=a_0\overline{X}^2$

第三期的理论水平：$a_0\overline{X}^2\overline{X}=a_0\overline{X}^3$

⋮

第 n 期的理论水平：$a_0\overline{X}^{n-1}\overline{X}=a_0\overline{X}^n$

因此，按照平均发展速度计算的各期理论发展水平之和为：

$$a_0\overline{X}+a_0\overline{X}^2+a_0\overline{X}^3+\cdots+a_0\overline{X}^n=a_0(\overline{X}+\overline{X}^2+\overline{X}^3+\cdots+\overline{X}^n)$$

由于，各期实际水平之和为：

$$a_1+a_2+a_3+\cdots+a_n=\sum_{i=1}^{n}a_i$$

所以，按照方程法的基本思想，理论水平总和与实际水平总和两者相等，则可列出如下方程式：

$$a_0(\overline{X}+\overline{X}^2+\overline{X}^3+\cdots+\overline{X}^n)=\sum_{i=1}^{n}a_i$$

即：
$$\overline{X}+\overline{X}^2+\overline{X}^3+\cdots+\overline{X}^n=\frac{\sum_{i=1}^{n}a_i}{a_0}$$

解这个一元高次方程，求出的正根，就是方程法所求的平均发展速度。但是，要求解这个方程式是比较复杂的，因此，在实际统计工作中，都是根据事先编好的《平均增长程度查对表》来查对应用。

(2) 平均增长速度

平均增长速度是各期环比增长速度的序时平均数，它表明现象在一定时期内逐期平均增长变化的程度。平均增长速度不能直接根据环比增长速度计算，只能通过与平均发展速度的数量关系来进行，其计算公式如下：

平均增长速度＝平均发展速度－1(或 100%)

平均发展速度大于 1（或 100%），平均增长速度就为正值，表明现象在一定时期内逐期

平均递增的程度，称为平均递增速度或平均递增率；反之，平均发展速度小于1（或100%），平均增长速度为负值。表明现象在一定时期内逐期平均递减的程度，称为平均递减速度或平均递减率。

5.4 长期趋势的测定

5.4.1 时间序列的构成因素

在时间序列中，各时期的发展水平是受各种因素共同影响的结果。归纳起来，这些影响因素可以分为以下四类。

（1）长期趋势（T）

长期趋势是指现象在较长时期内受某种根本性因素作用而形成的总的变动趋势。长期趋势可能呈现向上发展或向下发展的态势，也可能呈现水平发展的态势。例如，随着我国社会主义市场经济的发展，我国国民生产总值、人均粮食产量、人均纯收入等近些年来都呈不断上升的趋势。长期趋势是对时间序列分析的重点。分析长期趋势对于掌握客观现象的性质及其变化规律，进行预测都具有重要意义。

（2）季节变动（S）

季节变动是指由于自然条件和社会条件的影响，客观现象在一年内随季节的变化发生的有规律的周期变动。季节变动的原因，主要是自然季节、气候影响，同时也受人们的风俗习惯、作息制度、科技水平等社会因素的影响。例如，商业活动中的“销售旺季”和“销售淡季”；旅游业的“旅游旺季”和“旅游淡季”等。

（3）循环变动（C）

循环变动是指客观现象以若干年（或季、月）为周期所呈现出的波浪起伏形态的一种有规律的变动。例如，商业周期的繁荣、衰退、萧条、复苏四个阶段的循环变动。循环变动与长期趋势不同，它不是单一方向的持续变动，而是有涨有落的交替变动。循环变动与季节变动也不同，循环变动的周期长短很不一致，不像季节变动那样有明显的按月或季的固定周期规律，循环变动的规律性不是很明显，一般较难识别。

（4）不规则变动（I）

不规则变动是指现象受众多偶然因素的影响而呈现的不规则变动，也称为随机变动。例如，突发的自然灾害、意外事故或重大政治事件所引起的剧烈变动。

时间序列分析的任务之一，就是对时间序列中这几个构成因素进行测定，从而揭示现象变动的规律和特征，为认识和预测事物的发展提供依据。

上述四种因素，按照它们的影响方式的不同，可以设定不同的组合模型，其中最常见的有乘法模型和加法模型。以Y表示时间序列指标数值，T表示长期趋势，S表示季节变动，C表示循环变动，I表示不规则变动。乘法模型和加法模型的表现形式为：

乘法模型：$Y=T\cdot S\cdot C\cdot I$

加法模型：$Y=T+S+C+I$

乘法模型是假定四个因素对现象发展的影响是相互的，T与Y为计量单位相同的总量指标，S、C、I则表示为调整T的比率（相对指标）。加法模型则假定各因素的影响是独立的，T、S、C、I与Y为计量单位相同的总量指标，T依然是基础，S、C、I则表示为对T所产生的偏差，或是正值，或是负值。

时间序列分析一般采用乘法模型。由于在四种构成因素中，长期趋势是最重要最基础的因素，因此，首先讨论长期趋势的测定方法。

5.4.2 长期趋势的测定与预测

长期趋势的测定，就是用一定的数学方法对时间序列进行修匀，以排除季节变动、循环变动和不规则变动因素的影响，从而形成新的时间序列，呈现出现象发展变动的趋势或规律，为预测和决策管理活动提供依据的统计方法。

测定长期趋势的主要目的和意义有三方面：一是能够正确反映社会经济现象发展变化的方向和趋势，认识其发展变化的规律性；二是从数量方面研究现象发展的规律性，探求合适的趋势线，为进行统计预测提供必要条件；三是测定长期趋势，可以剔除原有时间序列中长期趋势的影响，以便分析其他类型的影响因素。

测定长期趋势的方法有很多，常用的有：时距扩大法、移动平均法、最小平方法。现分别介绍如下。

(1) 时距扩大法

时距扩大法也称为间隔扩大法，是测定长期趋势最原始、最简单的方法。它是将原来时间序列中较小时距单位的若干个数据加以合并，得出较大时距单位的数据。扩大了时距单位的数据可以使较小时距单位数据所受到的偶然因素的影响相互抵消，而显示出现象发展变化长期趋势。

【例 5-15】 某企业 2008 年各月总产值资料见表 5-18。

表 5-18 某企业 2008 年各月总产值资料

月份(月)	1	2	3	4	5	6	7	8	9	10	11	12
总产值/(万元)	50.5	45	52	51.5	50.4	55.5	53	58.4	57	59.2	58	60.5

从表 5-18 中可以看出，时间序列变化并不均匀，即各月之间的总产值起伏不定，用该时间序列并不能清楚地反映出该企业总产值的变动趋势，现将月总产值资料整理为季总产值资料，见表 5-19 所示。

表 5-19 某企业 2008 年各季度总产值资料 单位：万元

季　度	第一季度	第二季度	第三季度	第四季度
总产值	147.5	157.4	168.4	177.7

从表 5-19 中可以看出，时距扩大后的资料，可以明显地显示出该企业总产值呈现出逐渐增长的趋势。

时距扩大法，可以用时距扩大总数（只适用于时期数列），也可以用时距扩大平均数来编制新的时间序列（既可用于时期数列，也可用于时点序列）。

如把上例资料改为间隔扩大平均数编织成新的时间序列见表 5-20 所示。

表 5-20 某企业 2008 年各季度月平均总产值资料 单位：万元

季　度	第一季度	第二季度	第三季度	第四季度
月平均总产值	49.17	52.47	56.13	59.23

由此也可以看出该企业总产值呈逐渐增长的趋势。

应用时距扩大法时应注意：第一，为了保持时间序列资料的可比性，同一序列前后的时距单位应当一致；第二，扩大的时距单位的大小，应以时距扩大后的数列能正确反映长期趋势为准。

若现象有明显变动周期的，扩大后的时距一般与现象的变动周期相同；若现象无明显变动周期的，可以逐步扩大时距，直至显现出现象变动的长期趋势。

时距扩大法的优点是简便直观。但它的缺点也很突出，表现在时距扩大之后，所形成的新数列包含的数据减少，信息量大大流失，不便于做进一步的分析。

（2）移动平均法

移动平均法是根据时间序列资料，采用逐项递推移动的方法，分别计算一系列指标数值的序时平均数，形成一个新的派生的序时平均数时间序列，以反映现象长期趋势的方法。采用移动平均法修匀时间序列可以削弱或消除短期的偶然因素的影响，从而呈现出明显的长期趋势。

仍以表 5-18 某企业 2008 年各月总产值资料为例，采用三项移动平均和五项移动平均来对原时间序列进行修匀。

计算情况见表 5-21。

表 5-21　某企业 2008 年各月总产值的移动平均数　　单位：万元

月　份	总　产　值	三项移动平均数	五项移动平均数
1	50.5	—	—
2	45	49.17	—
3	52	49.5	49.88
4	51.5	51.3	50.88
5	50.4	52.47	52.48
6	55.5	52.97	53.76
7	53	55.63	54.86
8	58.4	56.13	56.62
9	57	58.2	57.12
10	59.2	58.07	58.62
11	58	59.23	—
12	60.5	—	—

从表 5-21 中可以看出，利用移动平均法修匀后的时间序列资料，可以明显地显示出该企业总产值呈现出逐渐增长的趋势。

在运用移动平均法分析长期趋势时，应当注意以下四点。

第一，用移动平均法对原时间序列修匀，修匀的程度的大小，与原时间序列移动平均的项数多少有关。

例如，表 5-21 的资料，五项移动平均比三项移动平均修匀程度更大些，如图 5-1 所示。

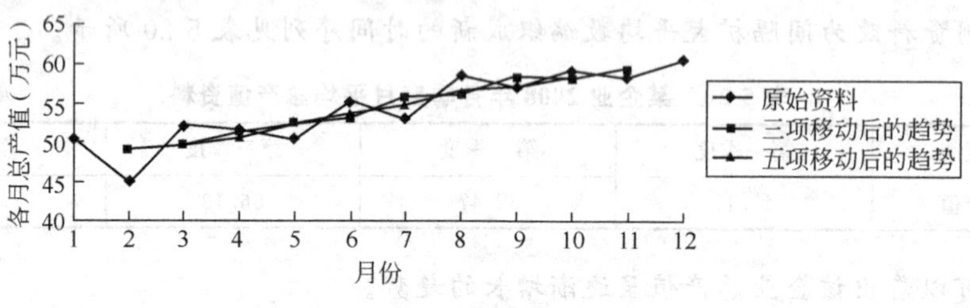

图 5-1　移动平均法趋势线配合图

一般说来，移动平均项数越多，修匀程度就越大（即趋势线越光滑）；反之，移动平均项数越少，修匀程度就越小。

第二，移动平均法所取项数的多少，应视资料的特点而定。

如果现象呈周期变动，应根据周期确定被移动平均的项数。一般要求移动项数时期长度与周期变动的长度相吻合，或为它的整倍数，这样就可以消除周期性因素的影响。例如，以一年四个季度为一周期，就应取四项移动平均，或因为只有这样，才能消除周期变动，准确反映长期趋势。

第三，移动平均法，选择奇数项移动平均比较简单方便，一次即可得到趋势值。采用偶数项移动平均时，需要二次平均才可得到趋势值。

如表 5-21 所示，三移动平均的第一个平均数为：(50.5＋45＋52)÷3＝49.17（万元)，对正 2 月份的原值。第二个平均数为：(45＋52＋51.5)÷3＝49.5（万元)，对正 3 月份的原值。依此类推移动平均得出其他移动平均数。若采取偶数项移动平均时，由于偶数项移动平均都是在两项中间位置，每个指标值都错半期，无法直接比较，所以要将第一次移动的平均值再次进行两项“移正平均”，得出移动值时间序列，以显示出现象变动趋势。由于偶数项移动平均比较复杂，因此，一般常用奇数项移动平均。

第四，移动平均后所得的修匀数列，比原数列的项数更少。

移动时采用的项数越多，虽能更好的进行修匀，但所得的趋势值的项数就越少。如表 5-21 所示，原时间序列项数为 12，采取三项移动首尾共减少两项，采用五项移动首尾共减少四项。因此，移动平均的项数不宜过多，否则失去的信息也越多。

(3) 最小平方法

最小平方法又称为最小二乘法，是长期趋势分析中较常用的统计方法。这种方法的基本原理是，运用一定的数学模型，对时间序列配合一条适当的趋势线来进行修匀，据以进行长期趋势分析。根据最小平方法的基本原理，若要找到一条最佳趋势线，必须使原时间序列的实际观测值 y 与趋势线方程式中的趋势值 y_c 离差平方之和为最小，用公式表示如下：

$$\sum(y-y_c)^2=\text{最小值}$$

因而用最小平方法建立的趋势线能够较好地反映现象发展的长期趋势。

长期趋势的类型很多，有直线型、也有曲线型，而最小平方法既可以配合直线趋势方程，也可以配合曲线趋势方程，我们这里只讲授直线趋势方程的配合方法。

如果时间序列的逐期增长量大致相等，则可考虑配合直线趋势方程；或采用散点图的方法，即以发展水平为纵坐标，时间为横坐标，在平面坐标上将时间序列描绘出来，若散点图大体呈直线变动，就配合直线趋势方程。直线趋势方程一般形式为：

$$y_c=a+bt$$

式中　y_c——时间序列的趋势值；

t——时间序列的时间序号；

a——截距，即 $t=0$ 时 y_c 的初始值；

b——斜率，表示时间 t 每变动一个单位时，趋势值 y_c 的平均变动数量。

上述直线趋势方程中，a、b 为两个未定参数，根据最小平方法的基本原理，若 $\sum(y-y_c)^2=$ 最小值，可用求偏导数的方法，推导出关于 a、b 的二元一次方程组：

$$\begin{cases}\sum y=na+b\sum t\\ \sum ty=a\sum t+b\sum t^2\end{cases}$$

式中，n 为时间序列的项数。

解上面这个方程组，可推导出直线趋势方程中两个待定参数 a、b 的直接计算公式如下：

$$b=\frac{n\sum ty-\sum t\sum y}{n\sum t^2-(\sum t)^2}$$

$$a=\frac{\sum y}{n}-b\frac{\sum t}{n}=\overline{y}-b\overline{t}$$

在对时间序列按最小平方法配合趋势线时，由于时间并不反映具体经济内容和物质内容，仅仅是一种抽象的序号，因此为了简化计算过程，在编制时间序号 t 值时，可使 $\sum t=0$，即将变量 t 的原点移动若干期，移至原时间序列的中间。具体是：若数列为奇数项，中间项的时间序号 t 被设为 0，则数列的时间顺序分别为…，-3，-2，-1，0，1，2，3，…，$\sum t=0$。若数列为偶数项，则 t 值分别为…，-5，-3，-1，1，3，5，…如此，同样可使 $\sum t=0$。于是参数 a、b 的计算式便可得到简化为：

$$\begin{cases}\sum y=na\\ \sum ty=b\sum t^2\end{cases}$$

即：

$$a=\frac{\sum y}{n}\quad b=\frac{\sum ty}{\sum t^2}$$

【例 5-16】 仍以表 5-18 某企业 2008 年各月总产值资料为例，用最小平方法进行长期趋势分析并预测 2009 年 1 月的总产值，如表 5-22 所示。

表 5-22 某企业 2008 年各月总产值直线趋势方程计算表

月　份	时间 t	总产值 y(万元)	t^2	ty	y_c
1	-11	50.5	121	-555.5	47.98
2	-9	45	81	-405	49.12
3	-7	52	49	-364	50.26
4	-5	51.5	25	-257.5	51.40
5	-3	50.4	9	-151.2	52.54
6	-1	55.5	1	-55.5	53.68
7	1	53	1	53	54.82
8	3	58.4	9	175.2	55.96
9	5	57	25	285	57.10
10	7	59.2	49	414.4	58.24
11	9	58	81	522	59.38
12	11	60.5	121	665.5	60.52
合计	0	651	572	326.4	651

由上表可知：$\sum ty=326.4$，$\sum y=651$，$\sum t^2=572$，$n=12$，将以上数据代入公式：

$$b=\frac{\sum ty}{\sum t^2}=\frac{326.4}{572}=0.57\qquad a=\frac{\sum y}{n}=\frac{651}{12}=54.25$$

那么，直线趋势方程就是：$y_c=54.25+0.57t$

若要预测 2009 年 1 月的总产值，取 $t=13$，则

$$y_c=54.25+0.57\times 13=61.66(\text{万元})$$

5.5 季节变动的测定

季节变动是指由于自然条件和社会条件的影响，客观现象在一年内随季节的变化发生的有规律的周期变动。有些社会现象的变动，明显地受季节变动的影响。例如，农副产品的加工、农业生产、商品销售、客运量等均受季节变动的影响。对现象季节变动进行分析和研究，可以确定现象过去的季节变化规律，根据这种规律性以便做好预测和决策，及时组织

生产和运输，安排好市场供应。

季节变动具有三个明显的特征：有规律的变动，按一定的周期重复进行，每个周期变化大体相同。由于季节变动的最大周期为一年，所以以年份为单位的时间数列中不可能有季节变动。测定季节变动的资料时间至少要有三个周期，如季度资料，至少要有 12 季，月份资料至少要有 36 个月等，以避免资料太少而产生偶然性。

测定季节变动的方法很多，从其是否考虑受长期趋势的影响来看，有两种方法：一种不考虑长期趋势的影响，直接根据原始的时间序列来计算，常用的方法是按月（季）平均法；另一种是先将时间序列中的长期趋势予以消除，而后再根据新时间序列进行计算，常用的方法是移动平均趋势剔除法。

（1）按月（季）平均法

若为月度资料就按月平均；若为季度资料则按季平均。其计算步骤如下：

其具体的计算步骤如下：

① 列表，将各年同月（季）的数值列在同一行（或同一列）内；

② 根据各年的月（季）数值计算出各年同月（季）的平均数；

③ 计算出全部数值总的月（季）平均数；

④ 计算出各月（季）平均数与总月（季）平均数的百分比，即季节比率（或季节指数）$S.I.$。其计算公式如下：

$$S.I.=\frac{\text{同月(季)平均数}}{\text{总月(季)平均数}}\times 100\%$$

【例 5-17】 某商店 2006～2008 年各月毛衫销售量资料，测定和分析季节变动，见表 5-23。

表 5-23 季节比率计算表

年份 / 月份	2006 年销量（件）	2007 年销量（件）	2008 年销量（件）	合计销量（件）	同月平均数（件）	季节比率（%）
	(1)	(2)	(3)	(4)	(5)	(6)
1	150	230	280	660	220	168.58
2	90	150	120	360	120	91.95
3	40	60	80	180	60	45.98
4	26	40	30	96	32	24.52
5	10	20	12	42	14	10.73
6	8	10	9	27	9	6.90
7	12	32	37	81	27	20.69
8	20	40	48	108	36	27.59
9	35	70	84	189	63	48.28
10	85	150	140	375	125	95.79
11	340	420	470	1230	410	314.18
12	360	480	510	1350	450	344.83
合计	1176	1702	1820	4698	130.5	1200.02

解： 1 月份 $S.I.=\frac{220}{130.5}\times 100\%=168.58\%$，2 月份 $S.I.=\frac{120}{130.5}\times 100\%=91.95\%$，余者以此类推，见表 5-23 的第（6）栏。

计算季节比率时，若是月度资料，各月季节比率之和应等于 1200%；本例中是月资料，季节指数之和为 1200.02%，基本接近 1200%。若相差过大，应作调整。调整方法是先求出校正系数$\left(月份季节比率调整系数=\frac{1200\%}{调整前各月季节比率和}\right)$，再用此系数乘上原来的各月季节比率。若是季度资料，各季节比率之和应等于400%。

表5-23中的季节比率说明：由于受气温的影响，该商店的毛衫销售量有明显的季节变动。该商品毛衫销售量从1月份逐渐下降，到6月份达到最低峰，随后，又逐月上升，到12月份最高。掌握了这些规律，该商店就可以按各月的情况合理安排人力、物力和财力，组织好购销活动，这样既可以满足市场的需求，又可以商店的收益。

根据表5-23所列的季节比率资料，绘成季节变动曲线图，可以更清楚地看出季节变动的规律性（见图5-2）。

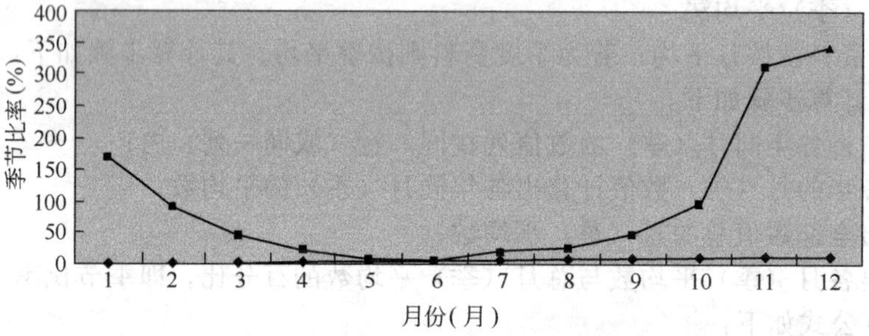

图5-2 某商店2006～2008年各月毛衫销售量的季节变动曲线图

根据季节变动的资料也可进行某些经济预测。例如，已知今年3月份毛衫的销售量100件，预测今年11月份和12月份的销售量。

$$11月份销售量=\frac{100}{45.98}\times 314.18=683（件）$$

$$12月份销售量=\frac{100}{45.98}\times 344.83=750（件）$$

按月（季）平均法计算季节比率，方法简单，容易掌握，但是没有考虑时间序列中长期趋势的影响。因此这样计算的季节比率不够精确。

（2）移动平均趋势剔除法

在具有明显的长期趋势变动的数列中，为了测定季节变动，必须先剔除时间序列中的长期趋势，再根据新时间序列进行计算季节比率。假定趋势变动、季节变动、循环变动和不规则变动对时间序列影响可以用乘法模型$Y=T\cdot S\cdot C\cdot I$反映，用移动平均趋势剔除法测定季节变动的步骤如下。

① 对原时间序列求移动平均数，作为相应时期的趋势值T。

② 剔除原时间序列中的长期趋势，即将原时间序列各项除以同一时期的趋势值，计算Y/T的百分比数值。

③ 以消除长期趋势变动后的时间序列计算季节比率，测定季节变动，即把Y/T的百分数值按月（季）排列，计算出来各年同月（季）的平均数，这个平均数就是各月（季）的季节比率。

④ 调整季节比率，将求得的季节比率相加，各月的季节比率之和应为1200%，各季的季节比率之和应为400%，如果不符，应计算校正系数进行校正。校正系数公式为：

$$校正系数=\frac{1200\%}{调整前各月季节比率和}\left[或=\frac{400\%}{调整前各季节比率和}\right]$$

【例5-18】 现仍以某商店2006～2008年各季毛衫销售量资料为例来介绍移动平均趋势

剔除法。为方便计算，把上例月资料改为季资料，见表5-24。

表 5-24 某商店 2006～2008 年各季度毛衫销售量资料 单位：件

年份 \ 季度	第一季	第二季	第三季	第四季
2006	280	44	67	785
2007	440	70	142	1050
2008	480	51	169	1120

表5-24中，因是季度资料，故先用四项移动平均后，再做二次移正平均，便得到趋势值 y_c。计算过程及结果见表5-25和表5-26。

表 5-25 某商店毛衫销售量剔除长期趋势计算表

年份	季度	销售量 Y(件)	四项移动平均 T	$\frac{Y}{T}$(%)
2006	1	280	—	—
	2	44	—	—
	3	67	314	21.34
	4	785	337.25	232.77
2007	1	440	349.875	125.76
	2	70	392.375	17.84
	3	142	430.5	32.98
	4	1050	433.125	242.42
2008	1	480	434.125	110.57
	2	51	446.25	11.43
	3	169	—	—
	4	1120	—	—

表 5-26 某商店毛衫销售量剔除长期趋势后季节比率计算表 单位：件

年份	第一季	第二季	第三季	第四季	合计
2006	—	—	21.34	232.77	
2007	125.76	17.84	32.98	242.42	—
2008	110.57	11.43	—	—	
同季平均数	118.165	14.635	27.16	237.60	397.56
校正系数	1.0061	1.0061	1.0061	1.0061	1.0061
季节比率(%)	118.89	14.72	27.33	239.05	400

5.6 循环变动与不规则变动的测定

5.6.1 循环变动的测定

循环变动是指客观现象以若干年（或季、月）为周期所呈现出的波浪起伏形态的一种有规律的变动。它不同于持续上升或下降发展的长期趋势，也不同于短期内周期性的季节变动。各种不同事物，其变动周期的长短不同，上下波动的程度也不同，但每一周期都呈现盛衰起伏相间的状况。认识和掌握事物循环变动的规律，可以事先采取有力措施和对策，充分利用其有利因素而尽量减少不良影响。

如何测定循环变动，一般方法为剩余测定法。前面曾经谈过，影响动态数列中事物的发展变化一般有四个因素，即长期趋势、季节变动、循环变动和不规则变动等四个因素。测定循环变动的剩余法是：首先从动态数列中消除长期趋势和季节变动，然后再用移动平均法消除不规则变动，剩余的就是循环变动。

循环变动测定的具体步骤如下：

(1) 剔除季节变动，即：$Y/S=TCI$；

(2) 剔除长期趋势，即：$CTI/T=CI$；

(3) 剔除不规则变动，其方法是采用移动平均法。

【例 5-19】 现仍以某商店 2006～2008 年各季度毛衫销售量资料为例来介绍循环变动的测定，见表 5-27。

表 5-27 资料从更长的时间序列来看，该商店的毛衫销售量成直线趋势，因此配和直线方程为：$y_c=391.5+18.58t$（式中时间序号，即 t 分别为 -11，-9，-7，…，7，9，11，$\sum t=0$）。

表 5-27 某商店毛衫销售量循环变动计算表

年份-季度	销售量（件）	剔除季节变动（$Y/S=TCI$）	线性趋势趋势值（T）	CI 比率（$CTI/T=CI$）	剔除不规则变动（CI 比率移动平均数）
(1)	(2)	(3)	(4)	(5)	(6)
2006-1	280	235.51	187.12	1.259	—
2006-2	44	298.91	224.28	1.333	1.177
2006-3	67	245.15	261.44	0.938	1.124
2006-4	785	328.38	298.6	1.100	1.047
2007-1	440	370.09	335.76	1.102	1.159
2007-2	70	475.54	372.92	1.275	1.215
2007-3	142	519.58	410.08	1.267	1.175
2007-4	1050	439.24	447.24	0.982	1.027
2008-1	480	403.73	484.4	0.833	0.826
2008-2	51	346.47	521.56	0.664	0.868
2008-3	169	618.37	558.72	1.107	0.852
2008-4	1120	468.52	595.88	0.786	—

5.6.2 不规则变动的测定

不规则变动是由随机因素和偶发性因素影响的结果，这些因素是人们无法控制的，也是不能预测的。因此，测定不规则变动没有实际性意义，一般是不予计算的。为了完整地将时间序列水平的四个构成因素全部分离出来，这里简单说明一下不规则变动的测定方法：

不规则变动的计算非常简单，即用表 5-27 中第（5）栏数据除以第（6）栏便可得出，即：$CI/C=I$。例如，2006 年第二季度的不规则变动为：$\frac{1.333}{1.177}=1.133$，2006 年第三季度的不规则变动为：$\frac{0.938}{1.124}=0.835$，余者以此类推。

把时间序列的水平的各构成因素连乘，也必然等于相应的实际值：

$$Y=T\cdot S\cdot C\cdot I$$

2006 年第二季度 $44=224.28\times0.1472\times1.177\times1.133$

2006 年第三季度 $67=261.44\times0.2733\times1.124\times0.835$

课后练习

一、判断题

1. 时间序列中各个指标数值是不能相加的。( )

2. 把某地区历年出生的人数按时间先后顺序排列，形成的序列属于时点序列。( )

3. 保证时间序列中各个指标数值的可比性是编制时间序列的基本原则。( )

4. 只有增长速度大于100%才能说明事物的变动是增长的。( )

5. 环比增长速度的连乘积等于相应时期的定基增长速度。( )

6. 采用几何平均法计算平均发展速度时，每一个环比发展速度都会影响到平均发展速度的大小。( )

7. 一定阶段内，各期发展水平之和与最初水平之比，实际上就是各定基发展速度之和。( )

8. 报告期比基期翻一番，即增加一倍，翻两番也就是增加两倍。( )

9. 移动平均法可以对现象变动的长期趋势进行动态预测。( )

10. 如果季节比率等于1或季节变差等于0，说明没有季节变动。( )

11. 增长速度的计算方法为报告期水平与基期水平的比值。( )

12. 甲乙两个工厂，在一定时期产品产量的增长速度相同，则其增长量也相同。( )

二、单选题

1. 时间序列中，各个指标数值可以相加的是( )。

A. 时点序列　B. 平均指标时间序列　C. 时期序列　D. 相对指标时间序列

2. 下列属于时点序列的是( )。

A. 各月产量　B. 各月人均利润　C. 各月平均工资　D. 各月末储蓄余额

3. 将我国五次人口普查所获得的女性人口占总人口的比例资料，按时间先后顺序排列起来，就形成一个( )。

A. 时期序列　B. 平均指标时间数列　C. 时点序列　D. 相对指标时间数列

4. 时间序列中的发展水平( )。

A. 只能是总量指标　B. 只能是相对指标　C. 只能是平均指标　D. 上述指标均可以

5. 累计增长量与其相应的各逐期增长量的关系表现为( )。

A. 累计增长量等于相应各逐期增长量之和

B. 累计增长量等于相应各逐期增长量之差

C. 累计增长量等于相应各逐期增长量之积

D. 累计增长量等于相应各逐期增长量之商

6. 某车间月初工人人数资料如下：

月份	1	2	3	4	5	6	7
月初人数(人)	280	284	280	300	302	304	320

则该车间上半年的月平均人数约为( )。

A. 296人　B. 292人　C. 295人　D. 300人

7. 已知一个时间序列的环比增长速度分别为3%、5%、8%，则该时间序列的定基增长速度为( )。

A. 3%×5%×8%　B. 103%×105%×108%

C. (3%×5%×8%)+1　D. (103%×105%×108%)−1

8. 按几何平均法计算的平均发展速度，可以使（　　）。

A. 推算的各期水平之和等于各期实际水平之和

B. 推算的末期水平等于末期实际水平

C. 推算的各期增长量等于实际的逐期增长量

D. 推算的各期定基发展速度等于实际的各期定基发展速度

9. 以 1995 年为基期，2008 年为报告期，计算企业总产量的平均发展速度时，需要开（　　）。

A. 12 次方　　B. 13 次方　　C. 14 次方　　D. 15 次方

10. 某商店五年的营业额为：20 万，30 万，35 万，45 万，50 万，则平均增长量为（　　）。

A. $\frac{30}{5}$　　B. $\frac{30}{4}$　　C. $\sqrt[5]{\frac{50}{20}}-1$　　D. $\sqrt[4]{\frac{50}{20}}-1$

11. 某地区农业总产值在两年之内翻了一番，则平均增长速度为（　　）。

A. 100%　　B. 41.4%　　C. 200%　　D. 141.4%

12. 下列等式中，不正确的是（　　）。

A. 发展速度＝增长速度＋1

B. 定基发展速度＝相应各环比发展速度的连乘积

C. 定基增长速度＝相应各环比增长速度的连乘积

D. 平均增长速度＝平均发展速度－1

13. 按季平均法测定季节比率时，各季的季节比率之和应等于（　　）。

A. 100%　　B. 400%　　C. 120%　　D. 1200%

14. 某企业 2008 年的产值比上一年增长 20%，已知增长 1%的绝对值为 1 万元，则 2008 年的产值为（　　）万元。

A. 100　　B. 20　　C. 120　　D. 150

15. 企业生产的某种产品 2007 年比 2006 年增长了 8%，2008 年比 2006 年增长了 12%，则 2008 年比 2007 年增长了（　　）。

A. 3.7%　　B. 50%　　C. 4%　　D. 5%

三、多项选择题

1. 对于时间序列，下列说法正确的有（　　）

A. 序列是按时间顺序排列的　　B. 序列是按数值大小顺序排列的

C. 序列中的数值都有可加性　　D. 序列是进行动态分析的基础

E. 编制时应注意数值间的可比性

2. 时点序列的特点有（　　）。

A. 数值大小与间隔长短有关　　B. 数值大小与间隔长短无关

C. 数值相加有实际意义　　D. 数值相加没有实际意义

E. 数值是连续登记得到的

3. 时间序列的可比性原则主要指（　　）。

A. 时间长度要一致　　B. 经济内容要一致

C. 计算方法要一致　　D. 总体范围要一致

E. 计算价格和单位要一致

4. 下列计算增长速度的公式正确的有（　　）。

A. $增长速度=\frac{增长量}{基期水平}\times100\%$　　B. $增长速度=\frac{增长量}{报告期水平}\times100\%$

C. 增长速度＝发展速度－100%　　D. $增长速度=\frac{报告期水平-基期水平}{基期水平}\times100\%$

E. 增长速度$=\frac{\text{报告期水平}}{\text{基期水平}}\times 100\%$

5. 平均增长量等于（　　）。

A. 逐期增长量之和除以逐期增长量项数
B. 累计增长量除以时间序列项数
C. 累计增长量除以时间序列项数减 1
D. 逐期增长量的算术平均数

6. 采用几何平均法计算平均发展速度的公式有（　　）。

A. $\overline{X}=\sqrt[n]{\frac{a_1}{a_0}\times\frac{a_2}{a_1}\times\frac{a_3}{a_2}\times\cdots\times\frac{a_n}{a_{n-1}}}$
B. $\overline{X}=\sqrt[n]{\frac{a_n}{a_1}}$

C. $\overline{X}=\sqrt[n]{\frac{a_n}{a_0}}$
D. $\overline{X}=\frac{\sum X}{n}$

E. $\overline{X}=\sqrt[n]{R}$

7. 某企业连续五年的销售额资料如下：

时间	第一年	第二年	第三年	第四年	第五年
销售额(万元)	1000	1100	1300	1350	1400

根据上述资料计算的下列数据正确的有（　　）。

A. 第二年的环比增长速度＝定基增长速度＝10%
B. 第三年的累计增长量＝逐期增长量＝200 万元
C. 第四年的定基发展速度为 135%
D. 第五年增长 1%绝对值为 14 万元
E. 第五年增长 1%绝对值为 13.5 万元

8. 定基增长速度等于（　　）。

A. 定基发展速度－1
B、环比发展速度的连乘积
C. 环比增长速度的连乘积
D. 环比增长速度加 1 后的连乘积再减 1
E. 累积增长量除以最初水平

9. 测定长期趋势的方法主要有（　　）。

A. 时距扩大法　B. 方程法　C. 最小平方法
D. 移动平均法　E. 几何平均法

10. 某现象的季节比率为 260%，说明该现象（　　）。

A. 有季节变动　B. 无季节变动　C. 现阶段是旺季
D. 现阶段是淡季　E. 市场前景好

四、计算题

1. 某商场某年 8 月份某产品的库存资料如下：

日期	1～3 日	4～8 日	9～14 日	15～18 日	19～25 日	26～30 日	31 日
库存量(吨)	38	42	39	23	2	16	8

要求：计算该商场 8 月份的平均库存量。

2. 某单位上半年职工人数统计资料如下：

时间	1 月 1 日	2 月 1 日	3 月 1 日	4 月 1 日	6 月 1 日	7 月 1 日
人数(人)	1002	1050	1062	1020	1032	1014

要求：计算第一、第二季度和上半年月平均人数。

3. 某地区 2008 年第四季度在业人口数和劳动力资源人口数资料如下：

日　期	9月30日	10月31日	11月30日	12月31日
在业人口(万人)	280	285	280	270
劳动力资源人口(万人)	680	685	684	686

要求：计算该地区 2008 年第四季度月平均在业人口比重。

4. 某企业 2009 年第一季度总产值和劳动生产率资料如下：

月　份	1	2	3
工业总产值(万元)	200	182	231
劳动生产率(元/人)	5000	5200	5500

要求：(1) 计算该企业 2009 年第一季度月平均劳动生产率。(2) 计算该企业 2009 年第一季度劳动生产率。

5. 某企业 2004～2008 年产品产量资料如下：

年　份	2004	2005	2006	2007	2008
工业总产值(万元)	667	732	757	779	819

要求：(1) 计算各年逐期增长量、累计增长量；各年环比发展速度、定基发展速度；增长 1%的绝对值。(2) 计算 2004～2008 年该企业的年平均增长量和年平均增长速度。

6. 已知某企业 2000 年产品产量为 4336 万件，如果每年按 6%的速度增长，到 2020 年能否翻两番？

7. 某公司 1998～2008 年的产品销售资料如下：

年　份	1998	1999	2000	2001	2002	2003
销售额(万元)	80	83	87	89	95	101
年　份	2004	2005	2006	2007	2008	
销售额(万元)	107	115	125	134	146	

要求：用三年和五年移动平均法求上述资料长期趋势并作图。

8. 某地区 1999～2008 年粮食产量资料如下：

年　份	产量(吨)	年　份	产量(吨)
1999	230	2004	257
2000	236	2005	262
2001	241	2006	276
2002	246	2007	281
2003	252	2008	286

要求：用最小平方法建立直线趋势方程，测定该地区粮食产量的长期趋势值，并预测 2010 年的粮食产量。

9. 某商业企业某商品 2006～2008 年各月的销售量资料如下（单位：百件）：

月 份	2006年	2007年	2008年
1	116	145	180
2	154	210	245
3	220	312	325
4	392	520	535
5	642	684	710
6	1642	1872	1923
7	2810	3120	3350
8	1204	1382	1576
9	384	482	625
10	183	248	437
11	125	130	258
12	95	112	166

要求：采用按月平均法计算季节比率。

10. 同学自己找以月或季为时间单位的时间序列资料，据此计算长期趋势、季节变动、循环变动和不规则变动。

6 统计指数

6.1 统计指数概述

18 世纪中叶，金银大量流入欧洲，致使欧洲的物价飞涨，有的商品价格上涨的比较高，有的则比较低，当然少数商品价格有可能是下降的。那么，如何综合反映这一时期所有商品价格的总体变化情况和变化趋势？这就从客观上要求人们寻求新的方法来解决这一问题，于是，指数开始萌生。经过两百多年的发展，指数已经在现实生活中，特别是在经济领域中得到广泛且深入的应用，比如居民消费价格指数（Consumer Price Index，CPI）、采购经理人指数（Purchase Management Index，PMI）、消费者信心指数（Consumer Confidence Index，CCI）、上证指数、上证 300 指数等。

6.1.1 指数的涵义

指数（Index）是一种常用且重要的统计指标，它与数学上的“指数”的概念是完全不同的，统计学界认为，指数的涵义有广义和狭义两种。广义的指数泛指社会经济现象数量变动的比较指标，即用来表明同类现象在不同时间、不同空间、实际与计划数量对比的相对数。如动态相对数、比较相对数、计划完成相对数等均可以称为指数。狭义的指数是指一种特殊的相对数，专指不能直接相加或对比的复杂社会经济现象综合变动程度的相对数。例如消费品价格指数，是说明所有消费品价格总变动的相对数，它不能将各种消费品的价格简单相加、对比得出。统计学中的指数主要指后者这种狭义上的指数。

一般来说，指数具有综合性、相对性和平均性三个特征，即指数主要是用来反映和研究受多种因素影响或构成的事物的总体变动情况；指数所反映的事物的变动是一种相对变动；指数所反映的变动是多种事物的平均变动。

【例 6-1】 假设某市场只有两种商品大米和猪肉，这两种商品在 2008 年和 2009 年的相关数据如表 6-1。若 2008 年为基期，2009 年为计算期（也称为报告期）则可计算相关指数。

表 6-1 商品价格和销售量资料

商品	单价		销量	
	2008 年 p_0	2009 年 p_1	2008 年 q_0	2009 年 q_1
大米	3050 元/吨	3120 元/吨	1230 吨	1120 吨
猪肉	19.40 元/千克	16.90 元/千克	5670 千克	6780 千克

如果我们需要考察个别商品的价格或销售量的变动情况，那么问题非常简单，只需将该商品的计算期的价格或销售量与基期的价格或销售量进行对比即可：

大米的价格指数：$i_p=\frac{p_1}{p_0}=\frac{3120}{3050}=102.3\%$

大米的销量指数：$i_q=\frac{q_1}{q_0}=\frac{1120}{1230}=91.1\%$

即大米的价格上升了2.3%，销售量下降了8.9%。

在现实的运用中，我们往往要考察所有商品的价格或销售量的总体变动情况，此时，相关指数的计算就没那么简单了。在此，先给出两种商品价格总指数的一个计算方法：

$$I_p=\frac{\sum p_1q_1}{\sum p_0q_1}=\frac{3120\times1120+16.90\times6780}{3050\times1120+19.40\times6780}=\frac{3608982}{3547532}=101.7\%$$

即两种商品总的来说，价格上涨了1.7%。

6.1.2 指数的作用

(1) 综合反映事物变动方向和变动程度

这是指数的主要作用。指数一般是用百分数来表示的相对指标，这些百分数或大于100%或小于100%，说明指标的变动方向或是上升亦或是下降，比100%大多少或小多少则说明指标的变动程度。例如CPI为115%，说明所考察的所有商品总的来说价格上涨了15%，其中有些商品价格上涨大于15%，有些小于15%，有的甚至在下降，它综合反映与居民生活有关的产品及劳务价格统计出来的总体物价的变动方向——上涨，和变动程度——上涨15%。

(2) 分析各个因素变动对现象总体变动的影响

许多社会经济现象都是复杂现象，其变动要受多种因素影响，可以利用综合指数或平均指标指数，从相对数和绝对数两个方面分析各因素对总值变动的影响。例如商品销售额等于商品销售量乘以单位商品价格，所以销售额的变动要受销售量的变动和单价的变动影响，我们可以利用指数分析法，分别计算出销售量和单价变动对销售额变动的影响方向和程度。

(3) 研究现象的长期变动趋势

通过连续编制反映同类现象各个不同时期变动情况的指数，形成指数序列，该指数序列可以反映被研究现象的长期变动趋势。例如连续20个月的CPI构成的指数序列就可以揭示物价的长期变动趋势。

此外，指数还可以对经济现象进行综合评价和测定，如利用指数法原理建立对国民经济发展变动的评价和预警系统等。

6.1.3 指数的种类

分析问题的角度不同，分类结果亦不同。

(1) 按照所研究对象的范围不同，指数可分为个体指数和总指数

说明个别事物或现象的变动程度的相对数称为个体指数。例如，某种商品的销售量指数、价格指数、成本指数等都是个体指数。【例6-1】中的大米价格指数和大米销售量指数都是个体指数。

说明多种事物或现象的综合变动程度的相对数称为总指数。例如，CPI、PMI、商品批发价格指数等都是总指数。【例6-1】中的大米和猪肉两种商品的价格指数就是一个总指数。

个体指数实质上就是一般的相对数，包括动态相对数、比较相对数和计划完成相对数，这些相对数所表示的个体指数属于广义的指数范畴。总指数考察的是总体现象的数量对比关系，它的编制经常面临着总体中个别现象的数量不能直接加总或不能简单综合对比的问题，所以总指数属于狭义的指数范畴，我们经常说的指数一般就是指这样的总指数。

(2) 按统计指标的属性不同，指数可分为数量指标指数和质量指标指数

如果一个指数所对应的统计指标具有质量指标的特征，即表现为平均数或相对数的形式，则该指数就属于质量指标指数，它反映了社会经济现象质量、内涵的变动。如价格指数、工资水平指数、劳动生产率指数等。

如果一个指数所对应的统计指标具有数量指标的特征，即表现为总量或绝对数的形式，则该指数一般属于数量指标指数，它反映了社会经济现象数量或规模的变动方向、程度。如销售量指数、工人数指数等。

并不是所有数量指标计算出来的指数都是数量指标指数。如商品销售额指数对应的指标销售额为数量指标，它可以分解为一个数量因子（销售量）和一个质量因子（价格）的乘积，相应的指数是两个因子共同变化的作用结果。因此，在指数分析中，这类指数既不属于数量指标指数，也不属于质量指标指数，被单独列为一类，通常称之为总值指数。

(3) 按编制的方法不同，指数可分为综合指数和平均指数

综合指数是两个总量指标值对比形成的指数，在总量指标中包含两个或两个以上的因素，将其中被研究因素以外的其他因素固定下来，仅观察被研究因素的变动，这种指数称为综合指数。如【例 6-1】最后计算的两种商品的价格指数就是综合指数。

平均指数是在个体指数的基础上计算的总指数，是个体指数的加权平均数。

(4) 按照所采用的基期不同，指数可以分为定基指数和环比指数

指数通常是连续编制的，形成在时间上前后联系的指数序列，在一个指数序列中的各个指数若都是以某一时期作为基期，则称这些指数为定基指数，若各个指数都是以前一期作为基期，则称这些指数为环比指数。

(5) 按对比数据的时间不同，指数可以分为动态指数和静态指数

动态指数又称时间指数，是表明某种事物在不同时期或时点发展变化的指数，如股票价格指数、商品零售价格指数等。

静态指数包含空间指数和计划完成情况指数两种。空间指数是表明某种事物在同时期不同空间（如不同国家、省区、部门等）情况对比的指数，反映事物在空间上的差异程度。计划完成情况指数则是将某事物的实际状态与计划目标对比的结果。

本章着重介绍综合指数、平均指数及平均指标指数的编制方法、利用指数体系进行统计分析和指数在现实生活中的一些应用实例。

6.2 综合指数

如前所述，统计学中的指数一般指狭义意义上的指数，而狭义上的指数就是总指数。总指数的编制方法主要有综合指数法和平均指数法，综合指数是计算总指数的基本形式。

6.2.1 综合指数的编制原理

由于复杂经济现象的相关指标一般不能直接加总，要计算这些指标的指数，必须引入一个合适的媒介因素，将不能直接加总的指标转化为可以直接加总的指标，并加总，然后通过对比再将引入的媒介因素“剔除”掉，进而求出原复杂经济现象指标的指数来。简单地说就是“先加总，后对比”。

如【例 6-1】，因为大米和猪肉的价格的单位不同，所以它们不能直接加总。要计算这两种商品总的价格指数，我们可以引入销售量这个媒介，让两种商品基期与计算期的价格同时与某一期的销售量相乘得到“销售额”，再用计算期总的“销售额”除以基期总的“销售额”，由于计算期“销售额”与基期“销售额”中的销售量是相同的，两个时期的“销售额”

相除时，引入的销售量便被“剔除”掉了，最后得到两种商品总的价格指数。

我们将引入的这个媒介因素称为同度量因素。一般而言，当我们编制数量指标指数时，选取的同度量因素必须是一个与此数量指标相联系的质量指标；当我们编制质量指标指数时，选取的同度量因素必须是一个与此质量指标相联系的数量指标。

6.2.2 数量指标综合指数的编制

【例 6-2】 假设某商店销售三种商品基期和计算期的销售量和价格资料如表 6-2 所列。

表 6-2 某商店销售三种商品资料

商品	基期		计算期	
	销售量 q_0	价格 p_0	销售量 q_1	价格 p_1
甲	100 件	1500 元	125 件	1680 元
乙	50 吨	3000 元	60 吨	2350 元
丙	300 米	980 元	270 米	1200 元

从表 6-2 数据可以看出，三种商品的销售量有增有减，可用个体指数来表示各自的增减变动：

甲商品：$i_q=\dfrac{q_1}{q_0}=\dfrac{125}{100}=125\%$

乙商品：$i_q=\dfrac{q_1}{q_0}=\dfrac{60}{50}=120\%$

丙商品：$i_q=\dfrac{q_1}{q_0}=\dfrac{270}{300}=90\%$

要概括说明三种商品销售量总的变动情况，就要计算销售量总指数。由于这三种商品的计量单位（如件、吨、米等）不同，因此不能直接将各个商品的销售量直接相加得到各期总的销售量。如果将各种商品的销售量分别乘上它们的销售价格，得到销售额，即：

$$销售量\times价格=销售额 \quad 或 \quad q\times p=qp$$

各种商品的销售额相加便得到总销售额$\sum qp$。为了说明销售量的变动，把价格固定下来，通过对销售额进行对比，得到综合的销售量指数。

若将价格固定在基期，则销售量指数计算公式为：

$$I_q=\frac{\sum q_1p_0}{\sum q_0p_0} \tag{6-1}$$

若将价格固定在计算期，则销售量指数计算公式为：

$$I_q=\frac{\sum q_1p_1}{\sum q_0p_1} \tag{6-2}$$

表 6-2 资料按式(6-1) 计算，得：

$$I_q=\frac{\sum q_1p_0}{\sum q_0p_0}=\frac{125\times1500+60\times3000+270\times980}{100\times1500+50\times3000+300\times980}=\frac{632100}{59400}=106.4\%$$

结果表明，三种商品销售量报告期比基期总的增长了 6.4%，变动程度介于三种商品个体销售量变动程度之间。式中，分子和分母是三种商品的总销售额，其差为：

$$\sum q_1p_0-\sum q_0p_0=632100-594000=38100(元)$$

说明在价格不变的假设前提下，三种商品销售量增长了 6.4%，销售量的增长使销售额增加了 38100 元。

表 6-2 资料若按式(6-2) 计算，得：

$$I_q=\frac{\sum q_1p_0}{\sum q_0p_0}=\frac{125\times1680+60\times2350+270\times1200}{100\times1680+50\times2350+300\times1200}=\frac{675000}{645500}=104.6\%$$

结果表明，三种商品销售量总的增长了4.6%，增长幅度同样也在三种商品个体销售量增长率之间。分子分母之差为：

$$\sum q_1p_0-\sum q_0p_0=675000-645500=29500(\text{元})$$

说明价格固定在计算期时，三种商品销售量总的增长了4.6%，销售量的增长使销售额增加29500元。

不难发现，通过两个公式计算出的结果是不同的，其原因在于计算销售量总指数时两个计算公式使用了不同时期的价格作为同度量因素。其中，利用公式(6-2)计算的结果中包含着价格变化因素，也就是说两个结果的差异是由价格差异引起的。

从编制综合指数的原则来看，公式(6-1)和公式(6-2)都是正确的，但是它们的计算结果却不尽相同，那么这两个公式我们该如何取舍呢？在实际工作中，计算销售量指数时，一般采用基期价格作为同度量因素。编制销售量指数的目的是考察所有商品总的销售量指数，这个指数是通过销售额的比较得出的，所以除了各种商品的销售量，我们要排除其他一切因素，主要是价格因素对总的销售额产生的影响，这样计算出来的指数才能更客观真实的反映所有商品总的销售量的变动方向和变动程度。

编制数量指标销售量指数时，以质量指标价格作为同度量因素具有普遍的代表意义。学术界多主张用综合指数法编制数量指标指数时，采用相关的质量指标作为同度量因素，取其基期值。

6.2.3 质量指标综合指数的编制

价格指数是最常见的质量指标指数，下面就以价格指数为例来说明质量指标综合指数的编制原理。

【例6-3】 根据【例6-2】的资料，我们可以计算三种商品的价格总指数。与编制销售量指数类似，由于价格的单位（如元/件、元/吨等）不同，各种商品的价格也不能直接加总，我们引入销售量这个同度量因素，可得价格综合指数计算公式：

$$I_p=\frac{\sum p_1q_0}{\sum p_0q_0} \tag{6-3}$$

或

$$I_p=\frac{\sum p_1q_1}{\sum p_0q_1} \tag{6-4}$$

式(6-3)中同度量因素销售量取基期值，式(6-4)中取报告期值。

按式(6-3)计算，得三种商品的价格总指数：

$$I_p=\frac{\sum p_1q_0}{\sum p_0q_0}=\frac{1680\times100+2350\times50+1200\times300}{1500\times100+3000\times50+980\times300}=\frac{645500}{594000}=108.7\%$$

$$\sum p_1q_0-\sum p_0q_0=645500-594000=51500(\text{元})$$

即三种商品的价格总指数为108.7%，说明在销售量没有变化的情况下，三种商品价格总的来说上涨了8.7%，价格的上涨使销售额增加了51500元。

按式(6-4)计算，得三种商品的价格总指数：

$$I_p=\frac{\sum p_1q_1}{\sum p_0q_1}=\frac{1680\times125+2350\times60+1200\times270}{1500\times125+3000\times60+980\times270}=\frac{675000}{532100}=106.8\%$$

$$\sum p_1q_1-\sum p_0q_1=675000-632100=42900(\text{元})$$

即三种商品的价格总指数为106.8%，说明在销售量已经发生变化的情况下，三种商品价格总的来说上涨了6.8%，价格的上涨使销售额增加了42900元。

式(6-3)和式(6-4)计算的结果有差异，这个差异是由基期和计算期销售量的差异造成的。两者又怎样取舍呢？一般而言，编制物价指数的目的不仅要反映市场物价水平变动的方向和程度，还要反映这种变动对社会经济生活，如对居民的货币收支和生活水平等诸方面的实际影响。在计算期，居民因物价变动而受益或受损，受益或受损的程度与物价的变化有关的同时，还和居民的购买量有关。实际生活表明，价格变化会影响消费者对当期各种商品的购买量，或者说影响到消费者的消费结构。所以，从现实意义来讲，作为同度量因素的销售量应当取计算期的值，即用式(6-4)来计算价格总指数。

基于现实的社会经济意义考虑，学术界多主张在用综合指数编制质量指标指数时，选择相应的计算期的数量指标值作为同度量因素。

6.2.4 其他形式的综合指数公式

同度量因素取值不同，得到的总指数值也不同，围绕同度量因素的取值先后产生了数种综合指数计算公式。

1864年德国统计学家埃蒂恩·拉斯贝尔（Etienne Laspeyres）提出了同度量因素都取基期值的数量指标指数公式 $I_q=\frac{\sum q_1 p_0}{\sum q_0 p_0}$ 和质量指标指数公式 $I_p=\frac{\sum p_1 q_0}{\sum p_0 q_0}$，这种指数公式被后人称为拉氏公式。

1874年德国另外一名统计学家哈曼·派许（Herman Paasche）又提出了同度量因素都取计算期值的指数公式 $I_q=\frac{\sum q_1 p_1}{\sum q_0 p_1}$ 和 $I_p=\frac{\sum p_1 q_1}{\sum p_0 q_1}$，这种公式被后人称为派氏公式。

1887年英国经济学家马歇尔（Alfred Marshall）提出同度量因素取基期和计算期的均值的指数计算公式 $I_q=\frac{\sum q_1(p_0+p_1)/2}{\sum q_0(p_0+p_1)/2}$ 和 $I_p=\frac{\sum p_1(q_0+q_1)/2}{\sum p_0(q_0+q_1)/2}$。此公式后被英国统计学家艾奇沃斯（Francis Ysidro Edgeworth）所推广，因此该公式被称为马歇尔-艾奇沃斯公式。

1911年美国统计学家费谢尔（Irving Fisher）将拉氏和派氏公式的几何平均公式 $\sqrt{\frac{\sum q_1 p_0}{\sum q_0 p_0}\frac{\sum q_1 p_1}{\sum q_0 p_1}}$ 和 $\sqrt{\frac{\sum p_1 q_0}{\sum p_0 q_0}\frac{\sum p_1 q_1}{\sum p_0 q_1}}$ 作为综合指数的计算公式，该公式通过了其自己创立的检验指数优劣的三种方法，所以自称该公式是“理想公式”（Ideal Formula）。

此外还有一些其他形式的公式，如将同度量因素取值固定在其他某一期等。这些综合指数公式各有其特点和使用环境：拉氏公式适合计算数量指标指数，派氏公式适合计算质量指标指数，对不同地区的价格综合对比时，马歇尔-艾奇沃斯公式不失为一种公允的方法；拉氏指数和派氏指数存在偏大或偏小的问题，但经济意义和现实意义很明显，“理想公式”和马歇尔-艾奇沃斯公式虽然介于拉氏和派氏指数之间，似乎不偏不倚，但是缺乏现实的经济意义，需要的资料也繁多，故在现实中很少应用。

6.3 平均指数

6.3.1 平均指数的编制原理

在实际工作中，有时由于受统计资料的限制，不能直接利用综合指数公式编制总指数，这时须改变公式形式，可以根据综合指数公式推导出平均指数形式来编制总指数。平均指数作为总指数的另一种编制方法，其编制原理与综合指数恰好相反，它的编制思想是“先对比，后平均”，也就是先通过计算个别现象或事物的个体指数，然后将个体指数加以平均得到的总指数。由于个别现象或事物在总体中的作用或重要性不同，对它们的个体指数的平均不能简单的平均，而要采用加权平均，按计算方法可分为加权算术平均法和加权调和平均法等。

6.3.2 加权算术平均法

加权算术平均法就是将个体指数采用加权算术平均法计算出总指数，计算公式可由综合指数法公式推导出来。以数量指标加权算术平均法计算的总指数公式推导为例：

$$I_q=\frac{\sum q_1p_0}{\sum q_0p_0}=\frac{\sum\frac{q_1}{q_0}q_0p_0}{\sum q_0p_0}=\frac{\sum i_qq_0p_0}{\sum q_0p_0}$$

即

$$I_q=\frac{\sum i_qq_0p_0}{\sum q_0p_0} \tag{6-5}$$

上式中，$i_q=\frac{q_1}{q_0}$就是个体指数，q_0p_0是个体指数的权数。

同理，质量指标加权算术平均指数公式为：

$$I_p=\frac{\sum i_pp_0q_1}{\sum p_0q_1} \tag{6-6}$$

上式中，$i_p=\frac{p_1}{p_0}$为个体指数，p_0q_1为个体指数的权数。

【例 6-4】 某商店有关商品销售情况见表 6-3，试计算该商店相关商品的销售量总指数。

表 6-3 某商店相关商品销售情况表

商品	销售量		基期销售额 q_0p_0（万元）
	基期 q_0	计算期 q_1	
甲	1000 个	1200 个	5
乙	400 台	405 台	2
丙	600 箱	560 箱	3
丁	450 套	605 套	1.5
合计	—	—	11.5

根据综合指数法，要计算这四种商品的销售量总指数，必须计算出各种商品的基期价格p_0，然后利用公式(6-1) $I_q=\frac{\sum q_1p_0}{\sum q_0p_0}$计算出销售量总指数，在实际应用中，这将给我们带来很大的工作量。我们完全可以根据资料，做如表 6-4 方式处理，利用公式(6-5) 直接计算出总指数。

表 6-4 销售量指数计算表

商品	销售量		基期销售额 q_0p_0（万元）	销售量个体指数 $i_q=q_1/q_0$	$i_qq_0p_0$
	基期 q_0	计算期 q_1			
甲	1000 个	1200 个	5	1.200	6.00
乙	400 台	405 台	2	1.013	2.03
丙	600 箱	560 箱	3	0.933	2.80
丁	450 套	605 套	1.5	1.344	2.02
合计	—	—	11.5	—	12.85

将上表中相关数据带入公式(6-5)，得：

$$I_q=\frac{\sum i_q q_0 p_0}{\sum q_0 p_0}=\frac{12.85}{11.50}=111.7\%$$

$$\sum i_q q_0 p_0-\sum q_0 p_0=12.85-11.5=1.35(\text{万元})$$

这个计算结果和通过公式(6-1)计算的结果完全相同。计算结果表明，该商店出售的四种商品销售量计算期比基期平均增长了11.7%，由于销售量增加而增加的销售额为1.35万元。

需要注意的是，实际工作中用两种方法计算的指数往往是不一样的，因为综合指数法通常采用全面资料，而加权平均指数法往往采用抽样资料。

6.3.3 加权调和平均法

加权调和平均法就是对个体指数采用加权调和平均的方法计算出总指数，也可由综合指数法公式推导出来。以质量指标加权调和平均法计算的总指数公式推导为例：

$$I_p=\frac{\sum p_1 q_1}{\sum p_0 q_1}=\frac{\sum p_1 q_1}{\sum \frac{1}{p_1/p_0} p_1 q_1}=\frac{\sum p_1 q_1}{\sum \frac{1}{i_p} p_1 q_1}$$

即

$$I_p=\frac{\sum p_1 q_1}{\sum \frac{1}{i_p} p_1 q_1} \tag{6-7}$$

上式中，$i_p=p_1/p_0$为个体指数，$p_1 q_1$为个体指数的权数。

同理，数量指标加权调和平均指数公式为：

$$I_q=\frac{\sum q_1 p_0}{\sum \frac{1}{i_q} q_1 p_0} \tag{6-8}$$

上式中，$i_q=q_1/q_0$为个体指数，$q_1 p_0$为个体指数的权数。

【例6-5】 某商店有关商品销售情况如表6-5，试计算该商店相关商品的价格总指数。

表6-5 某商店相关商品销售情况表

商品	单价		2009年销售额 $p_1 q_1$（元）
	2008年 p_0	2009年 p_1	
甲	10元/件	10.3元/件	158002
乙	2元/千克	2.1元/千克	145005
丙	5元/米	5.4元/米	80028
丁	4元/只	4.4元/只	5016
合计	—	—	388051

利用加权调和平均法公式(6-7)直接计算商品价格总指数：

$$\begin{aligned}I_p&=\frac{\sum p_1 q_1}{\sum \frac{1}{i_p} p_1 q_1}\\&=\frac{388051}{\frac{1}{10.3/10}\times158002+\frac{1}{2.1/2}\times145005+\frac{1}{5.4/5}\times80028+\frac{1}{4.4/4}\times5016}\\&=\frac{388051}{370160}=104.8\%\end{aligned}$$

$$\sum p_1 q_1-\sum \frac{1}{i_p} p_1 q_1=388051-370160=17891(\text{元})$$

计算结果表明，该商店出售的四种商品的销售价格计算期比基期平均增长了4.8%，由于销售价格增加而增加的销售额为17891元。

加权调和平均法计算的价格指数公式中采用计算期价格总值为权数，其理由和综合指数法采用数量指标的计算期值为同度量因素是相同的，都是为了突出指数的经济意义和现实意义。

6.3.4 固定权数加权平均法

在掌握全面资料的情况下，无论是加权算术平均法还是加权调和平均法，都可以看成是综合指数法的变形。搜集到全面资料是非常困难的，在现实工作中，往往根据非全面资料，利用固定权数加权平均法来计算总指数。如西方国家的工业生产指数、我国的商品零售价格指数等都是采用这种方法。

利用加权算术平均法计算的固定权数的数量指标总指数和质量指标总指数的加权算术平均法和加权调和平均法公式分别为：

$$I_q=\frac{\sum i_q\omega}{\sum\omega},\quad I_q=\frac{\sum\omega}{\sum\omega/i_q}$$

$$I_p=\frac{\sum i_p\omega}{\sum\omega},\quad I_p=\frac{\sum\omega}{\sum\omega/i_p} \tag{6-9}$$

上式中，ω为固定权数，可根据以往资料、抽样资料或其他方法来确定。由于ω固定，所以只要计算出每个个体指数，就可以计算出总指数，其所需的资料要比以上所有方法都要少，应用起来简单、快捷。

6.4 平均指标指数

平均指标指数也称总平均数指数或总平均水平指数，是对总体平均指标变动程度的测定，如平均工资指数、平均劳动生产率指数等。

总平均水平指数的一般公式可以表示为：

$$I=\frac{\overline{X_1}}{\overline{X_0}}=\frac{\sum x_1f_1}{\sum f_1}\Big/\frac{\sum x_0f_0}{\sum f_0}=\sum x_1\frac{f_1}{\sum f_1}\Big/\sum x_0\frac{f_0}{\sum f_0} \tag{6-10}$$

【例6-6】 某市三个市场上有关同一种商品的销售资料如表6-6，试应用指数方法分析说明该商品价格在该市的变化情况。

表6-6 某市三个市场上有关同一种商品的销售资料

市场	单价(元/公斤)		销售量(元/公斤)	
	基期 x_0	计算期 x_1	基期 f_0	计算期 f_1
A市场	2.50	3.00	740	560
B市场	2.40	2.80	670	710
C市场	2.20	2.40	550	820
合计	—	—	1960	2090

因为是要反映不同市场同一种商品计算期相对于基期价格的变化，可以用三个市场该产品的平均价格的计算期值与基期值来进行对比。可以用平均指标指数公式(6-10)来计算。

$$I=\frac{\overline{X_1}}{\overline{X_0}}=\frac{\sum x_1 f_1}{\sum f_1}\Big/\frac{\sum x_0 f_0}{\sum f_0}$$

$$=\frac{3.00\times560+2.80\times710+2.40\times820}{2090}\Big/\frac{2.50\times740+2.40\times670+2.20\times550}{1960}$$

$$=\frac{2.70}{2.38}=113.4\%$$

$$\overline{X_1}-\overline{X_0}=2.70-2.38=0.32(\text{元/公斤})$$

即三个市场上这同一种商品的平均价格计算期比基期上涨了13.4%，平均上涨了0.32元/公斤。

从【例6-6】可以看出，与前面的综合指数法和平均指数法计算的总指数不同，平均指标指数是利用分组资料计算的指数，它所测定的总体平均指标是对组平均数的加权平均，其权数是各组单位数占总体单位数的比重。因此，平均指标指数所综合的是可以同度量的量，是不同地区、不同部门的同一指标，它的计算没有采用同度量因素。从这一点来讲，它属广义指数范畴。

如表6-6中数据可以这样理解，A、B、C三个市场把该商品分成了三组，其中第一组（A市场）基期价格均值为 $x_0=2.50$，基期销售量 $f_0=740$，相当于该组商品基期价格均值2.50的频数或权数，其他数据依此类推。那么在基期，这三个市场中该种产品总的平均价格就是各市场平均价格的加权平均，即：

$$\overline{X_0}=\frac{\sum x_0 f_0}{\sum f_0}=\sum x_0\frac{f_0}{\sum f_0}$$

$$=2.50\times\frac{740}{1960}+2.40\times\frac{670}{1960}+2.20\times\frac{550}{1960}$$

$$=2.38$$

6.5 指数体系与因素分析

6.5.1 指数体系

简单地说，指数体系就是由若干个相互关联的统计指数所构成的整体，根据它们相互关联的严密程度，可以分为广义指数体系和狭义指数体系。

广义的指数体系和指标体系类似，泛指在内容上有关系的若干统计指数所形成的体系，如工业产品出厂价格指数、农产品收购价格指数、市场零售物价指数等可以构成“市场物价指数体系”。

本节内容主要讨论狭义的指数体系，狭义的指数体系是指具有严密的数学关系式的三个或三个以上指数所形成的体系，其一般表现形式为一个总指数等于其他因素指数的乘积。

例如，销售额指数和销售量指数、销售价格指数就可以构成一个指数体系，因为：

$$\text{销售额指数}=\frac{\text{计算期销售额}}{\text{基期销售额}}=\frac{\sum q_1 p_1}{\sum q_0 p_0}=\frac{\sum q_1 p_0}{\sum q_0 p_0}\times\frac{\sum q_1 p_1}{\sum q_1 p_0}$$

即：销售额指数=销售量指数×价格指数。

同理，成本指数=产量指数×单位产品成本指数

利润指数=销售量指数×价格指数×利润率指数

等，每个等式中的指数都可以构成指数体系。

指数体系的作用主要有两个，可以概括为：

① 进行指数推算　若指数体系中有一指数未知，则可以根据其他已知指数，利用该指

数体系的关系式计算出来；

② 进行因素分析　即分析现象的总变动中各因素的变动影响程度。

6.5.2 总量变动的因素分析

复杂的社会经济现象总量的变化一般是由多个影响因素的变化造成的，总量变动的因素分析就是应用指数体系来分析研究各影响因素的变动对总量的影响程度和影响的绝对数值。

(1) 两因素分析

若总量为两个因素的乘积，那么分析这两个因素的变动对总量变动的影响就是两因素分析。现举例说明两因素分析。

【例 6-7】 某公司所属两个工厂有关资料如表 6-7。

表 6-7 某公司所属两个工厂有关资料

工厂	平均工资(元/人)		职工人数(人)		工资总额(万元)		
	基期 p_0	计算期 p_1	基期 q_0	计算期 q_1	q_0p_0	q_1p_1	q_1p_0
A	1380	1450	100	110	13.8	15.95	15.18
B	1320	1400	120	150	15.84	21	19.8
合计	—	—	220	260	29.64	36.95	34.98

根据此表，可以计算出工资总额的变动为：

$$\frac{\sum q_1p_1}{\sum q_0p_0}=\frac{36.95}{29.64}=124.7\%$$

$$\sum q_1p_1-\sum q_0p_0=36.95-29.64=7.31(\text{万元})$$

即工资总额计算期比基期增长 24.7%，增加的绝对值为 7.31 万元。工资总额之所以有这样的变动，是因为平均工资的变动和职工人数的变动共同造成的。那么平均工资变动了多少，工人数又变动了多少造成工资总额增加了 24.7%，增加 7.31 万元呢？可以根据指数体系所满足的数学公式来分析这个问题。

工资总额指数＝职工数指数×人均工资指数

$$\Rightarrow\frac{\sum q_1p_1}{\sum q_0p_0}=\frac{\sum q_1p_0}{\sum q_0p_0}\times\frac{\sum q_1p_1}{\sum q_1p_0}$$

$$\Rightarrow\frac{36.95}{29.64}=\frac{34.98}{29.64}\times\frac{36.95}{34.98}$$

$$\Rightarrow124.7\%=118.0\%\times105.7\%$$

$$\sum q_1p_1-\sum q_0p_0=(\sum q_1p_0-\sum q_0p_0)+(\sum q_1p_1-\sum q_1p_0)$$

$$\Rightarrow36.95-29.64=(34.98-29.64)+(36.95-34.98)$$

$$\Rightarrow7.31=5.34+1.97$$

这说明，工资总额计算期比基期增加了 24.7%，是由于工人数增加 18.0%和人均工资增加 5.7%两个因素共同影响的结果。同时也说明，工资总额增加了 7.31 万元，其中职工数增加 18.0%带来 5.34 万元的增加，人均工资增长 5.7%带来 1.97 万元的增加。

(2) 多因素分析

若总量为三个或三个以上因素的乘积，那么分析这三个或三个以上因素的变动对总量变动的影响就是多因素分析。

上述两因素分析法中将工资总额指数分解成职工数指数和人均工资指数乘积的方法也叫连锁替代法，这种连锁替代法也适合多因素分析。以三因素分析为例：

$$\frac{\sum a_1b_1c_1}{\sum a_0b_0c_0}=\frac{\sum a_1b_0c_0}{\sum a_0b_0c_0}\times\frac{\sum a_1b_1c_0}{\sum a_1b_0c_0}\times\frac{\sum a_1b_1c_1}{\sum a_1b_1c_0} \tag{6-11}$$

$$\sum a_1b_1c_1-\sum a_0b_0c_0$$
$$=(\sum a_1b_0c_0-\sum a_0b_0c_0)+(\sum a_1b_1c_0-\sum a_1b_0c_0)+(\sum a_1b_1c_1-\sum a_1b_1c_0) \tag{6-12}$$

【例 6-8】 某厂产品相关资料见表 6-8，运用因素分析法分析产品产量、单位产品原材料消耗量及单位原材料价格变化对原材料总费用的影响。

表 6-8 某厂产品产量及原材料消耗情况表

名称	产品		原材料			
	产量(件)		单耗(公斤/件)		单价(元/公斤)	
	基期 a_0	计算期 a_1	基期 b_0	计算期 b_1	基期 c_0	计算期 c_1
甲	4	5	100	90	15	18
乙	5	6	60	50	40	45

依式(6-11) 和式(6-12)，计算相关数据如表 6-9。

表 6-9 指数相关值的计算

产品	$a_0b_0c_0$(元)	$a_1b_0c_0$(元)	$a_1b_1c_0$(元)	$a_1b_1c_1$(元)
甲	6000	7500	6750	8100
乙	12000	14400	12000	13500
合计	18000	21900	18750	21600

原材料总费用指数＝产品产量指数×单位产品耗材量指数×原材料单价指数，即：

$$\frac{\sum a_1b_1c_1}{\sum a_0b_0c_0}=\frac{\sum a_1b_0c_0}{\sum a_0b_0c_0}\times\frac{\sum a_1b_1c_0}{\sum a_1b_0c_0}\times\frac{\sum a_1b_1c_1}{\sum a_1b_1c_0}$$

其中，

$$原材料总费用指数=\frac{\sum a_1b_1c_1}{\sum a_0b_0c_0}=\frac{21600}{18000}=120.0\%$$

$$\sum a_1b_1c_1-\sum a_0b_0c_0=21600-18000=3600(元)$$

说明原材料总费用计算期比基期增加了 20.0%，增加的绝对额为 3600 元。

$$产品产量指数=\frac{\sum a_1b_0c_0}{\sum a_0b_0c_0}=\frac{21900}{18000}=121.7\%$$

$$\sum a_1b_0c_0-\sum a_0b_0c_0=21900-18000=3900(元)$$

说明产品产量计算期比基期增长了 21.7%，并由此致使原材料总费用增加了 3900 元。

$$单位产品耗材量指数=\frac{\sum a_1b_1c_0}{\sum a_1b_0c_0}=\frac{18750}{21900}=85.6\%$$

$$\sum a_1b_1c_0-\sum a_1b_0c_0=18750-21900=-3150(元)$$

说明单位产品耗材量计算期比基期下降了 14.4%，由此使原材料总费用下降了 3150 元。

$$原材料单价指数=\frac{\sum a_1b_1c_1}{\sum a_1b_1c_0}=\frac{21600}{18750}=115.2\%$$

$$\sum a_1b_1c_1-\sum a_1b_1c_0=21600-18750=2850(元)$$

说明原材料单价计算期比基期增长了 15.2%，由此致使原材料总费用增加了 2850 元。

由以上计算结果可得：

$$120.0\%=121.7\%\times85.6\%\times115.2\%$$

$$3600=3900+(-3150)+2850(\text{元})$$

通过以上因素分析说明，计算期与基期相比，由于产量增加21.7%、单位产品耗材量下降14.4%和原材料单价上涨15.2%三方面的因素造成该厂生产这两种产品的原材料费用总支出增加了20.0%。产量增加和原材料单价上涨导致原材料总费用分别增加3900元和2850元，单位产品耗材量下降导致原材料总费用下降3150元，三因素共同作用导致原材料总费用增加3600元。

注意，在用链式替代法做多因素分析时，为了使因素指数的连乘积等于总量指标的指数及各因素变动引起总量变动值之和等于总量实际变动值，在计算各因素指数时，数量指标指数一般取质量指标的基期值作为同度量因素，质量指标指数一般取数量指标的报告期值作为同度量因素。

此外，各因素的排序应使相邻两因素变量的乘积有意义。如原材料总费用=产品产量×单位产品耗材量数×原材料单价，无论是“产品产量×单位产品耗材量”还是“单位产品耗材量×原材料单价”都是有意义的，而原材料总费用=产品产量×原材料单价×单位产品耗材量数则不行，因为“产品产量×原材料单价”没有意义。所以，可以写成“原材料总费用指数=产品产量指数×单位产品耗材量指数×原材料单价指数”或“原材料总费用指数=产品产量指数×单位产品耗材量指数×原材料单价指数”，但是不能写成“原材料总费用指数=产品产量指数×原材料单价指数×单位产品耗材量指数”。

6.5.3 平均数变动的因素分析

平均数$\overline{X}=\sum xf/\sum f$的变动受两个因素的影响，一是各组的变量值水平$x$，二是总体的结构，即各组的频数$f$或频率$f/\sum f$。与总量变动的两因素分析类似：

$$I=\frac{\overline{X_1}}{\overline{X_0}}=\frac{\dfrac{\sum x_1f_1}{\sum f_1}}{\dfrac{\sum x_0f_0}{\sum f_0}}=\frac{\dfrac{\sum x_0f_1}{\sum f_1}}{\dfrac{\sum x_0f_0}{\sum f_0}}\times\frac{\dfrac{\sum x_1f_1}{\sum f_1}}{\dfrac{\sum x_0f_1}{\sum f_1}} \tag{6-13}$$

$$\overline{X_1}-\overline{X_0}=\frac{\sum x_1f_1}{\sum f_1}-\frac{\sum x_0f_0}{\sum f_0}=\left(\frac{\sum x_0f_1}{\sum f_1}-\frac{\sum x_0f_0}{\sum f_0}\right)+\left(\frac{\sum x_1f_1}{\sum f_1}-\frac{\sum x_0f_1}{\sum f_1}\right) \tag{6-14}$$

公式(6-13)中，$\dfrac{\sum x_0f_1}{\sum f_1}\Big/\dfrac{\sum x_0f_0}{\sum f_0}$是反映总体结构变化的指数，我们称之为结构变动影响指数；$\dfrac{\sum x_1f_1}{\sum f_1}\Big/\dfrac{\sum x_0f_1}{\sum f_1}$是反映各组变量水平值发生变化而结构没有变化的指数，我们称之为固定构成指数；$\dfrac{\sum x_1f_1}{\sum f_1}\Big/\dfrac{\sum x_0f_0}{\sum f_0}$是反映结构和水平同时发生变化的指数，我们称之为可变构成指数。即有：

可变构成指数=结构变动影响指数×固定构成指数

利用公式(6-13)、公式(6-14)也可以从相对数和绝对数两个方面对总平均数的变动进行因素分析。

【例6-9】 表6-10为某煤炭公司相关资料，试对该公司工人生产率的变动进行因素分析。

依据表中数据，可计算出：

$$\overline{X_0}=\frac{\sum x_0f_0}{\sum f_0}=\frac{14}{5}=2.8(\text{百吨/人}),\quad \overline{X'}\overset{\Delta}{=}\frac{\sum x_0f_1}{\sum f_1}=\frac{16.8}{5.2}=3.8(\text{百吨/人})$$

$$\overline{X_1}=\frac{\sum x_1f_1}{\sum f_1}=\frac{29}{5.2}=5.6(\text{百吨/人})$$

表 6-10 某煤炭公司相关资料

矿 井	工人数(万人)		人均产量(百吨/人)		总产量(百万吨)		
	基期 f_0	计算期 f_1	基期 x_0	计算期 x_1	x_0f_0	x_0f_1	x_1f_1
1#	3	2	2	2.5	6	4	5
2#	2	3.2	4	7.5	8	12.8	24
合 计	5	5.2	—	—	14	16.8	29

$$劳动生产率指数=\overline{X_1}/\overline{X_0}=\overline{X'}/\overline{X_0}\times\overline{X_1}/\overline{X'}$$

$$\Rightarrow 5.6/2.8=3.8/2.8\times 5.6/3.8$$

$$\Rightarrow 200.0\%=135.7\%\times 147.4\%$$

$$生产率变化的绝对数=\overline{X_1}-\overline{X_0}=(\overline{X'}-\overline{X_0})+(\overline{X_1}-\overline{X'})$$

$$\Rightarrow 5.6-2.8=(3.8-2.8)+(5.6-3.8)$$

$$\Rightarrow 2.8=1.0+1.8(百吨/人)$$

此结果表明，由于工人结构的变化，使劳动生产率提高了 35.7%，即提高了 1.0 百吨/人；由于各矿井工人的劳动生产率的提高，进而是整个煤炭公司的劳动生产率提高了 47.4%，即提高了 1.8 百吨/人；两者共同影响，是整个煤炭公司劳动生产率提高了 100%，绝对数提高了 2.8 百吨/人。

6.6 统计指数的应用

指数在社会经济统计中得到了广泛的应用，本节主要介绍几种常见的指数，包括居民消费价格指数、股票价格指数和消费者信心指数，介绍这些指数的编制原理以及在经济问题研究中的应用。

6.6.1 居民消费价格指数

居民消费价格指数是度量消费商品及服务项目价格水平随着时间的变动而变动的相对数，反映居民家庭购买的消费品及服务价格水平的变动情况。它是宏观经济分析和决策、价格总水平监测和调控以及国民经济核算的重要指标。其按年度计算的变动率通常被用来作为反映通货膨胀（或紧缩）程度的指标。

(1) 居民消费价格指数调查方案

① 调查对象的确定 居民消费价格指数调查的范围是各省、自治区、直辖市城乡居民购买并用于日常生活消费的商品和服务项目价格。按照国际标准，国家统计局将这些商品和服务项目分为八大类，即食品、烟酒及用品、衣着、家庭设备用品及维修服务、医疗保健和个人用品、交通和通信、娱乐教育文化用品及服务、居住等，每个大类又分若干个中类，中类之下又有若干基本分类，根据全国城乡近 11 万户居民家庭消费支出调查资料中消费额较大的项目以及居民消费习惯，确定 263 个基本分类。

由于消费品和服务项目种类繁多，价格变化频繁难以取得全面资料按综合指数公式计算。在实际工作中只能采用抽样的办法，选择代表性的商品或服务项目，并把这些商品或服务项目称为代表规格品。代表规格品是按照消费量大、价格变动趋势和变动程度代表性强、各种代表规格品之间价格变动的相关性低、必须是合格产品这四个原则来选择的。每种规格代表品都规定了最低数量标准，只可以在此标准上适当增加。

② 个体指数的计算　对代表规格品的价格调查，首先将各种类型的商场（店）、农贸市场、服务网点分别以人均销售额、成交额和经营规模为标志，从高到低排队；其次分别将销售额、成交额和经营规模累计起来；然后依据所需的数量进行等距抽样确定调查点，实行定人、定点、定时直接调查。对于与居民生活密切相关、价格变动比较频繁的商品，至少每5天调查一次；一般性商品每月调查采集2～3次实际成交价格。

将同一时期内（一般为一月）不同调查点以及各次调查采集到的数据采用简单算术平均法计算出同一种代表规格品的平均价格，以计算期的平均价格除以基期的平均价格便代表该代表规格品的价格个体指数。

③ 居民消费价格指数的计算　需要说明的是上述代表规格品有城市和农村之分，要分别计算个体指数。对个体指数采用简单几何平均法计算出基本分类指数，根据基本分类指数利用加权算术平均法计算出中类指数，同理，大类指数、城市（或农村）居民消费价格指数和最终的居民消费价格指数也都是逐层利用加权算术平均法计算出来的。

居民消费价格指数计算过程中，权数是根据居民家庭用于各种商品或服务的开支在所有消费商品或服务总开支中所占的比重来计算，并辅之以典型调查数据进行补充和完善，城市和农村权数按城、乡居民消费支出金额占居民消费支出总额的比重确定，这个比重一般根据抽样调查资料推断。这些权数一经确定，一年内不变。

(2) 居民消费价格指数的应用

居民消费价格指数不仅仅直接测定商品和服务的价格变动程度和变动趋势，它还是研究社会经济问题，制定有关政策的依据。

① 测定通货膨胀　通货膨胀的定义一直存在争论，简单地说通货膨胀就是一般物价水平的持续上升。物价上涨，会干扰正常的经济秩序，加剧经济的波动，使居民的财富缩水，对低收入人群极为不利，给社会带来不安定因素等。因此各国政府都把维持价格稳定、防止通货膨胀或通货紧缩作为政策制定的四大目标之一。

对通货膨胀的测定方法很多，其中利用居民消费价格指数来计算是常见的一种，一般用以下公式：

$$\text{通货膨胀率}=\frac{\text{计算期居民消费价格指数}}{\text{上一期居民消费价格指数}}-1$$

表6-11是根据国家统计局公布的2000～2008年居民消费价值指数，利用此公式计算出2001～2008年的通货膨胀率。其中有的是正直，有的是负值，正值说明那一年的物价与前一年相比，总的来说是上涨的，表明存在通货膨胀；负值说明物价下降，表明存在通货紧缩。

表 6-11　我国 2000～2008 年通货膨胀率

年份	2000	2001	2002	2003	2004	2005	2006	2007	2008
CPI 环比指数	100.4	100.7	99.2	101.2	103.9	101.8	101.5	104.8	105.9
通货膨胀率(%)	—	0.30	−1.49	2.02	2.67	−2.02	−0.29	3.25	1.05

资料来源：根据国家统计局2000～2008年统计公报资料计算。

② 测定货币购买力指数　货币购买力是指单位货币购买商品或换取劳务的能力。其大小与商品价格、服务费用水平的变动成反方向变动，商品价格、服务收费降低时，单位货币购买力提高；反之，则下降。因此，货币购买力指数可用价格指数的倒数来表示：

$$\text{货币购买力指数}=\frac{1}{\text{居民消费价格指数}}$$

如2008年全国居民消费价格环比指数为105.9，则同期货币环比购买力指数为94.4，说明2008年的100元钱相当于2007年的94.4元。

除了测定通货膨胀率和货币购买力指数，居民消费价格指数还可以测定职工实际工资指数，计算商品需求的价格弹性系数等。

6.6.2 股票价格指数

证券市场上股票行情千变万化，有些股票价格上涨，有些股票价格下跌，而判断股价的涨跌变化及其幅度就要有适当的指标，这里重点论述证券市场上最常用的股价指标——股价指数。

股价指数是反映某一时点上股价总水平相对于基期的综合相对指数。为了判断市场股价的总的变动趋势与涨跌程度，就必须综合考虑许多股票价格，合理计算出股价指数。股票价格指数在编制过程中通常是选择各行业具有代表性的上市公司的股票组成成分股。在计算中，以某一年份或者某一天为基期，并设定基期股价指数为一个常数（如100点或1000点）。计算出某时股票平均价格与基期股价的比值，并将此比值乘以基期的指数值，即为某时的股价指数，其中基期股价是个常量。

股价指数的计算方法很多，但是绝大多数采用市值加权平均的原理进行计算，公式为：

$$I=\sum p_{1i}q_{1i}/\sum p_{0i}q_{1i}$$

其中，p_{1i}和p_{0i}分别表示第i支股票计算期和基期价格；q_{1i}表示第i支股票计算期的发行量（有的是流通股数，或总股本数，亦或是经处理过的股数）。

（1）上海证券交易所综合指数

上海证券交易所综合指数简称上证综指（代码：000001），是由上海证券交易所依据在交易所上市的所有股票价格而编制的，于1991年7月15日正式公布。上海证券交易所在吸取美国、日本、中国香港、中国台湾等国家和地区股价指数编制经验的同时，对主要股价指数作了充分的分析，经过酝酿比较，采用了市场价格总额加权计算法，以当时市场全部8支股票为样本，以上交所正式营业日——1990年12月19日为基期，并以股票发行量为权数进行编制。其计算公式为：

$$\text{上证综指即时指数}=\frac{\text{即时市价总值}}{\text{基期市价总值}}\times 100$$

具体计算方法：以基期和即时8种股票的收盘价（如当日未成交，延用上一日收盘价）分别乘以发行股数，相加以后求得基期和计算期的市价总值，再相除后即得股价指数。但如遇上市股票增资扩股或新股上市（退市）时，则须相应进行修正，以维持指数的连续性，其计算公式调整为：

$$\text{上证综指即时指数}=\frac{\text{即时市价总值}}{\text{修正后基期市价总值}}\times 100$$

$$\text{修正后基期市价总值}=\frac{\text{修正后即时市价总值}}{\text{修正前即时市价总值}}\times\text{修正前基期市价总值}$$

（2）沪深300指数

沪深300指数（代码：000300）的编制目标是反映中国证券市场股票价格变动的概貌和运行状况，并能够作为投资业绩的评价标准，为指数化投资及指数衍生产品创新（如股指期货的推出）提供基础条件。

顾名思义，沪深300指数就是从沪深两市中选出300支股票所编制的股价指数。这300支成分股的选取标准是规模大、流动性好；选取方法是对所有上市超过一年的经营状况良好、最近一年无重大违法违规事件、财务报告无重大问题、价格波动无异常、无市场操纵的股票按日成交金额由高到低排名，剔除 ST、*ST、暂停上市、其他专家认为不能进入指数的股票，再剔除排名后 50%的股票，最后对剩余股票按照日均市值由高到低进行排名，选取排名在前 300 名的股票进入股指的计算。

指数成份股原则上每半年调整一次，一般为 1 月初和 7 月初实施调整，每次调整的比例不超过 10%。样本调整设置缓冲区，排名在 240 名内的新样本优先进入，排名在 360 名之前的老样本优先保留。最近一次财务报告亏损的股票原则上不进入新选样本，除非该股票影响指数的代表性。定期调整时设置 15 只股票作为备选名单，以用于样本股的临时调整。

沪深 300 指数以 2004 年 12 月 31 日为基期，基点为 1000 点，采用如下公式进行计算：

沪深 300 即时指数＝即时成份股的调整市值/基期成份股的调整市值×1000

其中，调整市值＝∑(市价×调整股本数)，调整股本数采用分级靠档的方法对成份股股本进行调整，方法如表 6-12 所示。

表 6-12 沪深 300 指数中调整股本数计算方法

档 位	流通比例	调整股本数	档位	流通比例	调整股本数
1	≤10	流通股数	6	(50,60]	总股本×60%
2	(10,20]	总股本×20%	7	(60,70]	总股本×70%
3	(20,30]	总股本×30%	8	(70,80]	总股本×80%
4	(30,40]	总股本×40%	9	＞80	总股本
5	(40,50]	总股本×50%	—	—	—

当样本股名单、股本结构发生变化或样本股的调整市值出现非交易因素变动时，采用“除数修正法”修正原基期成份股的调整市值，以保证指数的连续性。修正公式为：

$$\frac{\text{修正前的即时成分股调整市值}}{\text{原基期成分股调整市值}}=\frac{\text{修正后的即时成分股调整市值}}{\text{新基期成分股调整市值}}$$

其中，修正后的即时成分股调整市值＝修正前的即时成分股调整市值＋新增（减）调整市值，由此公式得出新基期成分股调整市值，并据此计算指数。

除了上证综指，在全球资本市场上，比较重要的股指还有道琼斯、纳斯达克、标准普尔 500、日经指数、香港恒生和深圳成指等，它们在编制方法上或多或少有所不同，但是没有本质的区别，这里不再一一介绍。

6.6.3 消费者信心指数

消费者信心指数是根据消费者对国家经济形势、社会就业状况、个人预期收入、个人生活质量、国家消费政策、物价和股市走势等情况的主观判断和心理感受来编制的一种指数，是宏观景气监测预警系统中的一项重要内容。正因为如此，经济学家将消费者信心指数视为观察国家经济发展变化的比较灵敏的经济指数之一，国际上许多大学和民间研究机构都设置消费者调查中心，从不同范围编制并定期发布消费者信心指数。如美国商务部定期公布的经济分析中，消费者信心指数是重要组成部分，它的公布往往会对资本市场产生重大影响，进而还会影响到国家的经济政策的制定和实施。

20 世纪 90 年代，我国经济经过改革开放 20 年的高速发展，市场格局发生了根本的转变，消费的增长逐渐成为拉动经济稳定增长的中心环节，对消费者心理的研究越来越引起经济学界和工商界的重视。1997 年 12 月，我国统计局景气监测中心开始编制中国消费者信心指数，到目前为止，各省市自治区都相继建立或准备建立消费者信心指数调查制度。

各地方统计机关或相关社会机构在编制消费者信心指数时或多或少会存在些差异，但是它们的编制基本原理和主要内容还是大致相同的。

(1) 消费者信心指数的内容

消费者信心指数包括即期指数和预期指数两大类指数；即期指数是指消费者对当前经济状况的评价，由宏观经济形势评价指数、收入评价指数、就业形势评价指数和耐用品购买意愿指数等若干中类指数构成；预期指数表示消费者对未来一段时期经济前景的期望，由经济形势预期指数、收入预期指数、就业预期指数和耐用品购买预期指数等若干中类指数构成；各中类指数又有若干小类指数构成。指数结构见图 6-1。

- 消费者信心
  - 即期信心指数
    - 1. 经济形势评价指数
      - 经济总体状况即期信心指数
      - 物价水平即期信心指数
      - 消费环境即期信心指数
      - 消费政策即期信心指数
      - ……
    - 2. 耐用品购买意向指数
      - 购房即期意愿指数
      - 购车即期意愿指数
      - ……
    - 3. 收入评价指数……
    - 4. 就业形势评价指数……
  - 预期信心指数
    - 1. 经济形势预期评价指数
      - 经济总体状况预期信心指数
      - 物价水平预期信心指数
      - 消费环境预期信心指数
      - 消费政策预期信心指数
      - ……
    - 2. 耐用品购买预期意愿指数
      - 购房预期意愿指数
      - 购车预期意愿指数
      - ……
    - 3. 收入预期评价指数……
    - 4. 就业形势预期评价指数……

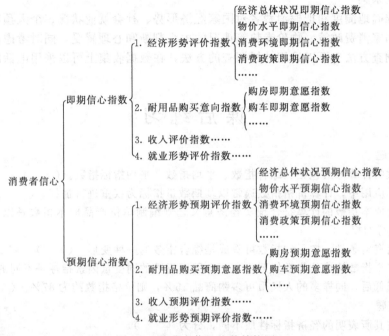

图 6-1 消费者信心指数结构图

(2) 消费者信心指数的编制方法

① 小类指数　某一指标即期（预期）信心指数＝(100×A%＋50×B%＋0×C%－50×D%－100×E%)＋100　A%、B%、C%、D%、E%分别表示被调查者对某一问题的各个选项回答百分比，100 为基数。

例如，你认为目前我们面临的经济形势：

A. 非常好　B. 较好　C. 一般　D. 较差　E. 非常差

A 选项回答百分比 A%＝(回答为 A 选项的频数÷该问题的有效样本数)×100%。

② 中类指数　由该指数下各小类指数合并而成，对每个小类指数采用等权加权平均即可。例如：

经济形势评价指数＝经济总体状况即期信心指数/n＋物价水平即期信心指数/n＋消费环境即期信心指数/n＋消费政策即期信心指数/n＋…

③ 大类指数　计算与中类指数的计算方法相似，只是权重的确定有所变化，不再是等权加权平均，权数要根据实际情况和相关理论或由专家讨论确定。例如：

即期信心指数＝经济形势评价指数×W_1＋收入评价指数×W_2＋就业形势评价指数×W_3＋耐用品购买意向指数×W_4

W_i 为权数，$W_1+W_2+W_3+W_4=100\%$，可以设定 $W_1=30\%$，$W_2=30\%$，$W_3=10\%$，$W_4=30\%$。

④ 总指数

$$消费者信心指数=即期信心指数\times W_1+预期信心指数\times W_2$$

W_1 为权数，$W_1+W_2=100\%$。可以设定 $W_1=40\%$，$W_2=60\%$。

消费者信心指数是为了及时准确地反映消费者信心和各主要方面的心态及其变化趋势，所以反映即期现状的权数要小些，为40%，而反映未来一段时间的消费趋势的预期信心指数的权数要大些，为60%。

(3) 数据采集

为了更准确地测度和把握消费者对国家经济形势、社会就业状况、个人预期收入、个人生活质量、国家消费政策、物价走势等情况的主观判断和心理感受，同时考虑数据收集成本和时效，在调查方法上可以运用抽样调查的方法，在数据收集上可以采用电话问询或问卷调查的方法。

课后练习

一、判断题

1. 总指数的计算形式包括：综合指数、平均指数、平均指标指数。(　　)

2. 在实际应用中，计算价格指数通常以基期数量指标为权重进行加权。(　　)

3. 为了使成本指数的计算符合现实经济意义，则编制单位产品成本指数是以报告期的产品产量做权重进行加权。(　　)

4. 在全面资料条件，按平均指数可看成是综合指数的一种变形。(　　)

5. 在由三个指数构成的指数体系中，两个因素指数的同度量因素指标是不同的。(　　)

6. 价格降低后，同样多的人民币可多购商品15%，则价格指数约为87%。(　　)

二、单选题

1. 指数按其所表明的经济指标性质不同，分为（　　）。

A. 个体指数和总指数　　B. 数量指标指数和质量指标指数

C. 定基指数和环比指数　　D. 平均指数和总指数

2. 某管理局为了全面反映所属各企业生产某种产品总平均成本的变动情况，需要编制（　　）。

A. 可变构成指数　　B. 固定构成指数

C. 结构变动影响指数　　D. 质量指标综合指数

3. 如果已知基期和报告期的商品零售额，并已知每种商品的价格指数，计算价格总指数时，通常采用（　　）。

A. 综合指数公式　　B. 加权算术平均指数

C. 加权调和平均指数　　D. 简单平均指数公式

4. 某企业生产三种产品，今年与去年相比，三种产品出厂价格平均提高了5%，产品销售额增长了20%，则产品销售量增长了（　　）。

A. 114.29%　　B. 14.29%　　C. 126%　　D. 26%

5. 若同样多的人民币多购买商品3%，则物价（　　）。

A. 下降3%　　B. 上升3%　　C. 下降2.9%　　D. 不变

6. 在平均指标指数中，反映结构变动因素的指数是（　　）。

A. 可变构成指数　　B. 固定构成指数　　C. 结构变动影响指数　　D. 平均数指数

7. 总指数的两种计算形式是（　　）。

A. 数量指标指数和质量指标指数　　B. 算术平均数指数和调和平均数指数
C. 综合指数和平均指数　　D. 可变构成指数和固定构成指数

8. 简单现象总量指标因素变动分析的主要特点是（　　）。
A. 相对数分析和绝对数分析都必须使用同度量因素
B. 相对数分析和绝对数分析都可以不使用同度量因素
C. 相对数分析可以不使用同度量因素，绝对数分析必须使用同度量因素
D. 相对数分析必须使用同度量因素，绝对数分析则可以不使用同度量因素

9. 数量指标指数和质量指标指数的划分依据是（　　）。
A. 指数化指标的性质不同　　B. 所反映的范围不同
C. 编制指数的任务不同　　D. 所比较的现象特征不同

10. 甲地区零售商业商品销售额2009年与2008年对比为125%；乙地区生产某种产品的产量2009年与2008年对比为115%，则（　　）。
A. 甲是总指数　　B. 乙是总指数　　C. 两者均是　　D. 两者均不是

11. 已知某工厂生产三种产品，在掌握其基期、报告期生产费用和个体产量指数时，编制三种产品的产量总指数应采用（　　）。
A. 加权调和平均数指数　　B. 加权算术平均数指数
C. 数量指标综合指数　　D. 固定加权算术平均数指数

三、多选题

1. 属于质量指标指数公式的是（　　）。

A. $\dfrac{\sum p_0q_1}{\sum p_0q_0}$　　B. $\dfrac{\sum p_1q_1}{\sum p_0q_1}$　　C. $\dfrac{\sum \frac{q_1}{q_0}p_0q_0}{\sum p_0q_0}$

D. $\dfrac{\sum p_1q_1}{\sum \frac{1}{p_1/p_0}p_1q_1}$　　E. $\dfrac{\sum p_1q_1}{\sum p_1q_0}$

2. 根据经济内容确定综合指数中同度量因素的所属时期一般原则是（　　）。
A. 编制质量指标综合指数，作为同度量因素的数量指标固定在报告期
B. 编制数量指标综合指数，作为同度量因素的质量指标固定在报告期
C. 编制质量指标综合指数，作为同度量因素的数量指标固定在基期
D. 编制数量指标综合指数，作为同度量因素的质量指标固定在基期
E. 编制质量指标综合指数和数量指标综合指数，作为同度量因素的指标都固定在基期

3. 下面公式中属于平均指数公式的是（　　）。

A. $\dfrac{\sum p_1q_1}{\sum q_1}\div\dfrac{\sum p_0q_1}{\sum q_1}$　　B. $\dfrac{\sum p_0q_1}{\sum q_1}\div\dfrac{\sum p_0q_0}{\sum q_0}$　　C. $\dfrac{\sum \frac{q_1}{q_0}p_0q_0}{\sum p_0q_0}$

D. $\dfrac{\sum p_1q_1}{\sum \frac{1}{p_1/p_0}p_1q_1}$　　E. $\dfrac{\sum p_1q_1}{\sum q_1}\div\dfrac{\sum p_0q_0}{\sum q_0}$

4. 进行平均指标变动的因素分析，需要编制的指数有（　　）。
A. 结构变动影响指数　　B. 调和平均数指数
C. 可变构成指数　　D. 固定构成指数
E. 算术平均数

5. 下列哪些指数属于派许指数（　　）。

A. $\dfrac{\sum p_1q_0}{\sum p_0q_0}$　　B. $\dfrac{\sum p_1q_1}{\sum p_0q_1}$　　C. $\dfrac{\sum p_0q_1}{\sum p_0q_0}$

D. $\frac{\sum p_1 q_1}{\sum p_1 q_0}$　　E. $\frac{\sum p_1 q_1}{\sum p_0 q_0}$

6. 下列属于质量指标指数的有（　　）。

A. 工资总额指数　　B. 产量指数　　C. 单位成本指数

D. 劳动生产率指数　　E. 原材料单耗指数

7. 下列属于数量指标指数的有（　　）。

A. 销售额指数　　B. 总成本指数　　C. 职工人数指数

D. 价格指数　　E. 利润指数

8. 指数的作用主要是（　　）。

A. 综合反映现象在一定时期的发展规模和水平

B. 综合反映现象在一定时期的变动状态

C. 分析现象在未来一段时期的发展变化趋势

D. 分析现象在一定时间地点条件下的一般水平

E. 分析现象总体变动中受各个因素的影响程度

9. 属于数量指标指数的有（　　）。

A. 产品产量指数　　B. 多种产品产值指数　　C. 商品销售量指数

D. 职工人数指数　　E. 工资总额指数

10. 根据三种产品基期和报告期的生产费用、产品单位成本的个体指数编制的三种产品成本指数属于（　　）。

A. 总指数　　B. 综合指数　　C. 平均指数

D. 固定构成指数　　E. 调和平均数指数

11. 对某商店某时期商品销售额的变动情况进行分析，其指数体系包括（　　）。

A. 销售量指数　　B. 销售价格指数　　C. 总平均价格指数

D. 销售额指数　　E. 个体指数

四、计算题

1. 某商店三种商品销售资料如下：

商品名称	计量单位	销售量		价格/元	
		2008年	2009年	2008年	2009年
甲	公斤	300	360	0.42	0.45
乙	件	200	200	0.30	0.36
丙	袋	1400	1600	0.20	0.28

试从相对数和绝对数两方面分析该商店三种销售额2009年比2008年的增长情况，并分析其中由于销售量及价格变动造成的影响。

2. 已知某工厂2009年生产的三种产品资料如下：

产品名称	计量单位	产量	单位成本(元)	2009年单位成本比2008年提高(%)
甲	件	200	50	5
乙	台	400	200	10
丙	吨	1000	100	20

要求：(1) 三种产品单位成本总指数；(2) 分析单位成本变动对总生产费用变动造成的影响。

3. 某工种工人工资调整后各级的工资标准和人数如下：

工资级别	工资标准(元)		工人人数(人)	
	调整前 x_0	调整后 x_1	调整前 f_0	调整后 f_1
一级	300	350	450	300
二级	400	450	450	450
三级	500	550	550	500
四级	700	800	550	600
五级	900	1000	150	300
六级	1200	1300	50	150

列出计算表，并从相对数和绝对数两方面进行下列分析：

(1) 工资总额变动中该工种全部工人人数变动的影响和该工种总平均工资变动的影响；

(2) 工资总额变动中各组工人人数变动的影响和各组工资标准变动的影响；

(3) 工资总额变动中该工种全部工人人数变动的影响、各组工人人数构成变动的影响、各组工资标准变动的影响；

(4) 该工种总平均工资变动中各组工人人数构成变动的影响和各组工资标准变动的影响；

(5) 各组工人人数变动对工资总额变动的影响中，该工种全部工人人数变动的影响和各组工人人数构成变动的影响。

7 相关分析和回归分析

唯物辩证法认为事物的联系是普遍、客观的，研究客观事物的相互关系，在做定性分析的同时更要做定量分析，以测定它们联系的紧密程度，进而揭示它们之间的变化关系。相关分析和回归分析就是进行定量分析的重要方法。

7.1 相关分析

7.1.1 相关关系的概念

客观事物或现象之间是普遍联系的，一种事物或现象的变动往往依存于其他事物或现象的变动，亦或会致使其他事物或现象发生变动，而这种事物或现象之间的变动关系往往体现为某些数量的变动关系。客观事物或现象间的这种数量的变动关系可以分为两种不同的类型：函数关系和相关关系。

当一个或若干个变量的每一个或每一组取值，都有另外一变量的确定值与之相对应时，我们把后者与前者之间的关系称为函数关系，这种关系可以用数学表达式精确的表示出来。如对于圆的半径（r）的每一个取值，都有一个确定的面积（S）与它相对应，并且他们之间的关系可以用 $S=\pi r^2$ 表示。再如商品的销售额（W）与销售量（Q）和单价（P）的关系可以用 $W=QP$ 表示等，这样的函数关系广泛存在于我们的身边。

与函数关系不同，相关关系是一种不确定的依存关系。对应于一个或若干个变量的每一个或每一组取值时，另一个变量取值却有几个甚至很多个，后者和前者不是没有关系，只是它们的关系不像函数关系那样确定，是相关关系。如人的身高和体重，一般来说身高高者体重也重，但是具有相同身高的人，体重却有差异，之所以存在差异，是因为人的体重受身高影响外，还受遗传、饮食习惯、运动等其他因素的影响。再如投资与产出、劳动生产率和成本、劳动生产率和利润之间的关系都是相关关系，不胜枚举。

在现实中，由于观察误差的存在，变量之间函数关系往往以相关关系表现出来，而对于相关关系，我们又常常寻找一个函数来近似地说明变量之间的相关关系。

7.1.2 相关关系的种类

从不同的角度可以对相关关系的种类做以下几种划分。

(1) 按变量的多少可分为单相关和复相关

所谓单相关（又称一元相关），是指两个变量之间的相关关系，即研究一个自变量与一个因变量之间的相关关系，如土地施肥量与产量、收入与储蓄额、学习时间与考试成绩等；复相关（又称多元相关），是指三个或三个以上变量之间的相关关系，即研究一个因变量与多个自变量之间的相关关系，如降雨量、施肥量、种植面积与产量的关系。

(2) 按相关的表现形式可分为线性相关和非线性相关

线性相关是指如果某一变量数值发生变动，另一变量数值按一个大致的比例变动，从平面直角坐标系中看，这两个变量形成的点近似的分布在一直线上，这种相关关系就为线性相关，也称为直线相关。

非线性相关是指如果某一变量发生变动，另一变量数值也随之发生变动，但这种变动不是近似按一固定比例变动，在直角坐标系中，两变量形成的点表现为曲线形式，这种相关关系称为非线性相关，或称为曲线相关。

(3) 按相关的方向分为正相关和负相关

正相关是指对于具有相关关系的两个变量 x 与 y，当变量 x 数值增加（或减少）时，变量 y 的数值也将随之相应的增加（或减少），即变量 y 和变量 x 的变动方向是一致的。例如，收入越多，则消费支出也增加；儿童数量增加，玩具的销售量也会增加等，它们都是正相关关系。

负相关是指当变量 x 的数值增加（或减少），变量 y 的数值反而随之减少（或增加），即变量 x 与变量 y 的变动方向是相反的，这种相关关系称为负相关。例如，劳动生产率提高，产品成本降低；商品价格降低，销售量增加等，它们都是负相关关系。

(4) 按相关的程度可分为完全相关、不完全相关和不相关

完全相关是指两个变量之间，当变量 x 改变一定量时，变量 y 的改变量是一个确定的量，则这两个变量间的关系称为完全相关，此种关系实际上就是函数关系。如前面提到的圆的面积与半径之间的关系、商品销售额与价格的关系等都是完全相关关系。

不相关是指当变量之间没有任何关系，而是各自独立，互不影响，则称为不相关（零相关）。如天上的星星数和某人头发数、打喷嚏的个数与骂你的人数等都是不相关的。

不完全相关是指若干变量之间的关系介于完全相关与不相关之间，则称为不完全相关。不完全相关也就是我们一般意义上所讲的相关关系，是我们进行相关分析的主要对象。

7.1.3 相关分析

相关分析就是对相关关系进行分析研究，说明变量间的相互依存关系的密切程度的一种统计学方法。

(1) 相关关系的判定

判定变量间是否有依存关系是进行相关分析的前提，也是相关分析的一部分。根据认识事物从易到难的规律性，首先可采用定性分析的办法来初步判定，其次利用一些工具如相关表、相关图等做进一步的分析判定。

所谓定性分析就是根据现实情况，利用常识、专业理论知识、实践经验等进行判断。比如利用生物遗传学理论我们可以判断子女的身高和父母的身高相关，利用经济学理论我们可以判断物价水平和市场中货币的投入量相关，利用常识可知一批灯泡的寿命与生产它们的工人的体重无关等等。

在利用常识、专业理论知识、实践经验等判断变量之间是否相关的基础上，可利用相关表和相关图做进一步分析，判定相关的方向、形式等。

相关表就是一变量按大小顺序，其他变量相应排列所形成的表格。如 10 名男同学的身高和体重的数据表 7-1 就是一个相关表。

表 7-1 身高与体重相关表

同学	1	2	3	4	5	6	7	8	9	10
身高(cm)	162	165	167	170	172	173	176	180	183	186
体重(kg)	54	56	63	61	66	65	69	71	70	73

从表中可以看出，随着身高的增加，体重总的来说也是提高的，可以判断人的身高和体重这两变量是相关的，而且是正相关。

如果觉得相关表不能直观的反映变量之间的相关性，还可以将相关表转化为相关图。相关图又叫散点图，它是将两个变量对应值所形成的点在直角坐标系中描绘出来，从而表现两变量之间的关系。例如将表 7-1 的资料绘制成相关图 7-1，从图中可以看出这些点大概在一条线上，可以判定人的身高与体重变量成线性正相关关系。

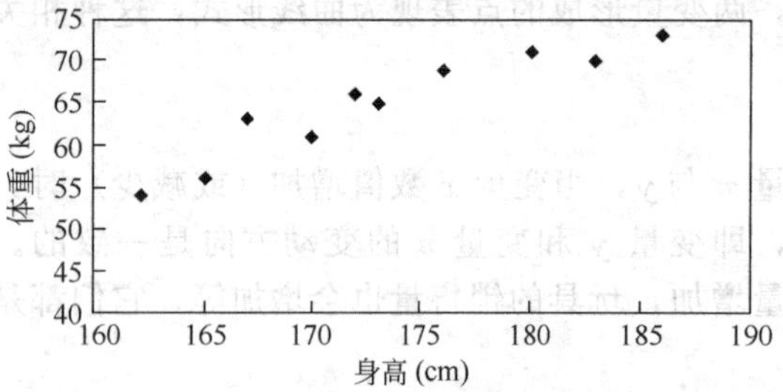

图 7-1 身高与体重相关图

(2) 相关程度的测定

变量的相关性按表现形式可分为线性相关和非线性相关，对于非线性相关的变量可以通过处理转化为线性相关关系。如自由落体的下降速度（V）与时间（t）是非线性相关的，若将时间（t）的平方 t^2 看成是一个变量 T，则 V 和 T 就是线性相关的了。所以，无论是线性相关还是非线性相关，相关程度多可以通过线性相关来直接或间接测定。

线性相关程度的测定是用相关系数 r 来表示的，假设变量 X 和 Y 线性相关，则它们的相关系数 r 为：

$$r=\frac{{\delta_{xy}}^2}{\delta_x\delta_y}=\frac{\frac{1}{n}\sum(x-\overline{x})(y-\overline{y})}{\sqrt{\frac{1}{n}\sum(x-\overline{x})^2}\sqrt{\frac{1}{n}\sum(y-\overline{y})^2}}$$
$$=\frac{\sum(x-\overline{x})(y-\overline{y})}{\sqrt{\sum(x-\overline{x})^2}\sqrt{\sum(y-\overline{y})^2}}$$
$$=\frac{\sum xy-n\,\overline{x}\overline{y}}{\sqrt{\sum x^2-n\,\overline{x}^2}\sqrt{\sum y^2-n\,\overline{y}^2}}$$
$$=\frac{n\sum xy-\sum x\sum y}{\sqrt{n\sum x^2-(\sum x)^2}\sqrt{n\sum y^2-(\sum y)^2}} \tag{7-1}$$

公式(7-1) 中 ${\delta_{xy}}^2=\frac{1}{n}\sum(x-\overline{x})(y-\overline{y})$为变量 X 与 Y 的协方差，$\delta_x=\sqrt{\frac{1}{n}\sum\ (x-\overline{x})^2}$、$\delta_y=\sqrt{\frac{1}{n}\sum\ (y-\overline{y})^2}$ 分别为 X 和 Y 的标准差。

由公式(7-1) 可知 $-1\leqslant r\leqslant 1$，r 的正负和大小有以下含义：

① $r<0$ 说明 X 与 Y 负相关；$r>0$ 说明 X 与 Y 正相关；

② $|r|=1$ 说明 X 与 Y 完全相关；$0.8\leqslant|r|<1$ 说明 X 与 Y 高度相关；$0.5\leqslant|r|<0.8$ 说明 X 与 Y 显著相关；$0.3\leqslant|r|<0.5$ 说明 X 与 Y 低度相关；$0<|r|<0.3$ 说明 X 与 Y 微弱相关；$r=0$ 说明 X 与 Y 完全不相关。

注意，以上两点中所说的（不）相关均是指线性（不）相关，比如当 $r=0$ 只能说明 X 和 Y 之间不存在线性相关关系，而不能说明它们不相关或不存在非线性相关关系。

(3) 相关系数的计算

相关系数的计算所采用的公式可以根据所掌握的资料进行选择，一般采用公式(7-1) 中最后一个等式来计算，即：

$$r=\frac{n\sum xy-\sum x\sum y}{\sqrt{n\sum x^2-(\sum x)^2}\sqrt{n\sum y^2-(\sum y)^2}} \tag{7-2}$$

【例 7-1】 某产品的有关资料如表 7-2，试测定产量与生产费用的相关程度。

表 7-2 某产品产量与生产费用资料

企业编号	产量 X（万台）	生产费用 Y(万元)	企业编号	产量 X（万台）	生产费用 Y(万元)
1	40	130	7	84	165
2	42	150	8	100	170
3	50	155	9	116	167
4	55	140	10	125	180
5	65	150	11	130	175
6	78	154	12	140	185

从表 7-2 中数据可以看出生产费用随着产量的增加而上升，初步判定两者之间是相关的，至于是否是线性相关，可以利用产量与生产费用相关图（图 7-2）来判断。

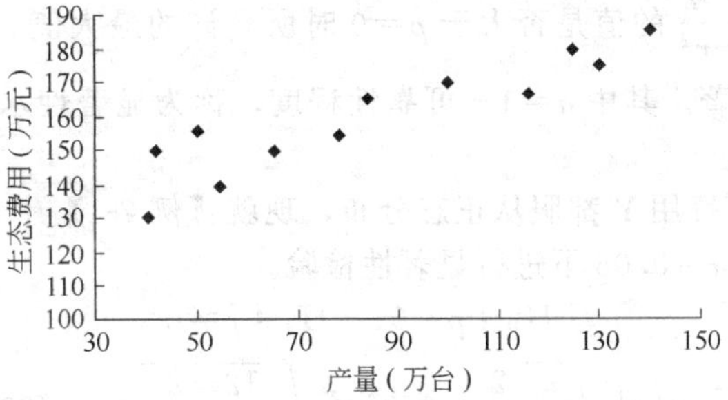

图 7-2 产量与生产费用相关图

从图 7-2 可以看出，生产费用和产量存在高度依存关系，产量增加，生产费用也随之增加，并且产量与费用所形成的点大概成一条直线，可以判定产量和生产费用存在线性相关关系。通过下面的相关计算表（表 7-3）和公式(7-2) 计算出相关系数 r。

表 7-3 产量与生产费用相关系数计算表

企业编号	产量 X（万台）	生产费用 Y（万元）	X^2	Y^2	XY
1	40	130	1600	16900	5200
2	42	150	1764	22500	6300
3	50	155	2500	24025	7750
4	55	140	3025	19600	7700
5	65	150	4225	22500	9750
6	78	154	6084	23716	12012
7	84	165	7056	27225	13860
8	100	170	10000	28900	17000
9	116	167	13456	27889	19372
10	125	180	15625	32400	22500
11	130	175	16900	30625	22750
12	140	185	19600	34225	25900
合计	1025	1921	101835	310505	170094

$$r=\frac{n\sum xy-\sum x\sum y}{\sqrt{n\sum x^2-(\sum x)^2}\sqrt{n\sum y^2-(\sum y)^2}}$$

$$=\frac{12\times170094-1025\times1921}{\sqrt{12\times101835-1025^2}\sqrt{12\times310505-1921^2}}$$

$$=0.92$$

$r=0.92>0.8>0$，说明产量和生产费用呈高度的线性正相关关系。

(4) 相关系数的检验

在求两个变量相关系数时，一般都是利用样本数据进行计算的，而样本数据都具有一定的随机性，存在抽样误差，当样本容量比较小时，利用样本数据计算出两变量的相关系数 r 的可信程度就比较小。此时，利用样本数据计算的相关系数 r 不为 0，就不一定能说明总体中两变量的相关系数 ρ 不为 0，因此需要对相关系数的可靠性进行检验，即显著性检验。

检验的思想是：在一定的可靠性程度（比如 95%）下，考察服从正态分布的两变量 X 和 Y 的 n 对样本数据计算出的不为 0 的相关系数 r 是否满足总体相关系数 ρ 为 0 的条件，也就是考察 $t=|r|\sqrt{\frac{n-2}{1-r^2}}$ 的值是否大于 $\rho=0$ 时所允许的最大值 $t_{\alpha/2}(n-2)$，若大于则认为 r 显著，否则 r 不显著。其中 $\alpha=1-$可靠性程度，称为显著性水平，$t_{\alpha/2}(n-2)$ 的值可在 t 分布临界表中查到。

假设产量 X 和生产费用 Y 都服从正态分布，现就【例 7-1】中 12 对样本数据计算出的相关系数在显著性水平 $\alpha=0.05$ 下进行显著性检验。

$$H_0: \rho=0;\quad H_1: \rho\neq0$$

$$t=|r|\sqrt{\frac{n-2}{1-r^2}}=0.92\times\sqrt{\frac{12-2}{1-0.92^2}}=7.423$$

查 t 表得，$t_{0.05/2}$ (12－2) $=t_{0.025}$ (10) $=2.228$

可见，在显著性水平 $\alpha=0.05$ 下，$t=7.423>t_{0.025}(10)=2.228$，故我们可以拒绝假设 $H_0: \rho=0$，接受被择假设 $H_1: \rho\neq0$，样本相关系数 $r=0.92$ 是显著的，产量 X 和生产费用 Y 两变量线性相关。

7.2 回归分析

7.2.1 回归分析的概念

“回归”（Regression）一词首先出现于 19 世纪英国著名生物学家高尔顿（Galton，1822～1911）的《自然遗传》中。1870 年，他在研究人类遗传问题发现一个有趣的现象：高个子父母的子女身高一般比父母低，而矮个子父母的子女身高一般比他们要高，即子女的身高有向父母的平均身高靠近的趋势，高尔顿把这种趋势称为“回归”，这就是统计学上最初出现的“回归”的含义。

随着统计学的发展，现在“回归”一词的概念已经没有生物学上的那个原始意义了，而是指变量之间的依存关系，对这种关系的分析便是回归分析。具体的讲，回归分析就是指对具有相关关系的两个或多个变量之间的数量变化进行数量测定，配合一定的数学方程或者说数学模型，来大概地表示变量之间的数量关系，以便由自变量的数值对因变量的可能值进行估计或预测的一种统计分析方法。

回归分析和相关分析都是对客观事物数量依存关系进行分析，所以它们有着紧密的联系。只有存在高度相关关系的变量才有可能进一步做回归分析，相关程度越高，回归分析的结果越可靠，所以相关系数的大小也是衡量回归效果的一个重要依据；反之，回归分析在相关分析的基础上表明变量间相关的具体形式，通过回归分析所建立的模型计算出来的参数也可以推算出相关系数。

回归分析与相关分析之间有联系，也有区别。首先，相关分析研究变量之间相关的方向和相关的密切程度，但不能指出两变量相互关系的具体形式，也无法从一个变量的变化来推测另一个变量的变化关系。回归分析则是通过一定的数学方程来反映变量之间相互关系的具体形式，以便从一个已知量来推测另一个未知量，为估算、预测提供一个重要的方法。其次，相关分析所涉及的变量没有因果之分，不必确定哪个变量是因变量，哪个是自变量，它们都是随机变量，地位独立、平等。但是在回归分析时则必须分辨出哪个变量是因变量，哪个变量是自变量。另外，在回归分析中通常视因变量为随机变量，把自变量看成是可控制或给定的非随机变量。

7.2.2 回归分析的种类

回归分析的分类方法主要有以下三种：

① 根据自变量的个数不同，可将回归分析分为一元回归分析和多元回归分析。当自变量只有一个时，称为一元回归分析，当自变量有两个或多个时，称为多元回归分析。

② 根据回归曲线的形状不同，可将回归分析分为线形回归分析和非线性回归分析。根据回归分析的方法，得出的数学表达式称为回归方程，它有多种形式，可以是直线方程，也可以是曲线方程。若是直线方程则为线性回归分析，若是曲线方程，则为非线性回归分析。

③ 根据自变量的个数和回归曲线的不同，可分为一元线性回归分析、一元非线性回归分析、多元线性回归分析和多元非线性回归分析，这是以上两种分类结果的组合。例如，用来表明两个变量（其中之一为自变量）之间线性相关关系的方程式，称为一元线性回归方程或简单线性回归方程，这种分析方法就称为一元线性回归分析，也称简单线性回归分析。

7.3 一元线性回归分析

7.3.1 一元线性回归方程

假设 X 和 Y 是具有线性相关的两个变量，其中 X 是自变量，Y 是因变量，则 Y 和 X 可建立如下一元线性回归模型：

$$Y_i=\alpha+\beta X_i+\varepsilon_i$$

其中，Y_i、X_i 分别为 Y、X 的第 i 个观察值，α、β 为待定参数，ε_i 为随机误差项。

随机误差项 ε_i 也称随机干扰项，用它来反映除 X 以外的其他因素对 Y 的影响，所以它是一个特殊的随机变量，它的特殊性还体现为以下两个假设：

① ε_i 与 ε_j $(i\neq j)$ 是相互独立的；

② $\varepsilon_i \sim N(0,\ \delta^2)$，即 $E(\varepsilon_i)=0$，$D(\varepsilon_i)=\delta^2$。

由 ε_i 的定义及其两个假设可知：Y_i 与 Y_j $(i\neq j)$ 也是相互独立的，且 $Y_i \sim N(\alpha+\beta X_i,\ \delta^2)$，从而有 $E(Y_i)=\alpha+\beta X_i$，$D(Y_i)=\delta^2$。

其中 $E(Y_i)=\alpha+\beta X_i$ 就是回归方程，说明对于自变量 X 的每一个取值 X_i，相应的 Y_i 的期望值为 $\alpha+\beta X_i$，这是在回归分析中对于给定 X 的值进而对 Y 的值进行预测、控制的基本原理。

7.3.2 一元线性回归方程参数的确定

在现实的研究中，由于总体数值一般都很多，有的甚至无限多，以及其他因素的限制，

我们无法掌握 X 与 Y 的全部数值（否则就不存在利用给定 X 的值对 Y 的值进行预测、控制之说了），因此，总体回归方程是无法确切知道的，只能用样本的信息对总体的回归方程进行估计。

对总体回归方程的估计归根到底是对待定参数 α 与 β 的估计。通过 X 与 Y 的已知数值或抽样数据计算出统计量 a 和 b，用它们来作为未知参数 α 与 β 的估计值，从而得到样本的回归方程：

$$\hat{Y}_i = a + bX_i \tag{7-3}$$

根据样本数据得到的此回归方程称为估计的一元线性回归方程，其中 $\hat{Y}_i$ 为 $E(Y_i)$ 的估计值，a 为截距系数，b 为斜率系数。

样本回归方程可以作为总体回归方程的估计，两者之间有很大的区别。首先，总体回归方程虽然是未知的，但却是客观存在并且是唯一的、确定的，样本回归方程是根据样本数据拟合而来，它随着样本数据取值的不同而发生改变，也就是说样本回归方程不唯一。其次，总体回归方程中参数 α 与 β 虽然是未知的，但也是确定的，是常数，样本回归方程中的 a 和 b 会随着随机抽取的 X 与 Y 的样本数值的不同而不同，它们是随机变量。

需要说明的是，$\hat{Y}_i$ 是由 X 与 Y 的 n 对样本数值计算出 a 和 b 之后再根据公式(7-3) 计算出来的，它与 X_i 所对应的实际值 Y_i 一般是不等的，Y_i 与 $\hat{Y}_i$ 的关系可以用公式(7-4) 表示。

$$Y_i = \hat{Y}_i + e_i = a + bX_i + e_i \tag{7-4}$$

其中，e_i 称为残差，其值可以计算出来，即 $e_i = Y_i - \hat{Y}_i$。

接下来，问题的关键在于我们该如何计算样本的回归方程中系数 a 和 b。一般情况下，样本回归方程若能使估计值 $\hat{Y}_i$ 整体上与实际值 Y_i 最接近，残差 e_i 的总量达到最小，此时的样本回归方程就是最理想的。因为 e_i 有正有负，简单的代数和会出现正负抵消的现象，所以 $\sum e_i$ 表示残差总量不合适，为了便于数学处理，同时又能衡量残差总量的大小，一般采用 $\sum e_i^2$ 作为衡量估计值 $\hat{Y}$ 与实际值 Y 总偏差的指标。可以认为，$\sum e_i^2$ 越小，样本的回归方程代表性就越好，当 $\sum e_i^2$ 达到最小时，得到的样本回归方程作为总体回归方程的估计方程就是最优的。

可以用最小二乘法来求 $\sum e_i^2$ 的最小值，当然，我们的目的不是求 $\sum e_i{}^2$ 的最小值，而是求当 $\sum e_i^2$ 最小时 a 和 b 的值。令 $Q = \sum e_i^2$，则：

$$Q = \sum e_i{}^2 = \sum (Y_i - \hat{Y}_i)^2 = \sum (Y_i - a - bX_i)^2 \tag{7-5}$$

从公式(7-5) 可以看出，当样本数据确定时，Y_i、X_i 都是已知确定的，残差的平方和 $Q = \sum e_i^2$ 的大小就取决于 a 和 b 的取值，可以把 Q 看成是 a 和 b 的一个二元函数。根据数学知识中求极值的原理，当 Q 取得极小值时，Q 对 a 和 b 的偏导数必然都为零。反过来，在实际应用中，一般情况下，Q 对 a 和 b 的偏导数都为零时，Q 取得极小值，这个极小值也是最小值。

分别对 a 和 b 求偏导数，并令其为零：

$$\frac{\partial Q}{\partial a} = 2\sum (Y_i - a - bX_i)(-1) = 0 \tag{7-6}$$

$$\frac{\partial Q}{\partial b} = 2\sum (Y_i - a - bX_i)(-X_i) = 0 \tag{7-7}$$

整理后可得关于 a 和 b 的两个标准方程式：

$$\sum Y_i = na + b\sum X_i$$
$$\sum X_iY_i = a\sum X_i + b\sum X_i{}^2$$

解得：

$$b=\frac{n\sum X_iY_i-\sum X_i\sum Y_i}{n\sum X_i{}^2-(\sum X_i)^2} \tag{7-8}$$

$$a=\frac{1}{n}\sum Y_i-\frac{b}{n}\sum X_i=\overline{Y}-b\,\overline{X} \tag{7-9}$$

以上两个公式(7-8) 和公式(7-9) 就是计算样本回归方程的系数 a 和 b 的公式，也就是估计总体回归方程的系数 α 和 β 的公式。其中，$\overline{X}$、$\overline{Y}$分别是 X 与 Y 的样本数据的平均值。

将计算出 a 和 b 代入公式(7-3) 便得到样本的回归方程，也就是总体回归方程的估计方程了。

【例 7-2】 根据【例 7-1】的分析，生产费用与产量是线性相关的，可以将表 7-2 中 12 组生产费用与产量数据看作一个样本数据，求得样本的一元线性回归方程，进而说明所有生产该产品的企业的生产费用与产量之间的关系。

一般认为生产费用受产量的影响，即把产量看成是自变量 X，把生产费用看成是因变量 Y，根据表 7-2，得到一元线性回归计算表 7-4。

表 7-4 一元线性回归计算表

企业编号	产量 X（万台）	生产费用 Y（万元）	X^2	Y^2	XY
1	40	130	1600	16900	5200
2	42	150	1764	22500	6300
3	50	155	2500	24025	7750
4	55	140	3025	19600	7700
5	65	150	4225	22500	9750
6	78	154	6084	23716	12012
7	84	165	7056	27225	13860
8	100	170	10000	28900	17000
9	116	167	13456	27889	19372
10	125	180	15625	32400	22500
11	130	175	16900	30625	22750
12	140	185	19600	34225	25900
合计	1025	1921	101835	310505	170094

将表 7-4 中的合计数代入公式(7-6) 和公式(7-7) 中，可得：

$$b=\frac{12\times170094-1025\times1921}{12\times101835-1025^2}=0.42$$

$$a=1921/12-0.42\times1025/12=124.21$$

样本回归方程为：

$$\hat{Y}_i=124.21+0.42X_i$$

此回归方程表明，该产品每增加 1 万台的产量，平均来讲，生产费用就会增加 0.42 万元；产量为零时的固定生产费用为 124.21 万元。

7.3.3 一元线性回归方程拟合优度的测定

利用样本数据按照最小二乘法所求的回归方程作为总体回归方程的估计方程是最理想的，最能够说明 Y 和 X 之间的变动关系。但是，样本值 X 与 Y 所构成的点是不是紧密的分布在回归方程所表示的直线两侧，这些点的分布在多大程度上可以用这条直线来表示，也就是说所求得的回归直线的拟合优度如何，这关系到回归模型的应用价值。这里介绍测定回归直线的拟合优度的两个指标：判定系数和估计标准误。

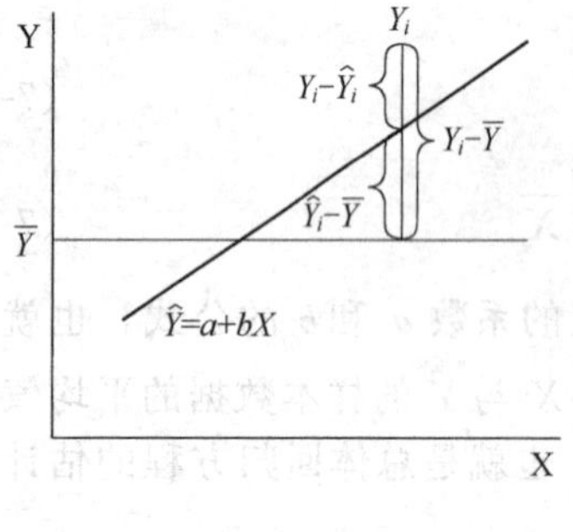

图 7-3 判定系数分析图

(1) 判定系数

判定系数，也称为可决系数，一般用 r^2 来表示，下面结合图 7-3 来说明判定系数的意义和计算过程。

为清晰起见，图 7-3 中没有把所有样本值点 (X_i, Y_i) 画出来。设某一点 Y 的值为 Y_i，它到 $\overline{Y}$ 的离差 $(Y_i-\overline{Y})$ 被回归线分割成两部分：回归离差 $(\hat{Y}_i-\overline{Y})$ 和剩余离差 $(Y_i-\hat{Y}_i)$，即 $Y_i-\overline{Y}=(\hat{Y}_i-\overline{Y})+(Y_i-\hat{Y}_i)$。对于总偏差 $\sum(Y_i-\overline{Y})^2$ 和总回归偏差 $\sum(\hat{Y}_i-\overline{Y})^2$ 与总剩余偏差 $\sum(Y_i-\hat{Y}_i)^2$ 也有类似的关系，即：$\sum(Y_i-\overline{Y})^2=\sum(\hat{Y}_i-\overline{Y})^2+\sum(Y_i-\hat{Y}_i)^2$，因为：

$$\begin{aligned}\sum(Y_i-\overline{Y})^2&=\sum(\hat{Y}_i-\overline{Y}+Y_i-\hat{Y}_i)^2\\&=\sum(\hat{Y}_i-\overline{Y})^2+\sum(Y_i-\hat{Y}_i)^2+2\sum(\hat{Y}_i-\overline{Y})(Y_i-\hat{Y}_i)\\&=\sum(\hat{Y}_i-\overline{Y})^2+\sum(Y_i-\hat{Y}_i)^2\end{aligned}\tag{7-10}$$

其中，利用公式(7-6) 和公式(7-7) 可以证明 $\sum(\hat{Y}_i-\overline{Y})(Y_i-\hat{Y}_i)=0$。此式说明 Y 的实际值与其均值 $\overline{Y}$ 的总偏差可以分解成两部分：一部分是回归偏差，即 Y 受 X 的影响而形成的偏差，称为被回归解释的偏差；另一部分为其他不确定因素对 Y 的影响而产生的剩余偏差，也称为未被解释的偏差。当总偏差一定时，回归偏差和剩余偏差便呈现出此消彼长的关系，回归偏差越大，剩余偏差就越小，反之回归偏差越小，剩余偏差越大。如果 Y 的实际值都紧密的分布在回归直线附近，则剩余偏差就很小，总偏差 $\sum(Y_i-\overline{Y})^2$ 主要由回归偏差 $\sum(\hat{Y}_i-\overline{Y})^2$ 来解释。判定系数 r^2 就是以回归偏差占总偏差的比率来衡量回归模型的拟合优度的评价指标。

$$r^2=\frac{\text{回归偏差}}{\text{总偏差}}=\frac{\sum(\hat{Y}_i-\overline{Y})^2}{\sum(Y_i-\overline{Y})^2}\tag{7-11}$$

一般情况下，r^2 介于 0 到 1 之间，r^2 值越大说明 X 与 Y 的直线依存关系越紧密，特别的，当 $r^2=1$ 时，说明总离差可以完全由回归偏差来解释，所有的观测值都在回归直线上，X 与 Y 就是确定的函数关系，当 $r^2=0$ 时，说明 X 与 Y 无关。

r^2 的计算取决于 X 与 Y 的样本值，是样本值的函数，可以根据公式(7-11) 来计算，也可以完全根据样本原始数据按公式(7-12) 来计算。

$$r^2=\frac{an\sum Y_i+bn\sum X_iY_i-(\sum Y_i)^2}{n\sum Y_i{}^2-(\sum Y_i)^2}\tag{7-12}$$

【例 7-3】 利用表 7-4 数据可以计算出【例 7-2】中回归方程的判定系数：

$$r^2=\frac{124.21\times12\times1921+0.42\times12\times170094-1921\times1921}{12\times310505-1921\times1921}=0.85$$

说明这条回归直线的拟合优度是比较好的。

(2) 估计标准误

根据总偏差、回归偏差及剩余偏差之间的关系，可知回归偏差的大小或者其与总偏差比率的大小可以从正面说明回归直线的拟合优度，剩余偏差的大小可以从反面说明回归直线的拟合优度，即剩余偏差越小，回归直线的拟合越好，否则越差。若定义估计标准误为：

$$S_{XY}=\sqrt{\frac{\sum(Y_i-\hat{Y}_i)^2}{n-2}} \tag{7-13}$$

则估计标准误与剩余偏差的变化方向相同，即估计标准误越小，回归直线的拟合越好，否则越差。

估计标准误同样也是样本数值的函数，可利用样本数据直接计算，公式如下：

$$S_{XY}=\sqrt{\frac{\sum Y_i^2-a\sum Y_i-b\sum Y_iX_i}{n-2}} \tag{7-14}$$

【例 7-4】 利用表 7-4 数据可以计算出【例 7-2】中回归方程的估计标准误：

$$S_{XY}=\sqrt{\frac{310505-124.21\times1921-0.42\times170094}{12-2}}=6.77$$

估计标准误为 6.77 是大是小不好评判，所以它作为回归模型的拟合优度的评价指标远不如判定系数来的理想、直观。

与判定系数相比，估计标准误有计量单位、没有取值范围，是绝对数，它只能对同一研究对象的不同样本数值得到的回归模型的优劣做比较，却不便于对不同研究对象的回归模型的拟合优度做比较。

7.3.4 一元线性回归模型的显著性检验

无论是判定系数还是估计标准误，都是测定回归模型对样本数据的拟合优度的。由于样本数据是从总体中随机抽取的，会受到抽样误差的影响，其回归方程所确定的 Y 与 X 之间的线性关系是否显著，是否适合总体 Y 与 X 的值，给定 X 的值估计出的 Y 的值是否有效等，必须对回归模型做显著性检验才能做出判断。回归模型的显著性检验主要包括两部分，一是对模型中的各回归系数的检验，二是对回归方程整体进行检验。一元线性回归模型主要是说明一个自变量 X 对应变量 Y 的影响关系的，所以这里对回归系数显著性检验和对整个回归方程做显著性检验是等价的，或者说效果是一样的。

(1) 回归系数的显著性检验

回归系数的显著性检验就是根据样本估计值对总体回归系数的相关假设进行检验。在样本回归方程中，一般 b 不等于 0，这说明 X 对 Y 有显著影响，那么总体回归方程中 β 是否也不等于 0？这需要利用样本回归系数来检验。

首先针对总体回归系数 β 做如下假设：

$$H_0:\beta=0,\quad H_1:\beta\neq0$$

其中 $H_0:\beta=0$ 为原假设，$H_1:\beta\neq0$ 为被择假设。

其次，确定显著性水平 α。一般情况下取 $\alpha=0.05$ 或者 $\alpha=0.01$。

然后构造检验统计量，确定临界值。在大样本条件下构造 Z 统计量 $Z=\frac{b-\beta}{S_b}=\frac{b}{S_b}$，可查标准正态分布表确定临界值；在小样本条件下应构造 t 统计量 $t=\frac{b-\beta}{S_b}=\frac{b}{S_b}$，此统计量服从自由度为 $(n-2)$ 的 t 分布，可查 t 分布表确定临界值 $t_{\alpha/2}$。其中：$S_b=\sqrt{\frac{S_{XY}^2}{\sum(X_i-\overline{X})^2}}=\frac{S_{XY}}{\sqrt{\sum(X_i-\overline{X})^2}}=\sqrt{\frac{\sum Y_i^2-a\sum Y_i-b\sum Y_iX_i}{(n-2)(\sum X_i^2-n\overline{X}^2)}}$，为系数 b 的估计标准差。

最后做出判断。若 Z 值或 t 值的绝对值大于临界值的绝对值，就拒绝原假设 $H_0: \beta=0$，接受备择假设 $H_1: \beta\neq 0$，即回归系数通过显著性检验；否则只能接受原假设，即回归系数没有通过显著性检验。

【例 7-5】 设显著性水平 $\alpha=0.05$，利用【例 7-2】的资料对回归方程 $\hat{Y}_i=124.21+0.42X_i$ 的系数 $b=0.42$ 进行显著性检验，说明产量对生产费用是否有显著影响。

解：提出假设：$H_0: \beta=0$，$H_1: \beta\neq 0$

根据表 7-4 计算 S_b，得：

$$S_b=\frac{S_{XY}}{\sqrt{\sum(X_i-\overline{X})^2}}=\frac{S_{XY}}{\sqrt{\sum X_i{}^2-(\sum X_i)^2/n}}=\frac{6.77}{\sqrt{101835-1025^2/12}}=0.057$$

样本数为 12，为小样本，计算 t 统计量得 $t=b/S_b=0.42/0.057=7.368$

查表可知：显著性水平 $\alpha=0.05$、自由度为 $12-2=10$ 的双边 t 检验的临界值 $t_{0.025}(10)=2.228$，$t=7.368>t_{0.025}(10)=2.228$，所以拒绝原假设 $H_0: \beta=0$，接受备择假设 $H_1: \beta\neq 0$，说明产量对生产费用有显著影响。

(2) 回归方程的显著性检验

我们知道在样本回归模型中总偏差等于回归偏差和剩余偏差的和，即：

$$\sum(Y_i-\overline{Y})^2=\sum(\hat{Y}_i-\overline{Y})^2+\sum(Y_i-\hat{Y}_i)^2$$

根据前面的分析，回归偏差越大、剩余偏差越小，线性回归模型拟合就越好，说明总体 X 与 Y 的线性关系就越显著。在一定程度上也可以这么说，回归偏差与剩余偏差的比值越大，线性回归模型拟合得就越好，总体 X 与 Y 的线性关系就越显著。由于回归偏差和剩余偏差的数值受观测值的个数和自变量个数的影响，不宜直接考察它们的比值，必须在方差分析的基础上利用 F 检验来进行。

数学上可以证明，若随机误差项服从正态分布并且原假设 $H_0: \beta=0$ 成立，则统计量 $F=\dfrac{\sum(\hat{Y}_i-\overline{Y})^2/1}{\sum(Y_i-\hat{Y}_i)^2/(n-2)}$ 服从自由度为 1 和 $n-2$ 的 F 分布。在给定的显著性水平 α 的条件下，将计算的 F 值与查表的 $F_\alpha(1, n-2)$ 值进行比较，若 $F\geqslant F_\alpha(1, n-2)$ 就拒绝原假设 $H_0: \beta=0$，否则接受。

【例 7-6】 现对【例 7-2】中回归方程做显著性检验。

首先进行方差分析，得方差分析表表 7-5。

表 7-5 产量与生产费用回归方差分析表

项　目	平方和	自由度	F 值	$F_\alpha(1,n-2)$
总偏差	$\sum(Y_i-\overline{Y})^2=2976.72$	$n-1=11$	$F=\dfrac{\sum(\hat{Y}_i-\overline{Y})^2/1}{\sum(Y_i-\hat{Y}_i)^2/(n-2)}=55.11$	$F_{0.05}(1,10)=4.96$
回归偏差	$\sum(\hat{Y}_i-\overline{Y})^2=2519.51$	1		
剩余偏差	$\sum(Y_i-\hat{Y}_i)^2=457.21$	$n-2=10$		

从表 7-5 可以看出，F 值为 55.11，临界值为 4.96，F 值大于临界值，故拒绝原假设 $H_0: \beta=0$，说明回归方程 $\hat{Y}_i=124.21+0.42X_i$ 通过显著性检验。

也可以利用判定系数来计算 F 值。对 F 进行推导，可得 $F=r^2(n-2)/(1-r^2)$，将 $r^2=0.85$ 代入，可得 $F=0.85\times 10/(1-0.85)=56.67$，这里的 F 值与表 7-5 中的 F 值有一点不同，这是由计算误差造成的。

对同一方程采用两种不同的显著性检验方法，结论都是一致的，在一元线性回归模型中，两种检验方法取其一即可。但在多元线性回归模型中，这两种检验方法结论不一定一致，各个回归系数通过显著性检验，整个回归方程不一定能通过显著性检验，反之亦然。

7.3.5 一元线性回归模型的应用

回归分析的一个重要目的是对因变量进行预测，如果根据样本数据得到的回归模型的拟合优度较好，通过显著性检验，被认为有现实的社会经济意义，我们就可以利用这个回归模型对因变量进行预测。

(1) 点预测

给定自变量 X 的值 X_0，可以利用样本回归方程公式(7-3) 对 Y 的值 Y_0 进行预测，其预测值记为 $\hat{Y}_0$，则 $\hat{Y}_0=a+bX_0$，这就是点预测。

【例 7-7】 根据【例 7-2】中得到的回归方程，当产量为 135 万台时，可以预测生产费用为 $\hat{Y}_0=124.21+0.42\times135=180.91$（万元）。

(2) 区间预测

点预测的值和实际值之间往往有偏差，这个偏差有多大，或者说，实际值会落在一个什么样的区间内，这常常是我们关心的问题，所以有必要对 Y_0 进行区间预测。

在数学上可以证明：在小样本情况下，$(Y_0-\hat{Y}_0)/S_0$ 服从自由度为 $n-2$ 的 t 分布，其中 S_0 为预测值标准误差的估计值，其计算公式为：

$$S_0=S_{XY}\sqrt{1+\frac{1}{n}+\frac{(X_0-\overline{X})^2}{\sum(X_i-\overline{X})^2}} \tag{7-15}$$

其中，S_{XY} 为回归方程的估计标准误。那么，在显著性水平 α 或者置信水平 $1-\alpha$ 条件下，可求得 Y_0 的置信区间为：

$$\hat{Y}_0\pm S_0 t_{\alpha/2}(n-2) \tag{7-16}$$

在大样本情况下，n 比较大，S_0 接近于 S_{XY}，$(Y_0-\hat{Y}_0)/S_0$ 近似服从标准正态分布，即 $t_{\alpha/2}(n-2)$ 接近于 $z_{\alpha/2}$，此时 Y_0 在置信水平为 $1-\alpha$ 条件下的置信区间可以表示为：

$$\hat{Y}_0\pm z_{\alpha/2}S_{XY} \tag{7-17}$$

【例 7-8】 根据【例 7-2】和【例 7-4】，产量 X_0 为 135 万台时生产费用的点估计值 $\hat{Y}_0$ 为 180.91 万元，S_{XY} 为 6.77，若显著性水平 α 为 0.05，则 Y_0 的置信区间为：

$$\begin{aligned}Y_0&=180.91\pm2.228\times6.77\times\sqrt{1+\frac{1}{12}+\frac{(135-85.42)^2}{14282.92}}\\&=180.91\pm16.90\end{aligned}$$

即当一个企业的产量为 135 万台时，我们有 95% 的把握预测它的生产费用在 164.01 万～197.81 万元之间。

分析公式(7-15) 和公式(7-16)，就 Y_0 的置信区间我们可以得到以下结论：

首先，置信区间的上下限对称的分布在 Y 的回归预测值 $\hat{Y}$ 两侧。从公式(7-15) 中可以看出，X_0 越接近于样本均值 $\overline{X}$，S_0 就越小，置信区间就越窄，即估计的精确度越高；反之置信区间越宽，估计的精确度就越低。

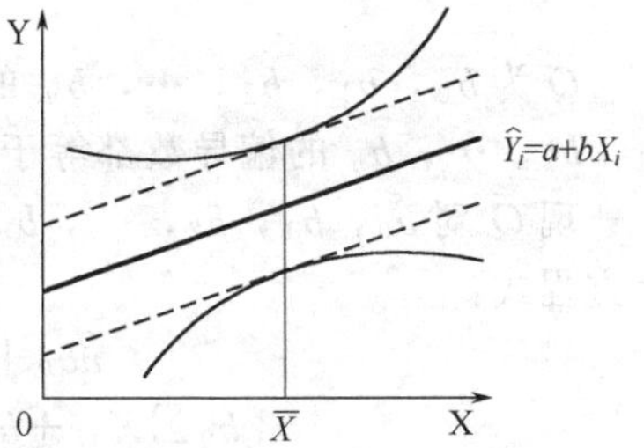

图 7-4 回归预测置信区间示意

若将上下限连成两条曲线，这两条曲线呈中间小两头大的喇叭形，见图 7-4，因而可以说，X_0偏离$\overline{X}$越远，Y_0的估计值越不可靠。所以我们在估计时，自变量的取值通常介于样本值的范围内，超出这一范围的预测必须十分谨慎。

其次，在样本容量一定时，$t_{\alpha/2}(n-2)$ 随着置信度 $1-\alpha$ 的提高而提高，在其他条件不变的情况下，置信区间也随之变宽，即提高置信度必须以牺牲精确度为代价。

最后，$t_{\alpha/2}(n-2)$ 和 S_0在其他条件都不变的情况下，都是 n 的减函数，即随着 n 的变大，预测区间会随着 $t_{\alpha/2}(n-2)$ 和 S_0的变小而变窄，这说明随着样本量 n 的增加，预测区间的精确度随之提高。

7.4 多元线性回归模型

前面研究了一元线性回归的问题，它反映的是某一因变量与一个自变量之间的关系。但是客观现象之间的联系是复杂的，许多现象的变动涉及到多个变量之间的数量关系。如居民的消费支出，不仅与居民的收入有关，还与消费品的价格、消费家庭人口数等因素有关；再如企业的生产成本，不仅与企业的产品产量有关，还与企业技术水平、管理水平以及原材料的价格等有关。为了全面准确地揭示、测定它们的数量变动关系，提高预测的精确度，就需要建立多元回归模型进行深入的分析。

多元回归分析可分为多元线性回归分析与多元非线性回归分析，这里只讨论最一般的多元线性回归分析及其模型。

假设 Y 主要受 n 个变量 X_1，X_2，…，X_n 的影响，并且这种影响是线性的，则针对自变量与因变量的这种变化关系可以建立一个多元线性回归模型，和一元线性回归模型相似，总体多元线性回归模型的一般形式如下：

$$Y_i=\beta_0+\beta_1X_{1i}+\beta_2X_{2i}+\cdots+\beta_nX_{ni}+\varepsilon_i \tag{7-18}$$

与一元线性回归模型相比，这里需要特别说明的是，在多元线性回归模型中，各自变量 X_i 和 X_j 之间必须是相互独立的，或者不存在显著相关关系。

回归方程为：

$$E(Y_i)=\beta_0+\beta_1X_{1i}+\beta_2X_{2i}+\cdots+\beta_nX_{ni} \tag{7-19}$$

总体回归方程中的待定参数 β_0，β_1，β_2，…，β_n 均是未知的，可以通过抽样获得 n 组 Y 与 X_1，X_2，…，X_n 数据，根据样本数据计算出 b_0，b_1，b_2，…，b_n 作为总体回归方程待定参数β_0，β_1，β_2，…，β_n的估计值。由此得到样本的回归方程：

$$\hat{Y}_i=b_0+b_1X_{1i}+b_2X_{2i}+\cdots+b_nX_{ni} \quad i=1,2,\cdots,m \tag{7-20}$$

样本回归方程中 b_0，b_1，b_2，…，b_n 的求法和一元线性回归方程中参数 a 和 b 的求法相似，也是采用最小二乘法。设 Q 是样本数据的实际值与估计值的残差平方和，即：

$$Q=\sum e_i{}^2=\sum(Y_i-\hat{Y}_i)^2=\sum(Y_i-b_0-b_1X_{1i}-b_2X_{2i}-\cdots-b_nX_{ni})^2 \quad i=1,2,\cdots,m \tag{7-21}$$

Q 为 b_0，b_1，b_2，…，b_n 的多元函数，根据微积分最值原理和实际情况，Q 对 b_0，b_1，b_2，…，b_n 的偏导数都等于 0 时，残差平方和 Q 取得最小值。

现 Q 对 b_0，b_1，b_2，…，b_n 求偏导数，并令偏导数都等于 0，稍加整理后可以得到 n 个方程式：

$$nb_0+b_1\sum X_{1i}+\cdots+b_n\sum X_{ni}=\sum Y_i$$
$$b_0\sum X_{1i}+b_1\sum X_{1i}{}^2+\cdots+b_n\sum X_{1i}X_{ni}=\sum X_{1i}Y_i$$
$$\vdots$$

$$b_0\sum X_{ni}+b_1\sum X_{ni}X_{1i}+\cdots+b_n\sum X_{ni}{}^2=\sum X_{ni}Y_i \quad (7\text{-}22)$$

通过这一方程组可以求得 b_0，b_1，b_2，…，b_n 的值。

对于二元线性回归方程，可以通过下列方程求得 b_0，b_1，b_2。

$$nb_0+b_1\sum X_{1i}+b_2\sum X_{2i}=\sum Y_i$$
$$b_0\sum X_{1i}+b_1\sum X_{1i}{}^2+b_2\sum X_{1i}X_{2i}=\sum X_{1i}Y_i$$
$$b_0\sum X_{2i}+b_1\sum X_{2i}X_{1i}+b_2\sum X_{2i}{}^2=\sum X_{2i}Y_i \quad (7\text{-}23)$$

【例 7-9】 表 7-6 是某产品在各城市销售量 Y 与该商品价格 X_1 及售后服务费用 X_2 的统计数据，试建立 Y 与 X_1 和 X_2 之间二元线性回归方程。

表 7-6 某产品销售相关数据表

时期	销量 Y（万件）	价格 X_1（元/件）	售后投入 X_2（万元）	时期	销量 Y（万件）	价格 X_1（元/件）	售后投入 X_2（万元）
1	55	100	5.5	7	80	65	5.6
2	70	90	6.3	8	110	60	7.2
3	90	80	7.2	9	125	60	7.5
4	100	70	7	10	115	55	6.9
5	90	70	6.3	11	130	55	7.2
6	105	70	7.4	12	130	50	6.5

解：建立样本回归方程：$\hat{Y}_i=b_0+b_1X_{1i}+b_2X_{2i}$ $i=1,\ 2,\ \cdots,\ 12$

根据上表 7-6 数据，求得计算 b_0，b_1，b_2 所需数据如表 7-7：

表 7-7 二元回归方程计算表

时期	销量 Y（万件）	价格 X_1（元/件）	售后投入 X_2（万元）	X_1X_1	X_2X_2	X_1X_2	YX_1	YX_2
1	55	100	5.5	10000	30.25	550	5500	302.5
2	70	90	6.3	8100	39.69	567	6300	441
3	90	80	7.2	6400	51.84	576	7200	648
4	100	70	7	4900	49	490	7000	700
5	90	70	6.3	4900	39.69	441	6300	567
6	105	70	7.4	4900	54.76	518	7350	777
7	80	65	5.6	4225	31.36	364	5200	448
8	110	60	7.2	3600	51.84	432	6600	792
9	125	60	7.5	3600	56.25	450	7500	937.5
10	115	55	6.9	3025	47.61	379.5	6325	793.5
11	130	55	7.2	3025	51.84	396	7150	936
12	130	50	6.5	2500	42.25	325	6500	845
合计	1200	825	80.6	59175	546.38	5488.5	78925	8187.5

将表 7-7 中相关数据带入公式(7-23) 得下列方程：

$$12b_0+825b_1+80.6b_2=1200$$
$$825b_0+59175b_1+5488.5b_2=78925$$
$$80.6b_0+5488.5b_1+546.38b_2=8187.5$$

三方程联立，解得：

$$b_0=93.059,\quad b_1=-1.175,\quad b_2=13.060$$

从而可得二元线性回归方程：

$$\hat{Y}_i=93.059-1.175X_1+13.060X_2$$

和一元线性回归方程一样，可以利用判定系数和估计标准误来测定根据样本数据所确定的二元线性回归方程的拟合优度；利用 t 检验和 F 检验分别对回归系数和整体方程进行显著性检验。

和一元线性回归方程一样，在确定二元线性回归方程之后，对确定的 X_1，X_2，…，X_n 的某一组值，可以根据回归方程对 Y 的值进行点预测和在一定置信水平下进行区间预测。

7.5 非线性回归模型

以上两节内容中，所讨论的因变量和自变量之间的依存关系都是呈线性形式的，然而在现实的经济社会中，变量之间的依存关系往往并非如此理想的线性关系，很多时候是非线性的。此时要想拟合它们的依存关系，需要选用合适的非线性模型，即非线性回归或曲线回归。根据自变量数目的多寡，非线性回归又分一元非线性回归和多元非线性回归，前者只有一个自变量，后者有两个或两个以上各自变量。

7.5.1 非线性回归模型的类型

对于一元非线性模型，按其回归方程曲线的表现形式，主要有以下几种常见类型：

① 抛物线型：$\hat{Y}_i=a+bX_i+cX_i{}^2$

② 双曲线型：$\hat{Y}_i=a+b/X_i$

③ 幂函数曲线型：$\hat{Y}_i=aX_i{}^b$

④ 指数曲线型：$\hat{Y}_i=ab^{X_i}$

⑤ 对数函数曲线型：$\hat{Y}_i=a+\ln X_i$

⑥ 多项式型：$\hat{Y}_i=b_0+b_1X_i+b_2X_i{}^2+\cdots+b_kX_i{}^k$，等。

以上各方程有一个共同点，它们都可以通过变量替代，转化为线性形式，例如对于双曲线型方程 $\hat{Y}_i=a+b/X_i$，只要令 $1/X_i=L_i$，即可得线性回归方程 $\hat{Y}_i=a+bL_i$，解得此线性回归方程的系数 a 和 b，就求出原非线性回归方程了。

除了以上可以转化为线性的非线性回归方程，还有一些非线性回归方程是无法转化为线性形式的，例如：

⑦ S 型：$\hat{Y}_i=\dfrac{1}{1+a\mathrm{e}^{-bX_i}}$，$a$、$b>0$，此方程也称逻辑特（Logit）回归方程。

⑧ 其他类型：如 $\hat{Y}_i=a\dfrac{X_i+b}{X_i+c}$，等。

对于⑦、⑧这些不能转化为线性的非线性回归方程，它们的系数一般采用迭代的办法由统计或数学软件求出，如 SAS、SPSS、Eviews、Mathmatica 等，这些都是很好的统计和数学处理软件。

7.5.2 非线性回归模型的确定

对于给定的自变量 X 和因变量 Y，如何确定它们的回归方程的形式呢？回归方程的选择可以利用以下几种方法。

首先，以经济学等相关理论为指导。比如，要考察产出与劳动力的投入之间的关系时，根据柯布-道格拉斯生产函数，可采用幂函数型回归方程。

其次，对样本数据做简单处理或直接观察以进行初步判断。比如，将 X 的值从小到大排列起来，当相邻 X 的值相差相同时对 Y 进行二阶差分的值若接近于一个常数，我们就可以确定使用抛物线型回归方程；如果 Y 的值随 X 的值的增加，开始时缓慢增加，然后快速增加，最后又缓慢增加，但始终不超过某常数，此时可以考虑使用逻辑特（Logit）非线性回归模型。

最后，对样本数据做简单处理或直接观察以进行的初步判断不够直观、清楚、形象，甚至比较麻烦，此时可以利用图形来判别。将 X 与 Y 所形成的点在直角坐标系中标示出来，得到散点图，利用散点图，可以一目了然的判断出使用什么形式的回归方程比较合适。

根据上述方法确定的回归方程，可以转化为线性的就转化为线性方程，再利用线性回归方程求解的方法进行求解，对于不能转化为线性的回归方程则要借助于专业的统计或数学软件。

【例 7-10】 表 7-8 是 1999～2005 年上海郊区非农产业增加值 Y 与农村非农从业人口数 L 的数据，为了说明经济发展促进就业，试建立合适的回归模型。

表 7-8 1999～2005 年上海郊区非农产业增加值和从业人口数统计

年 份	1999	2000	2001	2002	2003	2004	2005
非农产业增加值 Y(亿元)	1078.4	1223.4	1384.5	1592.2	1885.5	2320.7	2963.6
非农从业人员数 L(万人)	167.3	171	172.8	175	178.3	182.8	184.4

数据来源：2002 年和 2006 年《上海郊区统计年鉴》。

解： 奥肯定律（当实际 GDP 增长相对于潜在 GDP 增长下降 2%时，失业率上升大约 1%；当实际 GDP 增长相对于潜在 GDP 增长上升 2%时，失业率下降大约 1%）说明经济增长会促进劳动力就业水平的提高。其他条件不变时，根据柯布-道格拉斯生产函数 $Y_i = AL_i^{\alpha} K_i^{\beta}$，可得劳动力投入量和产出之间的关系：$L_i = aY_i^b$。

但是，从散点图 7-5 可以看出，劳动力的投入量 L 和产出 Y 之间并非呈现出上述理论推导出来的幂函数形式，而是呈对数函数形式，根据此图可以建立对数函数形式的非线性回归方程：

$$\hat{L}_i = a + b\ln Y_i$$

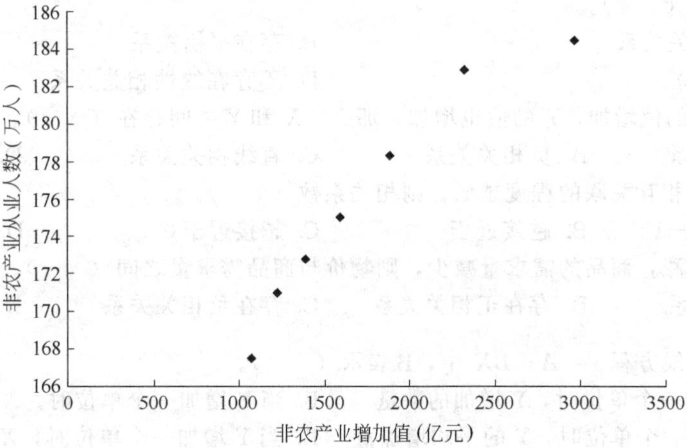

图 7-5 上海郊区非农产业增加值和从业人口数散点图

令 $X_i=\ln Y_i$，则原非线性回归方程转化为线性方程 $\hat{L}_i=a+bX_i$，此时可以利用一元线性回归方程系数求解方法求出 $a=48.44$，$b=17.17$，即 $\hat{L}_i=48.44+17.17\ln Y_i$。

对于所求得的非线性回归方程也要进行拟合优度的判定和显著性检验。

课后练习

一、判断题

1. 回归分析和相关分析一样，所分析的两个量都是随机变量。（　）
2. 回归系数和相关系数都可用来判断现象之间的相关密切程度。（　）
3. 若变量 X 的值减少，变量 Y 的值也减少，则 X 和 Y 为正相关。（　）
4. 若估计标准误越大，则回归方程的代表性越大。（　）
5. 函数关系的相关系数为 1。（　）
6. 相关系数的取值范围为 0～1。（　）

二、单选题

1. 相关关系按自变量的多少分为（　）。

A. 正相关与负相关　B. 单相关与复相关
C. 线性相关与非线性相关　D. 不相关、完全相关与不完全相关

2. 一个因变量与多个自变量的依存关系是（　）。

A. 正相关　B. 线性相关　C. 非线性相关　D. 复相关

3. 若 y 随着 x 的变化而等比例变化，则 y 与 x 的关系是（　）。

A. 单相关　B. 线性相关　C. 非线性相关　D. 复相关

4. 若两变量的变化方向相反，则属于（　）。

A. 线性相关　B. 非线性相关　C. 正相关　D. 负相关

5. 若 $|r|$ 在 0.3～0.5 之间，则表明两变量（　）。

A. 无直线相关　B. 显著相关　C. 低度相关　D. 高度相关

6. r 的取值范围是（　）。

A. <1　B. >1　C. $(-1, +1)$　D. $[-1, +1]$

7. 在回归分析中，要求两变量（　）。

A. 都是随机变量　B. 自变量是确定性变量，因变量是随机变量
C. 都是确定性变量　D. 因变量是确定性变量，自变量是随机变量

8. $r=0$ 表示（　）。

A. 不存在相关关系　B. 存在平衡关系
C. 两变量独立　D. 不存在线性相关关系

9. 若变量 X 的值增加，Y 的值也增加，那么，X 和 Y 之间存在（　）。

A. 正相关关系　B. 负相关关系　C. 直线相关关系　D. 曲线相关关系

10. 现象之间相互关联的程度越低，则相关系数（　）。

A. 越接近于−1　B. 越接近于 1　C. 越接近于 0　D. 在 0.5～0.8 之间

11. 若物价上涨，商品的需求量减少，则物价与商品需求量之间（　）。

A. 无相关关系　B. 存在正相关关系　C. 存在负相关关系　D. 无法判别

12. 在回归直线方程 $\hat{Y}=A+BX$ 中，B 表示（　）。

A. 当 X 增加一个单位时，Y 增加的数量　B. 当 Y 增加一个单位时，X 增加的数量
C. 当 X 增加一个单位时，Y 的平均增加量　D. 当 Y 增加一个单位时，X 的平均增加量

13. 如果变量 X 和 Y 之间的相关系数为−1，说明这两个变量之间（　）。

A. 不存在相关关系 B. 相关程度很低 C. 相关程度比较高 D. 完全负相关

14. 当所有的观察值都落在直线 $\hat{Y}=A+BX$ 上时，X 和 Y 之间的相关系数为（　　）。

A. $r=0$ B. $r=\pm1$ C. $-1<r<1$ D. $0<r<1$

三、多选题

1. 相关关系按程度分为（　　）。

A. 正相关 B. 完全相关 C. 不相关

D. 负相关 E. 不完全相关

2. 直线回归方程中的两个变量 X 和 Y（　　）。

A. 一个是自变量，一个是因变量 B. 两个都是随机变量

C. X 是确定性的变量，Y 是随机变量 D. 两个都是确定性的变量

E. Y 是确定性的变量，X 是随机变量

3. $\hat{y}=50-4x$ 表示变量间的关系是（　　）。

A. 单相关 B. 复相关 C. 正相关

D. 负相关 E. 线性相关

4. 工人月工资（元）依劳动生产率（千元）变化的回归方程为 $\hat{Y}=50+80X$，这意味着（　　）。

A. 劳动生产率为 1000 元时，工资的平均为 130 元

B. 劳动生产率提高 1000 元，工资平均提高 80 元

C. 劳动生产率提高 1000 元，工资平均提高 130 元

D. 当月工资为 210 元时，劳动生产率为 2000 元

E. 劳动生产率提高 500 元时，工资提高 50 元

四、计算题

1. 已知：$n=6$，$\sum X=21$，$\sum Y=426$，$\sum X^2=79$，$\sum Y^2=30268$，$\sum XY=1481$。

要求：(1) 计算相关系数；(2) 建立回归方程；(3) 计算估计标准误。

2. 某企业生产某产品的产量与单位成本资料如下：

年　份	产量(千件)	单位成本(元/件)	年　份	产量(千件)	单位成本(元/件)
1994	5	70	1997	8	68
1995	7	69	1998	9	66
1996	9	67	1999	10	64

要求：(1) 用最小二乘法建立线性回归方程，并说明回归系数的经济含义；指出产量每增加 1000 件时，单位成本平均下降多少？(2) 假定产量为 6 千件，预测单位成本平均为多少元？

8 抽样调查与推断

8.1 抽样推断概述

8.1.1 抽样推断的概念

统计分为描述统计和推断统计。描述统计是搜集、整理数字资料，用数据来描述社会经济现象所达到的水平、现象之间的数量关系、数量特征、量变规律、发展趋势等。推断统计即统计推断，是利用样本数据对总体特征进行推断。抽样推断就属于推断统计。

抽样推断是以概率和数理统计为理论基础，按照随机原则从调查对象中抽取部分单位样本指标，用样本指标对总体指标进行推断的一种统计方法。该方法的基本工作流程可用图 8-1 来表示。

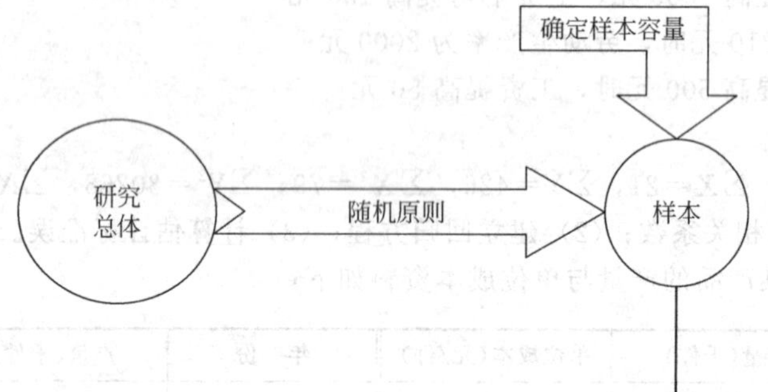

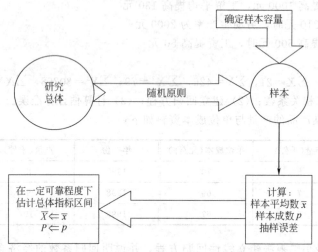

图 8-1　抽样推断的基本工作流程图

8.1.2 抽样推断的特点

（1）用部分单位的指标数值去推断和估计总体的指标数值

抽样推断的目的是根据样本指标对总体指标进行推断，不需要对总体单位进行全面调查，就能够起到全面调查的作用。抽样推断有两个基本内容：用样本平均数对总体平均数的推断和用样本成数对总体成数的推断。

（2）调查单位是按随机原则抽取的

随机原则即机会均等原则，就是总体中的每个单位都有同等被抽中的机会。某个单位抽中与否，完全排除了调查者个人主观意志的影响，从而排除了由于主观因素的作用而产生系统性误差的可能性，使样本对总体具有更高的代表性。

（3）抽样推断误差不可避免，但可计算和控制

抽样推断是由样本指标来对总体指标进行的推断，由于二者内部结构的差异，即使严格按照抽样推断原理的要求，抽样误差也不可避免。但抽样误差可以用数理统计的方法计算出来，并通过采取科学的抽样组织方式，扩大标本容量等措施加以控制，保证抽样推断结果达到一定的可靠程度。

8.1.3 抽样推断的作用

抽样推断方法应用极为广泛。概括起来主要有以下作用。

（1）对于一些无法进行全面调查的现象，可采用抽样推断方法测算总体指标数值

在现实生活中，有时不可能对总体进行全面调查，但又需要了解其全面情况，此时可运用抽样推断的方法来推断总体。如某些工业产品质量的检验往往带有破坏性，如包装食品的质量、电视机抗震强度、炮弹的射程及杀伤力、照明灯具的使用寿命等，只能采用抽样推断的方法，根据样本来对总体进行推断。

（2）对于一些可以进行全面调查而实际没有必要或不合适进行全面调查的现象应采用抽样推断

有些社会经济现象虽然可进行全面调查，但是由于全面调查要调查的单位多，浪费人力、物力、财力和时间，为了提高调查的经济效益和资料的时效性，往往也不进行全面调查而采用抽样推断的方法。如我国每年所进行的人口抽样调查、城乡居民家计抽样调查、农产品收获量调查、物价调查等。

（3）抽样推断的结果可以对普查结果进行检查和修正

全面调查由于调查范围广、工作量大、参加人员多等原因，发生登记性和计算性误差的可能性很大，普查的结果往往会出现误差。抽样推断可以将抽样调查资料与全面调查资料对比，计算差错率，对全面调查进行复核和修正。

（4）抽样推断可以用于工业生产过程的质量控制

抽样推断是应用于成批或大量连续生产的工业产品质量控制的有效方法，通过抽样检查，能比全面检查提高检验效率，并降低检验成本。而且与生产过程同时进行的抽样检查，能及时提供产品质量信息，显示生产过程是否正常，以便及时发现问题，及时予以解决，避免废品的大量产生。

（5）利用抽样推断可以对某些总体的假设进行检验

为对某种情况进行认识，可先对总体的状况作出某种假设，然后根据样本观测资料对所做假设进行检验，来判断假设的真伪，这种方法就叫假设检验。例如采用新工艺后，检验的结果是样本指标和总体假设之间的差异超出了给定的显著性标准，就可以认为新工艺是有推广价值的。

8.1.4 抽样推断中的基本概念

（1）总体和样本

在抽样推断中，总体是全及总体的简称，也叫母体。它是根据研究目的所确定的研究对象的全部单位所组成的全体。从总体中随机抽取的部分单位构成样本总体，简称样本。比如要推断某啤酒生产企业的 20000 瓶啤酒的质量，那么这 20000 瓶啤酒就是总体，从中所抽取的 100 瓶就是样本。在一项特定的抽样推断中，总体是唯一确定的，而样本却是随机产生的。在抽样推断中总体只有一个，样本可以有多个，但在进行推断时一般只需抽取一个样本来对总体进行推断。

总体单位数用 N 来表示，样本单位数又叫样本容量，用 n 来表示。一般来说，样本容

量小于 30 称为小样本，等于或大于 30 称为大样本。社会经济抽样推断中多采用大样本。

(2) 总体指标和样本指标

在抽样推断中，总体指标也称为估计量或参数，样本指标称为统计量。

① 总体指标 是根据总体资料计算的，反映总体的综合数量特征。在抽样推断中所涉及的总体指标主要有以下几个。

a. 总体平均数。它是根据总体各单位标志值计算的平均数，反映总体各单位标志值的一般水平。

$$总体平均数\overline{X}=\frac{\sum X}{N}$$

b. 总体成数。它反映总体中具有某一属性的单位数（或不具有某一属性的单位数）占总体单位数的比重。

$$总体成数\ P=\frac{N_1}{N}或Q=\frac{N_0}{N}$$

c. 总体标准差和总体方差。

$$总体标准差\ \sigma_X=\sqrt{\frac{\sum(X-\overline{X})^2}{N}}$$

$$总体方差\ \sigma_X^2=\frac{\sum(X-\overline{X})^2}{N}$$

$$总体成数的标准差\ \sigma_P=\sqrt{PQ}=\sqrt{P(1-P)}$$

$$总体成数的方差\ \sigma_P^2=PQ=P(1-P)$$

② 样本指标 是根据样本资料计算的，反映样本的数量特征。与总体指标对应，样本指标有以下几种。

a. 样本平均数。它反映样本各单位数量标志值的一般水平。

$$样本平均数\overline{x}=\frac{\sum x}{n}\quad 或\quad \frac{\sum xf}{\sum f}$$

b. 样本成数。它反映样本中具有某一属性的单位数（或不具有某一属性的单位数）占样本单位数的比重。

$$样本成数\ p=\frac{n_1}{n}\quad 或\quad q=\frac{n_0}{n}$$

c. 样本标准差和样本方差。

$$样本标准差\ s_x=\sqrt{\frac{\sum(x-\overline{x})^2}{n-1}}\quad 或\quad \sqrt{\frac{\sum(x-\overline{x})^2f}{\sum f-1}}$$

$$样本方差\ s_x^2=\frac{\sum(x-\overline{x})^2}{n-1}\quad 或\quad \frac{\sum(x-\overline{x})^2f}{\sum f-1}$$

$$样本成数的标准差\ s_p=\sqrt{pq}=\sqrt{p(1-p)}$$

$$样本成数的方差\ s_p^2=pq=p(1-p)$$

8.2 抽样调查的组织形式和抽样方法

8.2.1 抽样调查的组织形式

社会经济现象中问题的多样性以及调查对象特点的多样性，决定了抽样调查方式即抽样调查组织形式的多样性。不同的抽样调查组织形式会有不同的抽样误差，因而也具有不同的效果，科学的组织形式往往能以更少的样本单位数取得更好的抽样效果。在统计工作实践中，主要采用的抽样调查组织形式有：简单随机抽样、等距抽样、类型抽样、整群抽样和多阶段抽样等。下面进行简单介绍。

(1) 简单随机抽样

简单随机抽样又称纯随机抽样，它是对总体所有单位，在抽取样本前不进行任何的分组、排队，完全按纯随机原则抽取一定的单位进行调查，无其他限制性措施存在。抽样推断的原理就是以纯随机抽样为基础阐述的。它是最简单、最基本的抽样组织形式，传统的纯随机抽样方法有容器摇号法、抽签法，随着计算机的普及，计算机抽样被较为普遍的应用。

简单随机抽样方法从统计学的观点来看是一个健全的方法，但在实际工作中，要严格按此实行则比较困难。因此，在实践中，往往要根据情况和目的的不同，对简单随机抽样方式做些变更。

(2) 等距抽样

等距抽样又称机械抽样，它是将总体各单位按某一标志顺序排列，然后按固定顺序或间隔抽取样本单位的抽样组织形式。在对总体各单位排序时，可以使用无关标志也可以使用有关标志。

无关标志排序是指排序的标志与研究标志无关。如研究学生成绩时按学生学号排序，调查居民收入时按居民姓氏笔画排序，农产品抽样调查时按田间的地理顺序取样等。

有关标志排序是指排序的标志与研究标志有关。该种排序在对总体了解的情况下采用，如家庭消费水平调查按收入额排序，研究职工收入时按学历排序等。按有关标志排序实质上是运用类型抽样的一些特点，有利于提高样本的代表性。如为了掌握连续不断的生产线上产品的质量，可采取每隔1小时抽取1件来进行检验，以此来判断该生产线的产品质量状况。

等距抽样的最大特点是组织简便、易于实施，只要确定了抽样间隔和起点，整个样本的所有单位就都确定了。当按有关标志排序时，能保证样本单位在总体中均匀分布，所抽样本队总体的代表性好，有利于降低抽样误差。

(3) 类型抽样

类型抽样又称分层抽样，它是把总体中所有单位按主要标志分为若干个类型组，然后再在各组中采取随机抽样法抽取若干样本单位的抽样组织形式，也是对简单随机抽样方式的一种形式上的变更。

类型抽样按样本单位在各组中的分配状况可分为等比例抽样、不等比例抽样。其基本类型是等比例抽样，即根据各组单位数在总体中所占比例来确定应该从各组抽取的单位数，这样能够保持样本分布与总体分布的趋近。

类型抽样的目的在于控制偶然因素的作用而改变样本的代表性，它能够使样本的结构趋近于总体的结构，提高所选样本的代表性，改善抽样效果。

实施类型抽样必须有两个前提：①能够找到正确的分类依据，分类确实能够提高样本的代表性；②分类内单位的变量值差异小，不同类的变量值差异大。如平均工资的推断可以对职工按行业分类、按城乡分类等。若分类依据选择不当，则分类对提高样本的代表性无益，如在推断平均工资时对职工按姓氏笔画分类则完全无益。

(4) 整群抽样

整群抽样是将总体各单位按时间或空间形式划分成许多群，然后按随机抽样方式从中抽取部分群，对选中群的所有单位进行全面调查的抽样组织形式，整群抽样是简单随机抽样在实践中的一种变通方法。

例如，调查某县的农户经济收入，可将所有农户按自然村为单位分组，然后从中随机抽取若干个村，并对抽中的样本村中的每一个农户都要做全面调查。

整群抽样中的群主要是自然形成的，如按行政区域、地理区域等。其特点是易于组织和较节省费用，但调查的单位过于集中在少数样本群中，样本代表性较低。在现实中，出现极端情况的可能性虽然不大，但也并非不可能，也可能在比较小一些的程度上出现，因此，注意到这个差别是必要的，通常要用扩大样本群的数目来弥补这个缺点。

整群抽样的目的在于使抽出的个体在地域上（或时间上）更集中，便于以后对抽出的个体进行调查工作，但不能改善样本的代表性，其与简单随机抽样相比，样本代表性还要更差些，这是为方便工作而付出的代价。

(5) 多阶段抽样

多阶段抽样也叫多级抽样，在抽样调查中，当总体单位数很多，总体单位分布面很广，内部构成又比较复杂时，直接从中抽取样本单位操作起来比较困难，一般采用多阶段抽样。它的主要步骤是把抽取样本的过程分成几个阶段进行，即先从总体中抽取一些大的群，再从抽中的群中抽取若干单位构成样本，这样两步抽样得到的样本的叫做两阶段抽样。如果第二步是从抽中的大群中抽出小群，再从抽中的小群中进行第三次抽样，取得的样本单位，便叫做三阶段抽样。

例如，在某省 100 多万农户中抽取 1000 户调查农户生产性投资情况。第一阶段：从该省所有县中抽取 5 个县，第二阶段：从被抽中的 5 个县中各抽 4 个乡，第三阶段：从被抽中的 20 个乡中各抽 5 个村，第四阶段：从被抽中的 100 个村中各抽 10 户样本。这就是一个典型的四阶段抽样，抽取的样本数 $n=100\times10=1000$（户）。

8.2.2 抽样方法

在抽取样本时，按照抽样特点，抽样方法分为重置（复）抽样和不重置（复）抽样。

(1) 重置（复）抽样

在抽取样本单位时，如果每抽取一个单位进行观察后，又把该单位放回到总体中参与下一次抽取，这种抽样方法叫重置抽样。重置抽样的样本是由 n 次相互独立的抽选构成的，每次抽选是在完全相同的条件下进行的，总体各单位在各次抽取时机会都是均等的。

(2) 不重置（复）抽样

在抽取样本单位时，如果每抽取一个单位进行观察后，不把该单位放回到总体中参与下一次抽取，这种抽样方法叫不重置抽样。不重置抽样的样本是由 n 次连续抽取的结果构成的，但每次抽选的结果不是相互独立的，每次抽取的结果都会影响到下一次的抽取，因此，总体各单位在每次抽取时的机会是不均等的。

在确定究竟采用何种抽样方法时，要进行必要的选择，对于带有破坏性的推断是不适合采用重置（复）抽样的。

8.3 抽样误差

8.3.1 抽样误差的概念

简单地说，抽样误差就是样本指标与总体指标的离差。产生误差的原因有多种，有由于登记和计算等错误产生的登记性误差，有违反随机性原则产生的系统性误差。而抽样误差则是即使遵循了随机原则，也由于被抽取的样本其内部各单位的分布结构与总体指标实际分布状况有偶然性的差异，从而使不同的随机样本得出不同的估计量，造成样本指标数值与总体指标数值之间产生差异，如抽样平均数与总体平均数的离差（$\overline{x}-\overline{X}$），抽样成数与总体成数的离差（$p-P$），便是抽样误差。抽样误差分为抽样平均误差和抽样极限误差。

8.3.2 抽样平均误差

(1) 抽样平均误差的概念

抽样平均误差是衡量所有可能的样本指标与总体指标离差的平均水平的指标，用 μ 表示。

抽样平均误差反映各个可能误差平均水平即抽样平均数（或抽样成数）与总体平均数（或总体成数）的平均误差程度。由于标准差是反映平均离差程度的重要指标，因此，通常用抽样平均数的标准差或抽样成数的标准差作为衡量其抽样误差一般水平的尺度。其计算方法为：

$$\text{平均数的抽样平均误差 } \mu_{\bar{x}}=\sqrt{\frac{\sum(\bar{x}-\bar{X})^2}{\text{可能的样本数目}}}$$

$$\text{成数的抽样平均误差 } \mu_p=\sqrt{\frac{\sum(p-P)^2}{\text{可能的样本数目}}}$$

按以上公式计算，需要抽出全部可能的样本，计算全部可能的样本指标，而且总体指标也是不可知的。很显然，这只是理论公式，或者说是用公式对抽样平均误差的概念进行描述，根据上述公式是无法计算抽样平均误差的，在实践中需要通过其他方法加以推算解决。

(2) 抽样平均误差的计算

抽样推断有两个基本内容：对总体平均数的推断和对总体成数的推断。在对总体平均数进行推断时所计算的抽样平均误差称为平均数的抽样平均误差，用 $\mu_{\bar{x}}$ 表示；在对总体成数进行推断时所计算的抽样平均误差称为成数的抽样平均误差，用 μ_p 来表示。抽取样本的方法有重复抽样和不重复抽样，由于抽样的方法不同，抽样平均误差的具体计算公式略有差异。根据数理统计的研究，在纯随机抽样组织形式下，抽样平均误差的计算公式如下。

① 平均数的抽样平均误差 $\mu_{\bar{x}}$

$$\text{重复抽样条件下：}\mu_{\bar{x}}=\sqrt{\frac{\sigma_x^2}{n}}=\sqrt{\frac{s_x^2}{n}}$$

$$\text{不重复抽样条件下：}\mu_{\bar{x}}=\sqrt{\frac{\sigma_x^2}{n}\left(1-\frac{n}{N}\right)}=\sqrt{\frac{s_x^2}{n}\left(1-\frac{n}{N}\right)}$$

② 成数的抽样平均误差 μ_p

$$\text{重复抽样条件下：}\mu_p=\sqrt{\frac{\sigma_p^2}{n}}=\sqrt{\frac{p(1-P)}{n}}$$

$$\text{不重复抽样条件下：}\mu_p=\sqrt{\frac{\sigma_p^2}{n}\left(1-\frac{n}{N}\right)}=\sqrt{\frac{p(1-P)}{n}\left(1-\frac{n}{N}\right)}$$

在运用上述平均误差的基本公式时，还应注意以下两点。

第一，由于在抽样推断中，总体指标都是未知的，但由于数理统计已经证明，只要抽样数目是足够多的，用样本方差代替总体方差，计算结果是十分接近的。因此，以上计算公式中，无论是平均数的总体方差或成数的总体方差，在实际计算时均可用样本方差代替。

第二，在不重复抽样公式中，如果抽样单位数相对较少，而总体单位数相对很多时，则修正系数 $\left(1-\frac{n}{N}\right)$ 接近于1，乘上这个系数后，对平均误差的影响不大。因此，尽管不重复抽样的抽样平均误差小于重复抽样的抽样平均误差，为简化起见，对不重复抽样的情况也往往采用重复抽样公式计算抽样平均误差。

(3) 抽样误差的影响因素

抽样误差的大小，主要受以下因素的影响。

① 总体方差 σ^2　从计算公式可以看出，总体方差与抽样误差成正比。在其他条件不变的情况下，总体方差越大，抽样误差也就越大，反之，抽样误差也就越小。

② 样本容量 n　在其他条件一定的情况下，抽取样本单位数越多，抽样误差就越小，当样本容量 n 接近总体单位数 N 时抽样误差就接近于零。

③ 抽样方法　通过不同抽样方法条件下抽样平均误差计算公式的比较可以看出，不重复抽样计算公式中多乘了一个调整系数 $\left(1-\dfrac{n}{N}\right)$。由于 n 是样本单位数，N 是总体单位数，n 总小于 N，因此 $0<\left(1-\dfrac{n}{N}\right)<1$，那么在相同情况下，不重复抽样的抽样平均误差总是小于重复抽样的抽样平均误差。

④ 抽样组织形式　不同的抽样组织形式下所抽取的样本对于总体的代表性不同，则抽样误差的大小也不相同。

【例 8-1】 某高等院校为了了解该校 12000 名在校大学生网上开店情况，现采用纯随机重复抽样方法，从中抽取 1000 名学生进行调查，得知有 280 名同学有过网上开店经历，平均开网店时间为 1.2 年，标准差为 1.65 年，若根据该样本资料对该校在校大学生平均开网店时间及开网店学生所占比例进行推断，则抽样平均误差分别是多少？

由题意可知：$n=1000$，$p=\dfrac{280}{1000}=28\%$，$s_x=1.65$，简化起见，此处按重复抽样来计算抽样平均误差。

(1) 平均开网店时间的抽样平均误差为：

$$\mu_{\bar{x}}=\sqrt{\frac{s_x^2}{n}}=\sqrt{\frac{1.65^2}{1000}}=0.05(\text{年})$$

(2) 开网店学生所占比例的抽样平均误差为：

$$\mu_p=\sqrt{\frac{p(1-P)}{n}}=\sqrt{\frac{28\%(1-28\%)}{1000}}=1.4\%$$

8.3.3 抽样极限误差

(1) 抽样极限误差的概念

抽样极限误差是在一定的概率保证程度（抽样推断的可靠程度）要求下，用样本指标对总体指标进行估计时的最大可能误差，用符号 Δ 表示。

设 $\Delta_{\bar{x}}$，Δ_p 分别表示样本平均数的极限误差和成数的极限误差，则有：

$$\Delta_{\bar{x}}=|\bar{x}-\bar{X}|$$

$$\Delta_p=|p-P|$$

样本指标与总体指标之间的最大可能误差有多大，总体指标与样本指标的误差不超过这个最大可能误差的可能性又有多大？理论证明，直接用抽样平均误差来对总体指标进行推断，这种推断得出的总体指标的范围，其可靠性只有 68.27%，可靠性既低又不能满足不同可靠程度的要求。

(2) 抽样极限误差的计算

理论上已经证明，在样本单位数足够多（$n\geqslant30$）的条件下，抽样平均数（或成数）的分布接近于正态分布（正态概率分布的图形如图 8-2 所示）。该分布的特点是抽样平均数（或成数）是以总体平均数（或成数）为中心，两边完全对称的分布，即抽样平均数（或成数）的正误差和负误差的可能性是完全相等的。而且抽样平均数（或成数）越接近总体平均数（或成数），出现的可能性越大，反之，抽样平均数（或成数）越远离总体平均数（或成数），出现的可能性越小，并趋近于零。

设该曲线和 x 轴所包围的面积等于 1，则抽样平均数 $\bar{x}$（或成数 p）落在某一区间的概率就可用曲线在这一区间所包围的面积来表示。这表明抽样平均数（或成数）与总体平均数（或成数）误差不超过 μ 的概率为 68.27%，抽样误差不超过 2μ 的概率为 95.45%，抽样误差不超过 3μ 的概率为 99.73%等。

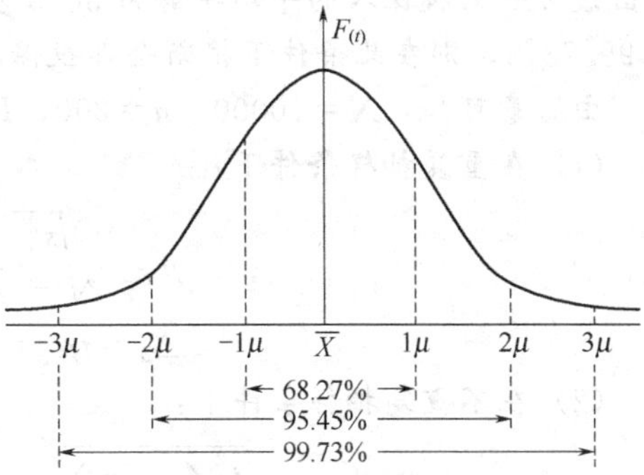

图 8-2　正态概率分布图

抽样极限误差不仅与抽样推断的可靠程度紧密联系，与抽样平均误差也存在计算上的密切关系，抽样平均误差是抽样极限误差的计算基础。抽样极限误差为抽样平均误差的若干倍，其计算公式为：

$$\Delta = t\mu$$

式中，t 为概率度，由于概率度 $t=\dfrac{\Delta}{\mu}$，其对应的概率保证程度 $F_{(t)}$ 为总体指标落在一定区间的可能性。抽样误差的概率 $F_{(t)}$ 是概率度 t 的函数，将这种对应关系编成"正态分布概率表"以反映二者的对应关系，给定 t 值便可直接从表上查出抽样误差的概率，表 8-1 是该表的部分内容。

表 8-1　正态分布概率简表

概率度 t	概率保证程度 $F_{(t)}$	概率度 t	概率保证程度 $F_{(t)}$
0.50	0.3829	2.00	0.9545
1.00	0.6827	3.00	0.9973
1.65	0.9000	4.00	0.9999
1.96	0.9500		

从抽样极限误差的计算公式中可以看出，在抽样平均误差确定时，抽样极限误差完全取决于估计的可靠程度。

根据上表概率保证程度 $F_{(t)}$ 和概率度 t 的关系可以得到以下关系：

概率保证程度 $F_{(t)}$		概率度 t		极限误差 Δ		精确性
大	→	大	→	大	→	小
小	→	小	→	小	→	大

可以看出，可靠性和精确性是一对矛盾，要提高推断的可靠程度，就要相应降低精确性即增加允许的误差；若要提高推断的精确性就要以牺牲推断的可靠程度为代价。二者不可兼得，在实际处理时要二者兼顾。

在抽样推断中，如何在二者之间进行选择呢？一般有两种方法：一是先提出可靠程度，要求计算抽样极限误差；二是先提出最大允许误差，要求判断估计的可靠程度。

平均数的抽样极限误差计算公式为：

$$\Delta_{\bar{x}} = t\mu_{\bar{x}}$$

成数的抽样极限误差计算公式为：

$$\Delta_p = t\mu_p$$

【例 8-2】某保险公司采用纯随机抽样组织形式从 10000 名投保人中随机抽取 200 名，

得出该200名投保人的平均年龄为36.5岁，年龄标准差为8.2岁，若要求推断的可靠程度为99.73%，则在此条件下推断全部投保人平均年龄的最大可能误差有多少？

由题意可知：$N=10000$，$n=200$，$F_{(t)}=99.73\%$，$t=3$，$\bar{x}=36.5$，$s_x=8.2$

(1) 在重复抽样条件下：

$$\mu_{\bar{x}}=\sqrt{\frac{s_x^2}{n}}=\sqrt{\frac{8.2^2}{200}}=0.58(岁)$$

$$\Delta_x=t\mu_{\bar{x}}=3\times0.58=1.74(岁)$$

(2) 在不重复抽样条件下：

$$\mu_{\bar{x}}=\sqrt{\frac{s_x^2}{n}\left(1-\frac{n}{N}\right)}=\sqrt{\frac{8.2^2}{200}\times\left(1-\frac{200}{10000}\right)}=0.57(岁)$$

$$\Delta_x=t\mu_{\bar{x}}=3\times0.57=1.72(岁)$$

从以上计算结果可以看出，在99.73%的可靠程度要求下，由200名投保人的平均年龄推断总投保人的平均年龄，在重复抽样条件下最大误差不超过1.74岁，在不重复抽样条件下最大误差不超过1.72岁，由于N比n大得多，二者误差非常接近。

8.4 抽样估计

抽样推断的最终目的是用样本指标推断总体指标，这种推断实际上就是一种科学的估计。抽样估计的优良标准有无偏性、一致性和有效性。抽样估计有两种常用的方法：点估计和区间估计。

8.4.1 点估计

点估计就是直接用样本指标代替要推断的总体指标。之所以做这样的估计是因为对所研究的总体指标值虽不知道，但如果抽样调查所取得的样本数据有足够的代表性，那么可以根据样本资料来计算样本指标值，并以此作为相应总体指标的估计值。

例如，在全部产品中，抽取100件进行检查，得到平均重量为1002克，合格率为98%，我们可以直接推断出全部产品的平均重量为1002克，合格率为98%，这就是利用样本指标进行的点估计。

这种方法的优点是简便易行，原理直观，并且是有科学依据的。对于不考虑抽样误差也能满足要求不太高的判断和分析，此种方法是适宜的。但此法的不足是既没有解决估计的精确度问题，更没有指出推断的把握程度，它是一种粗略的估计。要解决这个问题，必须采用总体指标的区间估计方法。

8.4.2 区间估计

区间估计就是在一定的把握程度下用样本指标值推断总体的区间范围。该方法能同时说明推断的精确程度和可靠程度。

总体指标的区间估计必须具备估计值、误差范围和概率保证程度三个基本要素，抽样误差范围决定推断的准确性，概率保证程度决定推断的可靠性，二者是一对矛盾，在设计抽样推断方案时应谨慎取舍。以纯随机抽样为例，区间估计的基本步骤可用表8-2表示。

在总体平均数的区间估计或总体成数的区间估计的基础上，用区间的上限和下限分别乘以总体单位数即可得到总体总量指标的区间范围。总体总量指标T的估计区间为：

表 8-2 总体平均数和总体成数区间估计步骤

总体平均数的区间估计	总体成数的区间估计
1. 计算样本平均数$\bar{x}$	1. 计算样本成数 p
2. 计算样本平均数的方差 s_x^2	2. 计算样本成数的方差 s_p^2
3. 计算平均数抽样平均误差 $\mu_{\bar{x}}$	3. 计算平均数抽样平均误差 μ_p
4. 计算平均数抽样极限误差 Δ_x	4. 计算平均数抽样极限误差 Δ_p
5. 总体平均数的估计区间 $\bar{x}-\Delta_{\bar{x}}\leqslant\bar{X}\leqslant\bar{x}+\Delta_{\bar{x}}$	5. 总体平均数的估计区间 $p-\Delta_p\leqslant P\leqslant p+\Delta_p$

$$(\bar{x}-\Delta_x)N\leqslant T\leqslant(\bar{x}+\Delta_x)N$$
$$(p-\Delta_p)N\leqslant T\leqslant(p+\Delta_p)N$$

【例 8-3】 某城市组织专项调查以了解该市职工的月收入状况，采用简单随机重复抽样的方法，从本市 20 万名职工中随机抽取 100 名调查其月收入情况，资料见表 8-3。要求在 95.45％的概率保证程度下：

(1) 对全市职工月人均收入进行区间估计；

(2) 对全市职工月收入总额进行区间估计；

(3) 对全市职工月人均月收入在3000 元以上人数所占比重进行区间估计；

(4) 估计该市月收入在 3000 元以上的职工总人数范围。

表 8-3 某市职工月收入样本资料及计算表

月人均收入(元)	职工人数 f(人)	组中值 x	xf	$(x-\bar{x})^2$	$(x-\bar{x})^2f$
1000 以下	4	500	2000	7617600	30470400
1000～2000	8	1500	12000	3097600	24780800
2000～3000	36	2500	90000	577600	20793600
3000～4000	22	3500	77000	57600	1267200
4000～5000	20	4500	90000	1537600	30752000
5000 以上	10	5500	55000	5017600	50176000
合 计	100	—	326000	—	158240000

由题意可知：$N=200000$，$n=100$，$n_1=52$，$F_{(t)}=95.45\%$，$t=2$。

(1) 样本平均数为：

$$\bar{x}=\frac{\sum xf}{\sum f}=\frac{326000}{100}=3260(\text{元})$$

(2) 职工月人均收入的样本方差为：

$$s_x^2=\frac{\sum(x-\bar{x})^2f}{\sum f-1}=\frac{158240000}{100-1}=1598383.84(\text{元})$$

(3) 月人均收入在 3000 元以上的职工所占比重为：

$$p=\frac{n_1}{n}=\frac{52}{100}=52\%$$

(4) 抽样极限误差为：

$$\Delta_{\bar{x}}=t\mu_{\bar{x}}=t\sqrt{\frac{s_x^2}{n}}=2\times\sqrt{\frac{1598383.84}{100}}=252.85(\text{元})$$

$$\Delta_p = t\mu_p = t\sqrt{\frac{p(1-p)}{n}} = 2\times\sqrt{\frac{0.52\times(1-0.52)}{100}} = 9.9\%$$

(5) 区间估计如下：

职工平均月收入的置信区间为：

$$3260-252.85\leqslant\overline{X}\leqslant3260+252.85$$

$$即\ 3007.15\leqslant\overline{X}\leqslant3512.85$$

职工月收入总额的置信区间为：

$$3007.15\times200000\leqslant M\leqslant3512.85\times200000$$

$$即\ 601430000\leqslant M\leqslant702570000$$

人均月收入在3000元以上职工人数所占比重的置信区间为：

$$52\%-9.9\%\leqslant P\leqslant52\%+9.9\%$$

$$即\ 42.1\%\leqslant P\leqslant61.9\%$$

月收入在3000元以上的职工人数的置信区间为：

$$42.1\%\times200000\leqslant T\leqslant61.9\%\times200000$$

$$即\ 84200\leqslant T\leqslant138000$$

8.5 必要样本容量的确定

在抽样推断中，若抽样推断既提出可靠性的要求，又提出精确性的要求，那么如何确定样本容量？尽管样本单位数越多，抽样推断的可靠性越高，误差越小，精确性越高，然而，事实上任何一种抽样调查都是在一定费用限制条件下进行的，抽样方案设计应该力求调查费用的节省。样本的容量究竟要多大才算是适度？这就是必要样本容量的确定问题。

8.5.1 必要样本容量的概念

必要样本容量是指在最大允许误差和可靠程度的要求下，至少应该从总体中抽取的样本单位数。

确定必要样本容量的原则是在满足要求的前提下尽量少抽取样本单位数目，做到既不浪费人力、物力、财力，又能取得较好的抽样推断效果。在抽样推断前，调查者一般要根据调查对象的特点和研究目的，提出两个要求：最大允许误差和推断的可靠程度。

8.5.2 简单随机抽样条件下必要样本容量的确定

必要样本容量的计算公式可以根据抽样极限误差的计算公式和抽样平均误差的计算公式推出。

(1) 重复抽样条件下

推断总体平均数所需的抽样数目的计算公式为：

$$n=\frac{t^2\sigma_x^2}{\Delta_x^2}$$

推断总体成数所需的抽样数目的计算公式为：

$$n=\frac{t^2p(1-P)}{\Delta_p^2}$$

(2) 不重复抽样条件下

推断总体平均数所需的抽样数目的计算公式为：

$$n=\frac{Nt^2\sigma_x^2}{N\Delta_{\bar{x}}^2+t^2\sigma_x^2}$$

推断总体成数所需的抽样数目的计算公式为：

$$n=\frac{Nt^2p(1-P)}{N\Delta_p^2+t^2p(1-P)}$$

8.5.3 影响必要样本容量的主要因素

（1）总体被研究标志的变异程度（总体方差 σ^2）

总体方差与样本容量成正比，总体方差越大，需抽取的样本单位数越多；总体方差越小，需抽取的样本单位数越少。

（2）最大允许误差 Δ

允许的极限误差越小，则应抽取的样本单位数越多，反之，应抽取的单位数越少。以重复抽样来说，当允许误差缩小一半时，样本容量是原来的 4 倍；当允许误差扩大一倍时，样本容量是原来的 1/4。因此，在对抽样误差的可能允许范围上要十分谨慎地给予考虑。

（3）推断的可靠性

抽样推断的可靠程度越高，概率度 t 越大，应抽取的样本单位数就越多；要求的可靠程度越低，则应抽取的样本单位数越少。因此，过分地要求抽样推断的可靠程度要以大幅度地增加样本单位数为代价，从而增加抽样调查的费用。

（4）抽样方法

采用重复抽样的抽样数目要大于不重复抽样的抽样数目。一般情况下，由于要抽取的样本单位数总是远远低于总体单位数。因此，采用不重复抽样确定必要样本容量时，也可以采用重复抽样的计算公式计算。

（5）抽样的组织形式

不同的抽样组织形式所决定的样本容量存在差异。

8.5.4 具体确定样本容量时需要注意的问题

第一，在计算必要样本容量时，总体方差是未知。可有两种方法来代替总体方差：一是用过去同类资料代替，若有历史资料，则取方差最大的；二是利用样本方差代替。

第二，当同一推断中既有对平均数的估计要求又有对成数的估计要求时，计算出的样本单位数往往不等，为满足推断的要求，应选择较大的样本数目。

第三，抽样单位数应为整数，若出现小数时，如 n 为 214.1 个，则必要的样本单位数应为 215 个。

【例 8-4】 某电视机厂采用纯随机重复抽样的方法对一批电视机的平均寿命和合格率进行检验。根据以往的数据，电视机使用寿命的标准差为 1500 小时，合格率在 70%～80%之间，若要求抽样推断的可靠程度为 95%，平均寿命的抽样误差不超过 120 小时，合格率的误差不超过 5%，应抽取多少台电视机进行检查？

由题意可知：$F_{(t)}=95\%$，$t=1.96$，$\sigma_x=1500$，$p=70\%$，$\Delta_{\bar{x}}=120$，$\Delta_p=5\%$。

（1）当推断平均使用寿命时，应抽取的电视机台数为：

$$n_1=\frac{t^2\sigma_x^2}{\Delta_{\bar{x}}^2}=\frac{1.96^2\times1500^2}{120^2}=600.25\approx601(\text{台})$$

（2）当推断产品合格率时，应抽取的电视机台数为：

$$n_2=\frac{t^2PQ}{\Delta_p^2}=\frac{1.96^2\times70\%\times(1-70\%)}{0.05^2}=322.7\approx323(\text{台})$$

从计算结果可以看出，若抽取323台只能满足合格率推断的要求，而不能满足平均寿命推断的要求，要同时满足二者的要求，应选取一个较大数即601台，这样既可以满足推断产品合格率的要求，也可以避免因抽样单位数不足而造成平均寿命估计误差的扩大或可靠性降低。

课后练习

一、判断题

1. 抽样调查必须遵循的基本原则是灵活性原则。（　）
2. 抽样极限误差是反映抽样指标与总体指标之间的抽样误差的可能范围的指标。（　）
3. 重复抽样的抽样误差一定大于不重复抽样的抽样误差。（　）
4. 抽样误差是由于抽样的偶然因素而产生的，它既可以避免，也可以控制。（　）
5. 实际误差可以与抽样平均误差一样大，也可以比它大或比它小。（　）
6. 点估计是以样本的实际值直接作为总体参数的估计值的一种抽样推断方法。（　）

二、单选题

1. 反映抽样指标与总体指标之间的抽样误差的允许范围的指标是（　）。
A. 抽样平均误差　B. 抽样误差系数　C. 概率度　D. 抽样极限误差
2. 在一定的抽样平均误差条件下，（　）。
A. 扩大极限误差范围可以提高推断的可靠程度
B. 扩大极限误差范围会降低推断的可靠程度
C. 缩小极限误差范围可以提高推断的可靠程度
D. 缩小极限误差范围不改变推断的可靠程度
3. 0～1分布随机变量标准差的取值范围为（　）。
A. 0～0.25　B. 0～0.5　C. 0～1　D. 0.5～1
4. 抽样推断的主要目的是（　）。
A. 用样本推断总体　B. 计算和控制抽样误差
C. 对调查单位作深入的研究　D. 广泛运用数学方法
5. 抽样误差是指（　）。
A. 调查中所产生的登记性误差　B. 调查中所产生的系统性误差
C. 随机性的代表性误差　D. 计算过程中产生的误差
6. 在其他条件不变的情况下，抽样单位数增加一半，则抽样平均误差（　）。
A. 缩小为原来的81.6%　B. 缩小为原来的50%
C. 缩小为原来的25%　D. 扩大为原来的4倍
7. 为了了解某工厂职工家庭收支情况，按该厂名册依次每50人抽取1人，对其家庭进行调查，这种调查属于（　）。
A. 简单随机抽样　B. 等距抽样　C. 类型抽样　D. 整群抽样
8. 抽样极限误差和抽样平均误差的数值之间的关系为（　）。
A. 抽样极限误差可以大于或小于抽样平均误差
B. 抽样极限误差一定大于抽样平均误差
C. 抽样极限误差一定小于抽样平均误差
D. 抽样极限误差一定等于抽样平均误差

三、多选题

1. 抽取样本单位的方法有（　）。
A. 重置抽样　B. 不重置抽样　C. 简单随机抽样

D. 等距抽样　　　　　　E. 整群抽样

2. 抽样平均误差（　　）。

A. 是不可避免的　　　　　　　　　　　B. 与总体的标准差的大小有关

C. 是可以通过改进调查方法来消除的　　D. 其大小无法控制

3. 影响抽样平均误差数值大小的因素有（　　）。

A. 总体各单位标志值的差异程度　　　　B. 样本单位数的多少

C. 概率度和样本指标的大小　　　　　　D. 抽样方法

4. 在抽样误差一定的条件下，（　　）。

A. 扩大极限误差的范围，可以提高推断的可靠程度

B. 缩小极限误差的范围，可以提高推断的可靠程度

C. 扩大极限误差的范围，只能降低推断的可靠程度

D. 缩小极限误差的范围，只能降价推断的可靠程度

5. 常用的抽样组织形式有（　　）。

A. 简单随机抽样　　B. 等距抽样　　　　C. 重复抽样

D. 类型抽样　　　　E. 整群抽样

四、计算题

1. 某工厂有1500个工人，用简单随机重复抽样的方法，抽出50个工人作为样本，调查其工资水平，如下表：

月平均工资(元)	524	534	540	550	560	580	600	660
工人数(人)	4	6	9	10	8	6	4	3

要求：(1) 计算样本平均数和抽样平均误差；(2) 以95.45%的可靠性估计该厂工人的月平均工资和工资总额。

2. 有一袋装食品，规定每袋重量在100克以上的为合格。按简单随机重复抽样方式抽取50袋检查如下表：

重量(克)	90～95	95～100	100～105	105～110
相应袋数(个)	2	3	35	10

试以95.45%的可靠性估计该批食品的合格率范围。

9 国民经济核算统计

9.1 国民经济核算概述

9.1.1 什么是国民经济核算

国民经济核算又称国民核算（National Accounting），是以国民经济为整体，以一定的经济理论为指导，综合运用各种统计方法、工商会计的记录方法及一套相互有联系的数表，全面、系统地描述一国国民经济运行的理论和方法。

国民经济核算从内容上可以揭示国民经济运行过程中各种经济系统的主要经济功能及相互联系。具体来讲，它要说明生产如何创造或转化为货物和服务，以及形成初次分配和再分配收入；说明收入如何用于消费和积累，以及经济中通过各种金融中介机构进行的融资活动；说明国内与国外发生的经常收支往来和资本收支往来，以及国民财产和财富的状况和变化。

国民经济核算通过规范的概念、分类、核算原则、表式及逻辑关系，不但可以对国民经济进行系统的描述，而且可以根据核算中的有关平衡关系，为建立宏观经济计量模型提供理论依据，并对国民经济运行过程进行监测、反馈和预警，从而更好地为宏观调控和管理服务。

9.1.2 国民经济核算有关的几个基本概念及分类

（1）经济领土及常住单位

经济领土是指由一国政府控制或拥有的地理领土，还包括该国驻外使领馆、科研站及援助机构、军事基地等所拥有的地域，并相应扣除外国驻本国的上述机构所拥有的地域。所谓常住单位，是指在一国经济领土上具有经济利益中心的经济单位。经济利益中心是指在一国经济领土内拥有一定活动场所，从事一定的生产和消费活动，并持续经营或居住一年以上的单位或个人。一般就单位（机构单位）而言，不论其资产和管理归属哪个国家控制，只要符合上述标准，该单位（机构单位）在所在国就具有了经济利益中心；就个人而言，不论其国籍属于哪个国家，只要符合上述标准，该居民在所在国就具有经济利益中心。

根据上述定义，我们就可划定一国经济总体的边界，确定哪些属于国内发生的经济活动，哪些属于该国对外发生的经济活动，哪些不属于该国国民经济活动。

（2）机构单位和机构部门

① 机构单位　是指有权拥有资产和承担债务，能够独立从事经济活动并和其他实体进行交易的经济实体。机构单位按其依据不同，可划分为以下几类。

按具备机构单位的条件可以分为住户和法人单位。法人单位指得到法律或社会承认的独立于其所有者的社会实体，具体包括企业、事业单位、机关（行政）单位、社会团体单位、基层群众自治组织和其他单位。

按经济活动的市场特征可分为营利性机构单位和非营利性机构单位。营利性机构单位以营利为目的，如企业、公司等；非营利性机构单位以非营利为目的，主要是政府单位和以慈善为目的的民间组织以及消费者协会、工会、宗教、学术团体等民间组织。

按一国（或地区）国民经济核算的范围可分为常住机构单位和非常住机构单位。常住机构单位即前面定义的常住单位，非常住机构单位指不具有常住性的单位，一般是作为国外来处理的。

② 机构部门　同类机构单位的集合构成机构部门。机构部门按其在国民经济活动中的性质不同，可分为五大机构部门。

非金融企业部门。所有非金融企业归并在一起，就形成非金融企业部门。非金融企业主要从事市场货物生产和提供非金融市场服务，它主要包括从事上述活动的各类法人企业。

金融机构部门。所有金融机构归并在一起，就形成金融机构部门。金融机构指主要从事金融媒介以及与金融媒介密切相关的辅助金融活动的常住单位，它主要包括中央银行、商业银行、政策性银行、非银行信贷机构和保险公司。

政府部门。所有政府单位归并在一起，就形成政府部门。政府单位指在我国境内通过政治程序建立的、在某一特定区域内对其他机构单位拥有立法、司法和行政权的法律实体及其附属单位。政府单位的主要职能是利用征税和其他方式获得资金向社会和公众提供公共服务；通过转移支付，对社会收入和财产进行再分配。它主要包括各种行政单位和非营利性事业单位。

住户部门。所有住户归并在一起，就形成住户部门。住户指共享同一生活设施，部分或全部收入和财产集中使用，共同消费住房、食品和其他消费品与服务的常住个人或个人群体。

国外部门。所有不具有常住性的机构单位都是非常住单位。将所有与我国常住单位发生交易的非常住单位归并在一起，就形成国外部门。对于国外部门来说，并不需要核算它的所有经济活动，只需核算它与我国常住机构单位之间的交易活动。

（3）基层单位和产业部门

① 基层单位　也称为产业活动单位。它是以生产活动和生产某个产品的相对独立性为原则划分的，具体特征是：第一，具有一定生产场所；第二，能够获取有关生产活动的投入和产出资料，包括劳动和资本生产要素的投入；第三，具有自己的管理部门，负责日常生产活动，并能编制反映生产过程的生产账户。如果企业只生产一种产品，那么它就构成一个基层单位。一般说来，一个产品的生产组织就确定为一个基层单位。

基层单位和机构单位是一种隶属关系，一个机构单位可以包含一个或多个完整的基层单位，而一个基层单位只能隶属于一个机构单位。

② 产业部门　基层单位根据生产产品或服务的同质性分类形成国民经济产业部门，在我国习惯称为国民经济行业部门。产业部门分类是针对生产核算进行的部门分类，它应用于国内生产总值核算和投入产出核算。目前，国民经济核算体系根据新的国民经济行业分类标准（GB/T 4754—2002）和统计基础情况确定产业部门分类。在分类基础上，还对其进行了三次产业划分，即：

第一产业：农业、林业、牧业和渔业；

第二产业：采矿业，制造业，电力、燃气及水的生产和供应业，建筑业；

第三产业：除了第一产业和第二产业以外的其他行业。第三产业包括：交通运输业、仓储和邮政业，信息传输，计算机服务和软件业，批发和零售业，住宿和餐饮业，金融业，房地产业，租赁和商务服务业，科学研究、技术服务和地质勘探业，水利、环境和公共设施管理业，居民服务业，公共管理和社会组织，国际组织。

国民经济核算体系有关三次产业的分类，为计算国内生产总值奠定了基础，为分析和预测我国国民经济的产业结构及其发展趋势以及进行国际间的比较提供了依据。

9.2 国民经济核算体系的基本内容

9.2.1 我国国民经济核算体系的基本框架

我国国民经济核算体系由基本核算表、国民经济账户和附属表三部分构成。基本核算表包括国内生产总值表、投入产出表、资金流量表、国际收支表和资产负债表；国民经济账户包括经济总体账户、国内机构部门账户和国外部门账户；附属表包括自然资源实物量核算表和人口资源与人力资本实物量核算表。基本核算表和国民经济账户是本体系的中心内容，它们通过不同的方式对国民经济运行过程进行全面的描述。附属表是对基本核算表和国民经济账户的补充，它对国民经济运行过程所涉及的自然资源和人口资源与人力资本进行描述。我国国民经济核算体系基本框架见图 9-1。

在本体系中，基本核算表与国民经济账户都是对国民经济运行过程及结果的描述，两者

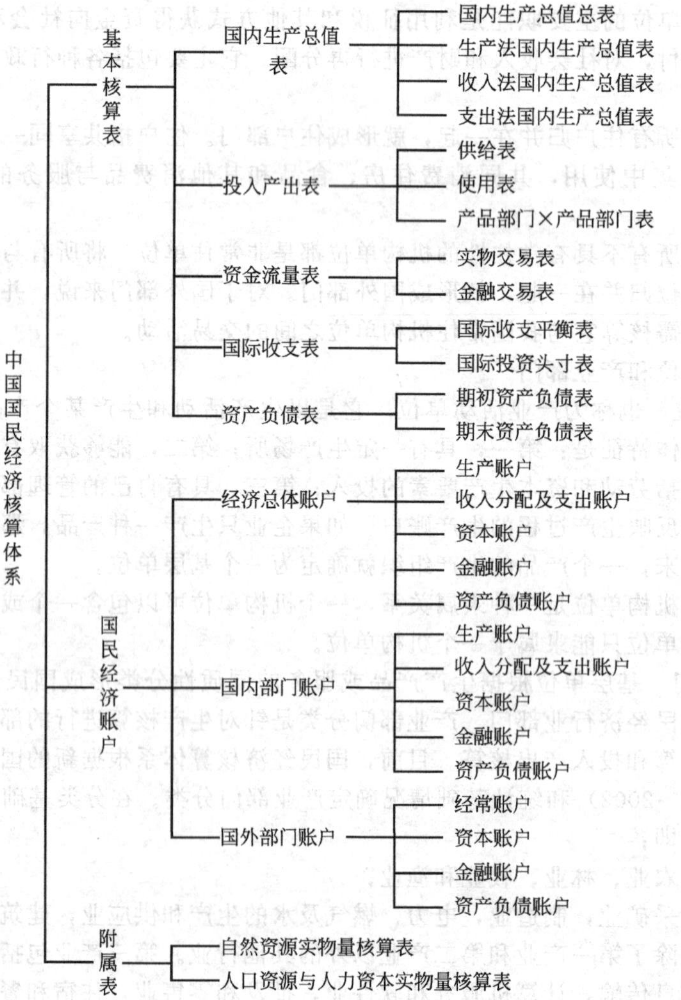

图 9-1 中国国民经济核算体系框架

之间既密切联系，又相互独立。每张基本核算表都侧重于经济活动某一方面的核算，所有的基本核算表构成了一个有机的整体，对国民经济活动进行全面的核算。国民经济账户则侧重于经济循环过程的核算，各个账户按生产、收入分配、消费、投资和融资等环节设置，相互之间通过平衡项来衔接，既系统地反映了经济循环过程中每个环节的基本内容，又清楚地反映了各环节之间的有机联系。

9.2.2 国民经济核算的基本内容

国民经济核算体系涉及的内容较多，这里仅就国内生产总值核算、投入产出核算、资金流量核算、国际收支核算、资产负债核算的内容作概括介绍。

(1) 国内生产总值核算

国内生产总值是按市场价格计算的一个国家所有常住单位在一定时期内生产活动的最终成果。国内生产总值核算包括两方面内容，一方面核算国内生产总值的生产和初次分配状况，另一方面核算国内生产总值的使用支出状况。

(2) 投入产出核算

投入产出核算是国内生产总值核算向生产领域的延伸和发展，它以矩阵形式，描述国民经济各部门在一定时期（通常为一年）生产中的投入来源和产出使用去向，揭示国民经济各部门间相互依存、相互制约的技术经济联系，同时，它将生产法、收入法、支出法国内生产总值结合在一张表上，细化了国内生产总值核算。

(3) 资金流量核算

资金流量核算是从收入分配和资金流动角度对国内生产总值核算的补充。其内容包括两方面：一方面是实物交易核算，主要反映国民经济范围内的收入分配过程；另一方面是金融交易核算，主要反映各部门参与金融交易的状况，表现一定时期的资金运转状况。

(4) 国际收支核算

国际收支核算以国际收支表（包括国际收支平衡表和国际投资头寸表）为中心，运用借贷记账法原理，反映一国一定时期内常住单位和非常住单位之间发生的交易，以及一国特定时间点上常住单位对外金融资产和负债的规模及收支平衡状况。国际收支平衡表的记账规定，资产持有额的减少、债权的减少和债务的增加记入贷方；资产持有额的增加、债权的增加和债务的减少记入借方。

(5) 资产负债核算

资产负债核算是以经济资产存量为对象的核算。它反映某一时间点上机构部门及经济总体所拥有的资产和负债的历史积累状况。核算期期初资产负债规模和结构是当期经济活动的初始条件，经过一个核算期的经济活动（生产、分配、投资、资金融通等）和非经济活动（自然灾害、战争等）形成了核算期期末资产负债的规模和结构。因此，资产负债核算与经济流量核算之间有着密切的联系。

以上五种基本核算中，前四种核算是关于经济流量的核算，反映核算期当期实际发生的经济活动总量，第五种核算是关于经济存量的核算，反映在特定核算时点上一国或一部门所拥有的经济资产总量。

9.3 国民经济核算中的主要统计指标

国民经济核算也称宏观经济统计，其统计指标主要以总量指标为中心，这些指标包括：国内生产总值、国民生产总值（国民总收入）、国民净收入、国民可支配收入、国民财产等。这些主要指标及其平衡关系可以反映国民经济活动总量的基本方面。

9.3.1 国内生产总值

国内生产总值（Gross Domestic Products，GDP），是一个国家或地区在一定时期内所生产的全部最终产品和服务的市场价值的总和。国内生产总值有三种表现形态，即价值形态、收入形态和产品形态。从价值形态看，它是所有常住单位在一定时期内所生产的全部货物和服务价值超过同期投入的全部非固定资产货物和服务价值的差额，即所有常住单位的增加值之和；从收入形态看，它是所有常住单位在一定时期内所创造并分配给常住单位和非常住单位的初次分配收入之和；从产品形态看，它是最终使用的货物和服务减去进口货物和服务之和。

在国民经济核算中，国内生产总值的三种表现形态是通过三种不同方法计算的，具体计算方法如下。

(1) 生产法（增加值法）

生产法是从生产的角度按生产部门产出和投入直接计算国内生产总值。计算公式为：

$$国内生产总值=\sum 各部门增加值$$

$$部门增加值=部门总产出-部门中间投入$$

总产出是指各生产单位在一定时期内所生产的全部货物和服务的总价值。其中，既包括将被其他单位用于生产作为中间投入的中间产品，也包括将用于最终消费、积累和出口的最终产品。

(2) 收入法（分配法）

收入法是从分配或收入的角度计算国内生产总值。计算公式为：

$$国内生产总值=固定资产折旧+劳动者报酬+生产税净额+营业盈余$$

公式中，固定资产折旧是指核算期内各生产单位为补偿生产活动中所耗用的固定资产按比例提取的折旧费。劳动者报酬是指劳动者从其所在的生产单位通过各种渠道得到的所有货币形式或实物形式的劳动收入，代表了劳动力这种生产要素从生产的价值中所获得的收入。生产税净额是生产单位在生产、销售、购买、进口和使用货物和服务时向国家缴纳的税金(不包括任何针对企业利润、盈余及其他收入所缴纳的税收)，如产品税、销售税、营业税等，减去国家针对货物和服务的生产或进口对生产单位所作的补贴，代表了政府参与生产单位生产所获得的收入。营业盈余是生产单位总产出扣除中间消耗、劳动报酬、生产税净额和固定资产折旧以后的余额，代表了劳动力以外的土地、资本及管理等生产要素所得收入之和。

(3) 支出法（使用法）

支出法是从最终使用的角度来计算国内生产总值。用公式表示为：

$$国内生产总值=最终消费+资本形成总额+(货物和服务出口-货物和服务进口)$$

公式中，最终消费是当期在非生产过程中所使用的货物和服务价值，从消费者来看，就是为获得这些货物和服务所花费的最终消费支出，从消费群体看，消费者主要包括居民个人消费和政府消费。资本形成总额是指在经济活动过程中用于积累从而增加了资产的货物和服务的价值，主要包括固定资本形成和存货增减变化两部分。货物和服务出口是本国生产的被国外使用的货物和服务价值，所以计算时应加上这一部分价值。货物和服务进口是由于用于本国消费、积累和出口的货物和服务中，有一部分是由国外生产的，故要将这部分进口价值扣除，才能推算出当期国内生产总值的最终产品价值。

理论上，上述三种方法计算的结果应当是一致的，称为三等价原则，即生产法 GDP＝分配法 GDP＝支出法 GDP。但是，由于不同方法核算的国内生产总值资料来源不同，而且都有一定的估算，在实际中常会出现一定的差异，这种差异属统计误差。

国内生产净值（Net Domestic Product，NDP）是反映各产业部门一定时期内生产的净产品的总量指标，计算公式为：

国内生产净值＝国内生产总值－固定资产折旧

【例 9-1】 某地区有关国民经济核算资料如表 9-1 所示：

表 9-1 国内生产总值核算表 单位：百万元

生产		使用	
生产法国内生产总值	2856	支出法国内生产总值	2856
总产出	6416	最终消费	1818.5
中间消耗(－)	3560	居民消费	1486
收入法国内生产总值	2856	政府消费	332.5
劳动报酬	1471.5	资本形成总额	1093.5
生产税净额	200.5	固定资本形成	951
固定资产折旧	300.5	存货增加	142.5
营业盈余	883.5	净出口	－54.5
		出口	393
		进口(－)	447.5
		统计误差	－1.5

① 生产法：

国内生产总值＝总产出－中间消耗

＝6416－3560＝2856（百万元）

② 收入法：

国内生产总值＝劳动者报酬＋生产税净额＋固定资产折旧＋营业盈余

＝1471.5＋200.5＋300.5＋883.5＝2856（百万元）

③ 支出法：

国内生产总值＝最终消费＋资本形成总额＋净出口

＝1818.5＋1093.5＋(393－447.5)－1.5＝2856（百万元）

9.3.2 国民总收入

国民总收入（Gross National Income，GNI），过去称为国民生产总值（Gross National Product，GNP），是一个国家或地区的居民在一定时期内所生产的全部最终产品和服务的市场价值总和。其计算公式为：

国民总收入＝国内生产总值＋(来自国外的要素收入－支付国外的要素收入)

＝国内生产总值＋来自国外的净要素收入

国民净收入（Net National Income，NNI），就是过去的国民生产净值（Net National Product，NNP），计算公式如下：

国民净收入＝国民总收入－固定资产折旧

＝国内生产净值＋来自国外的净要素收入

9.3.3 国民可支配收入

国民可支配收入是国民总收入加上来自国外的政府援助、非官方赠予等非借贷、无须偿还的各种限期净转移收入之和，它是一国可以用作消费和储蓄的全部收入，计算公式为：

国民可支配总收入＝国民总收入＋来自国外的转移收入－付给国外的转移支出

＝总消费＋总储蓄

国民可支配净收入＝国民可支配总收入－固定资产折旧

＝总消费＋净储蓄

9.4 宏观经济统计分析基本指标

9.4.1 人均水平指标

（1）人均国内生产总值

国内生产总值是反映一国经济总规模的统计指标，它既表明一国的经济规模和发展水平，也受一国国土面积大小和人口数量的影响。例如，2008 年我国 GDP 达到了 4.22 万亿美元，位居世界第三，人均 GDP 才 3315 美元，相较瑞士的情况，瑞士人均 GDP 达到 67384 美元，位居世界前列。所以在进行不同国家经济发展水平的横向对比时，不仅要看总量，更要看人均水平。人均 GDP 反映了一国国民经济生产总量与本国人口比较的相对强度，其计算公式如下：

$$\text{人均 GDP}=\frac{\text{GDP}}{\text{人口总数}}$$

（2）社会劳动生产率

由于一国总人口中，已经退休的老年人口和儿童人口不直接参与社会生产活动，但直接参与 GDP 的消费，所以把 GDP 与人口中直接从事社会生产活动的劳动者相比，即社会劳动生产率指标。计算公式如下：

$$\text{社会劳动生产率}=\frac{\text{GDP}}{\text{社会劳动者人数}}$$

社会劳动生产率说明每一个社会劳动者提供的国民经济最终产品数量，是各国普遍使用的、用来反映整个国民经济活动效率的指标之一。

（3）人均国民总收入

如前所述，国民总收入（国民生产总值）是一个收入指标。一国总人口中，虽有一部分人口不参与社会生产活动，但是它们都要通过各种收入分配渠道直接、间接获得收入并进行消费，所以虽然每个人不一定都与国内生产总值有直接关系，但却与国民总收入存在直接的关系。人均国民总收入集中反映了一国国民经济的发展水平和人民生活的福利水平，是国际上通行的判定一国经济发展所处阶段和进行横向对比的重要依据。

9.4.2 收入分配分析指标

居民收入分配差异分析是关于收入分配的均衡情况分析。存在收入差距的主要原因有两种：一种是由于居民本身素质上的差异所引起的收入差异，如受过高等教育和没有受过高等教育造成的收入差异；另一种是由于不同地区和不同行业、部门从事不同职业所引起的收入差异，居民收入分配差异的主要分析方法有五等分法和基尼系数法。

（1）五等分法

五等分法的基本思路，是把居民按收入水平高低划分为人数相等的 5 组，计算每一组的收入占总收入的百分比，通过考察各组的收入百分比来分析收入分配均衡程度。各组的收入比重越偏离 20％的均值，则说明收入分配差异越大；反之，各组的收入比重越接近 20％的均值，则社会收入越均衡。

具体做法如表 9-2 所示，首先把所有社会成员按照收入水平从低到高排序，收入水平最低的 20％为一组，称为“低收入组”；第二个 20％称为“中等偏下收入组”；第三个 20％称为“中等收入组”；第四个 20％称为“中等偏上收入组”；第五个 20％称为“高收入组”。计

表 9-2 某国收入所得分配情况表

按收入水平分组	人口百分比(%)	占社会总收入的百分比(%)
低收入组	20	3
中等偏下收入组	20	4.5
中等收入组	20	21.5
中等偏上收入组	20	20
高收入组	20	51

算每一组的收入合计占全社会收入的比重来反映社会收入分配的差异程度。因为每一组的人数都占总人数的 20%，若某一组的收入合计在社会总收入中的比重超过了 20%，就说明这一组的收入水平高于社会平均收入水平；反之，若某一组的收入合计在社会总收入中的比重低于 20%，就说明这一组的收入水平低于社会平均收入水平。

(2) 基尼系数

基尼系数是按照统计学家基尼(K. Gini) 的名字来命名的。基尼系数测算的是一国经济中收入在个人或家庭之间分配偏离完全平均分配的尺度，是国际上最常用的分析收入分配格局的方法。基尼系数是在对居民按照收入水平高低进行排队和等分的基础上，绘制洛伦兹曲线，如图 9-2 所示，然后根据图中的有关部分面积进行计算的。洛伦兹曲线描述了与收入获得者的累计人数相对应的总收入的累计百分比。

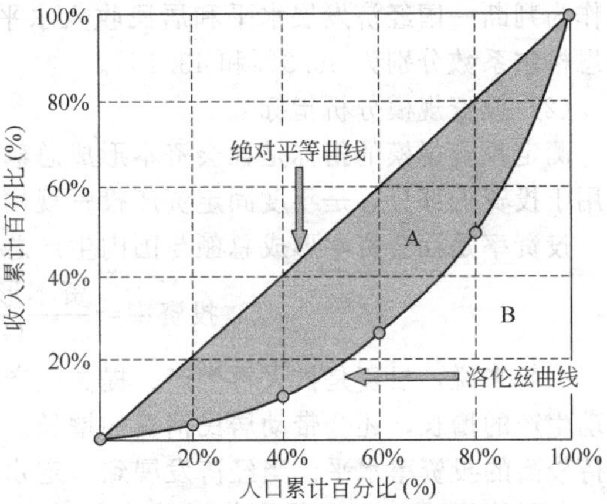

图 9-2 洛伦兹曲线示意图

根据洛伦兹曲线的含义，洛伦兹曲线越远离绝对平等线，收入分配越不均衡。它与绝对平等线之间所围成的面积 S_A 越大。由于三角形面积 S_{A+B} 是固定的，基尼系数就是用 S_A 与 S_{A+B} 的比重来反映收入分配的均衡程度。用公式表示如下：

$$G=\frac{S_A}{S_{A+B}}$$

显然，基尼系数的取值区间为 0～1。基尼系数为 0 表示收入分配完全平均，为 1 则表示最不平均。基尼系数越接近 1，收入分配的均衡程度越低。世界各国对基尼系数的实际测算表明，大多数国家的基尼系数都在 0.2～0.6 之间，各国通行的判断标准是：基尼系数低于 0.2 表明收入分配高度平均，0.2～0.3 为相对平均，0.3～0.4 大致合理，0.4～0.6 显示收入分配差距过大，0.6 以上则表明收入分配严重向一部分人倾斜。例如，联合国公布的各国 2007 年基尼系数中，我国基尼系数为 0.469，是亚洲贫富差距最大的国家，其他国家如美国为 0.408，日本为 0.249，印度为 0.369。

9.4.3 消费和投资分析指标

(1) 最终消费规模分析指标

消费是对货物和服务的使用以满足生活需要，这种消费需求也称作最终消费。任何社会中，消费都是生产的最终目的，各国 GDP 中，用于最终消费的比例往往超过 50%，有些国家甚至达到80%。

从国内生产总值的最终使用角度出发，居民和政府是两大消费主体。居民消费是指常住住户对货物和服务的全部最终消费支出，政府消费是指政府部门为全社会提供公共服务的消费支出，以及免费或以较低价格向住户提供货物和服务的支出。测定消费规模的统计指标是最终消费总额，它等于居民消费和政府消费的总和，最终消费总额与GDP比率为消费率，公式表示如下：

$$消费率=\frac{最终消费总额}{GDP}\times 100\%$$

值得一提的是，在消费分析中，恩格尔系数是一个重要指标，公式表示如下：

$$恩格尔系数=\frac{食品支出额}{消费支出额}\times 100\%$$

随着人们收入水平的提高，恩格尔系数不断下降是一个普遍规律。因此，恩格尔系数可以作为判断一国经济发展水平和居民收入水平的辅助指标。例如，2007年我国城镇和农村的恩格尔系数分别为36.3%和43.1%。

(2) 投资规模分析指标

测定投资规模的指标是社会资本形成总额和投资率。社会资本形成总额是国内生产总值中用于投资的部分，是年度固定资产投资规模和库存增加两部分的总和。

投资率是社会资本形成总额与国内生产总值的比值，用公式表示如下：

$$投资率=\frac{资本形成总额}{GDP}\times 100\%$$

一般来说，投资是扩大再生产、提高生产能力的重要手段，较高的投资率不仅可以直接带动生产的增长，还会带动居民消费的增长。发展中国家和地区为保持经济较快的增长，都维持较高的投资率水平。当经济发展到一定水平后，投资率会逐步趋缓，消费率逐步提升，此时，经济增长也由以投资拉动为主转为以消费拉动为主，此后，消费率始终保持较高水平。

表9-3是改革开放后我国若干年份GDP最终消费、资本形成总额分析数据。表9-3资料显示，改革开放后随着我国GDP规模的不断扩大，最终消费规模和资本形成总额的规模都逐年增大，消费率呈下降趋势，投资率呈上升趋势，因此我国当前的经济增长主要还是由投资拉动的。

表9-3 我国改革开放后GDP最终使用构成分析

年份	最终消费支出（亿元）	资本形成总额（亿元）	资本形成率(投资率)（%）	最终消费率(消费率)（%）
1978	2239.1	1377.9	38.2	62.1
1980	3007.9	1599.7	34.8	65.5
1985	5986.3	3457.5	38.1	66.0
1990	12090.5	6747.0	34.9	62.5
1995	36748.2	25470.1	40.3	58.1
2000	61516.0	34842.8	35.3	62.3
2001	66878.3	39769.4	36.5	61.4
2002	71691.2	45565.0	37.9	59.6
2003	77449.5	55963.0	41.0	56.8
2004	87032.9	69168.4	43.2	54.3
2005	97822.7	80646.3	42.7	51.8
2006	110595.3	94402.0	42.6	49.9
2007	128444.6	111417.4	42.3	48.8

课后练习

一、单选题

1. 国民经济核算的主体是以（　　）界定的。

A. 一国的地理领土范围　　B. 一国的主权领土范围

C. 一国的经济领土范围　　D. 一国常住经济单位

2. 中间产品和最终产品的划分依据是（　　）。

A. 产品的性质　B. 产品的功能　C. 产品的使用去向　D. 产品的使用价值

3. 生产税中不包括（　　）。

A. 农业税　B. 营业税　C. 所得税　D. 销售税

4. 可支配收入与消费支出的差额构成的指标是（　　）。

A. 储蓄　B. 投资　C. 积累　D. 银行储蓄存款

5. 一国的恩格尔系数与基尼系数的关系是（　　）。

A. 恩格尔系数越高基尼系数越高

B. 恩格尔系数越高基尼系数越低

C. 恩格尔系数越低基尼系数越高

D. 不能下结论

二、计算题

设某地区某年有关核算资料如下表：

指　标	数额(亿元)	指　标	数额(亿元)
总产出	1200	总资本形成	210
中间投入	700	出口	80
固定资产消耗	60	进口	90
劳动者报酬	300	来自国外的要素收入	25
生产税净额	40	支付国外的要素收入	15
营业盈余	100	来自国外的经常转移收入	3
最终消费	300	支付国外的经常转移收入	5

试根据以上资料：

(1) 用相应的三种方法分别计算国内生产总值和国内生产净值；

(2) 计算国民总收入和国民净收入；

(3) 计算国民可支配收入和国民可支配净收入。

10 Excel 在统计学中的应用

10.1 用 Excel 搜集与整理数据

10.1.1 用 Excel 搜集数据

统计数据的收集是统计工作过程的基础性环节，方法有多种，其中以抽样调查最具代表性。在抽样调查中，为保证抽样的随机性，需要取得随机数字，所以我们在这里介绍一下如何用 Excel 生成随机数字并进行抽样的方法。需要提醒的是，在使用 Excel 进行实习前，电脑中的 Excel 需要完全安装，所以部分同学电脑中的 Office 软件需要重新安装，否则实习无法正常进行。本书中例题全部用 Excel2007 完成。

使用 Excel 进行抽样，首先要对各个总体单位进行编号，编号可以按随机原则，也可以按有关标志或无关标志，具体可参见本书有关抽样的章节，编号后，将编号输入工作表。

【例 10-1】 我们假定统计总体有 200 个总体单位，总体单位的编号从 1 到 200，输入工作表后如图 10-1 所示：

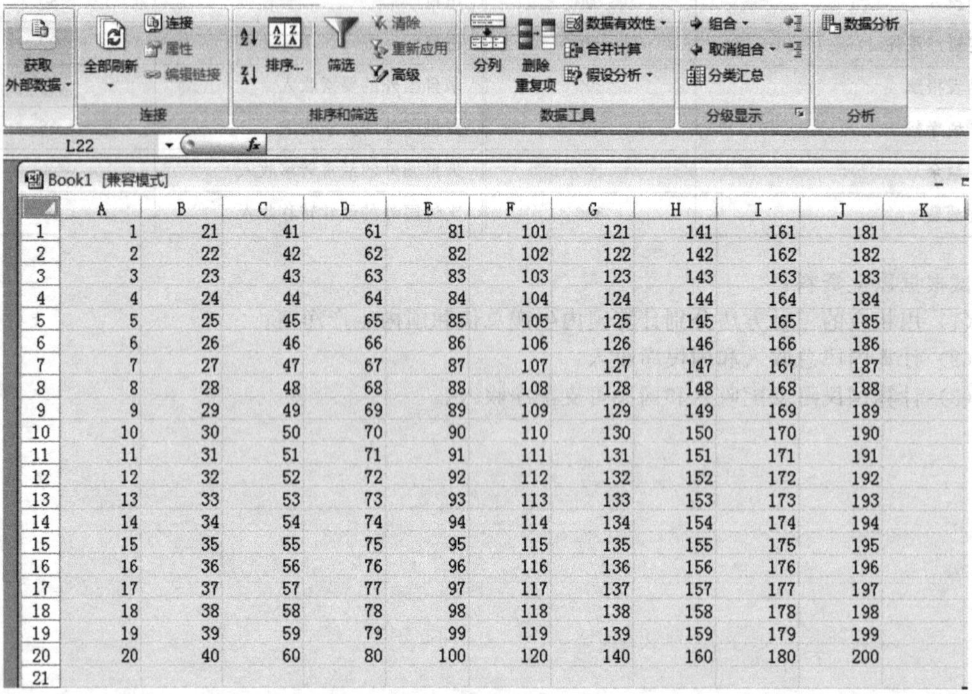

	A	B	C	D	E	F	G	H	I	J	K
1	1	21	41	61	81	101	121	141	161	181	
2	2	22	42	62	82	102	122	142	162	182	
3	3	23	43	63	83	103	123	143	163	183	
4	4	24	44	64	84	104	124	144	164	184	
5	5	25	45	65	85	105	125	145	165	185	
6	6	26	46	66	86	106	126	146	166	186	
7	7	27	47	67	87	107	127	147	167	187	
8	8	28	48	68	88	108	128	148	168	188	
9	9	29	49	69	89	109	129	149	169	189	
10	10	30	50	70	90	110	130	150	170	190	
11	11	31	51	71	91	111	131	151	171	191	
12	12	32	52	72	92	112	132	152	172	192	
13	13	33	53	73	93	113	133	153	173	193	
14	14	34	54	74	94	114	134	154	174	194	
15	15	35	55	75	95	115	135	155	175	195	
16	16	36	56	76	96	116	136	156	176	196	
17	17	37	57	77	97	117	137	157	177	197	
18	18	38	58	78	98	118	138	158	178	198	
19	19	39	59	79	99	119	139	159	179	199	
20	20	40	60	80	100	120	140	160	180	200	
21											

图 10-1 总体各单位编号表

各总体单位的编号输入完成后，可按以下步骤进行操作：

第一步：选择数据分析选项（如果你使用的是Excel2003，单击工具菜单，若无数据分析选项，可在工具菜单下选择加载宏，在弹出的对话框中选择分析工具库，便可出现数据分析选项；如果你使用的是Excel2007，点击左上角Office标志图标，Excel选项，加载项，在下面的管理下拉列表中选择“Excel加载项”，勾选“分析工具库”，确定。)，打开数据分析对话框，从中选择抽样。如图10-2所示。

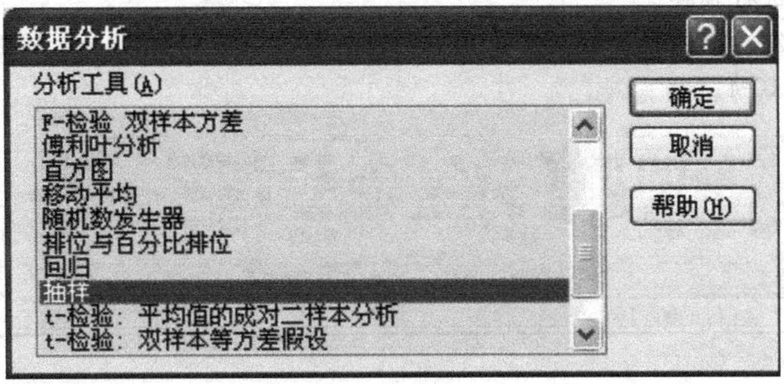

图10-2 数据分析对话框

第二步：单击抽样选项，确定后弹出抽样对话框。如图10-3。

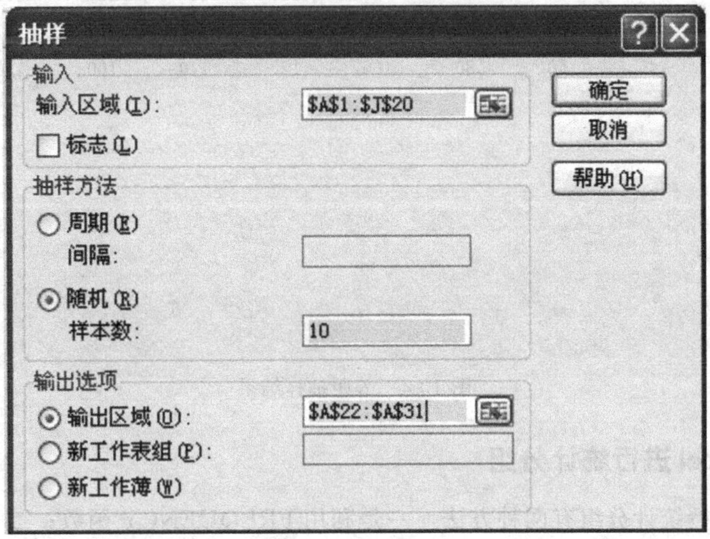

图10-3 抽样对话框

第三步：在输入区域框中输入总体单位编号所在的单元格区域，在本例是A1：J20，系统将从A列开始抽取样本，然后按顺序抽取B列至J列。如果输入区域的第一行或第一列为标志项（横行标题或纵列标题），可单击标志复选框。

第四步：选择“随机”模式，样本数为10。

在抽样方法项下，有周期和随机两种抽样模式。

“周期”模式即所谓的等距抽样（或机械抽样），采用这种抽样方法，需将总体单位数除以要抽取的样本单位数，求得取样的周期间隔。如我们要在200个总体单位中抽取10个，则在“间隔”框中输入20；如果在200个总体单位中抽取24个，则在“间隔”框中输入8（如果不能整除，则取整数）。

“随机”模式适用于纯随机抽样、分类抽样、整群抽样和阶段抽样。采用纯随机抽样，只需在“样本数”框中输入要抽取的样本单位数即可；若采用分类抽样，必须先将总体单位按某一标志分类编号，然后在每一类中随机抽取若干单位，这种抽样方法实际是分组法与随机抽样的结合；整群抽样也要先将总体单位分类编号，然后按随机原则抽取若干类作为样本，对抽中的类的所有单位全部进行调查。由于本例中没有分类或分群的标志，所以无法进行分类或整群抽样，只适用于等距抽样和纯随机抽样。本例中选择“随机”模式，即选择了纯随机抽样方法进行抽样。

第五步：指定输出区域，在这里我们输入A22：A31，单击确定后，即可得到抽样结果，如图10-4。

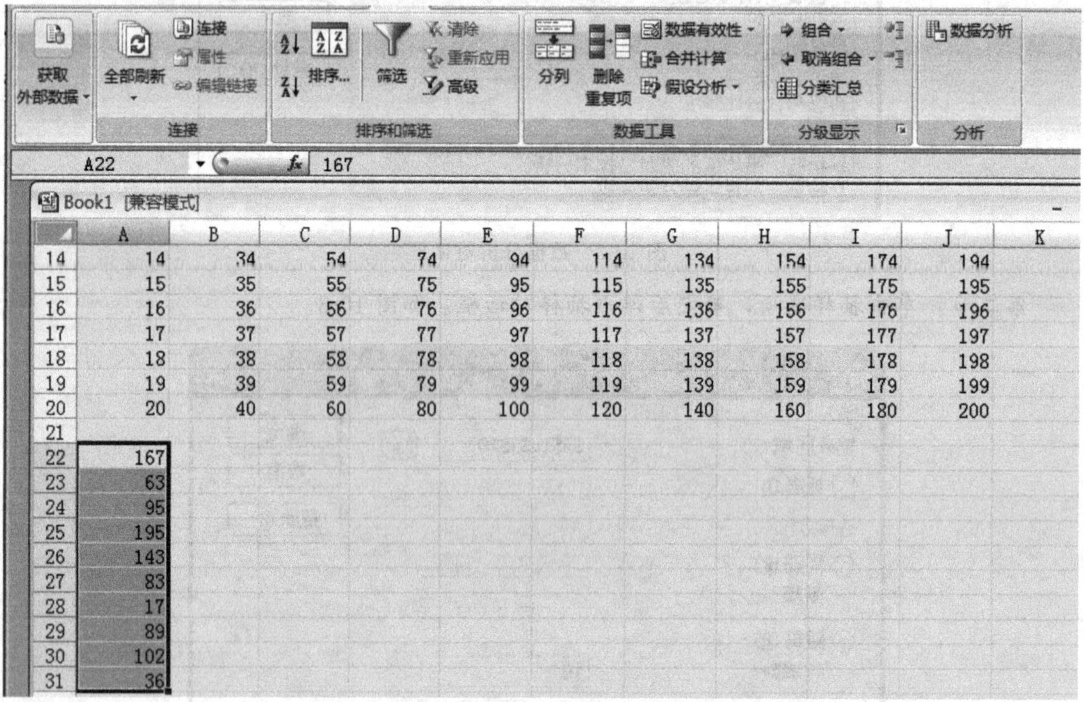

图10-4 等距抽样结果

10.1.2 用Excel进行统计分组

用Excel进行统计分组有两种方法，一是利用FREQUENCY函数；二是利用数据分析中的“直方图”工具。我们介绍一下后者的操作方法。

【例10-2】 某生产车间50名工人日加工零件数（单位：个）资料输入工作表，如图10-5所示。

然后按以下步骤操作。

第一步：分组标志输入。分组前要先输入分组标志，选定一个区域（直方图菜单中称这个区域为接收区域），输入每一组的上限值，即在A7：A13位置输入110，115，120，125，130，135，140。

第二步：单击数据分析选项，从其对话框的分析工具列表中选择直方图，打开直方图对话框。如图10-6所示。

第三步：在输入区域输入A1：J5，输入区域指待分析数据的单元格区域。在接收区域输入A7：A13。接收区域指的是分组标志所在的区域，即第一步输入的分组标志上限值。

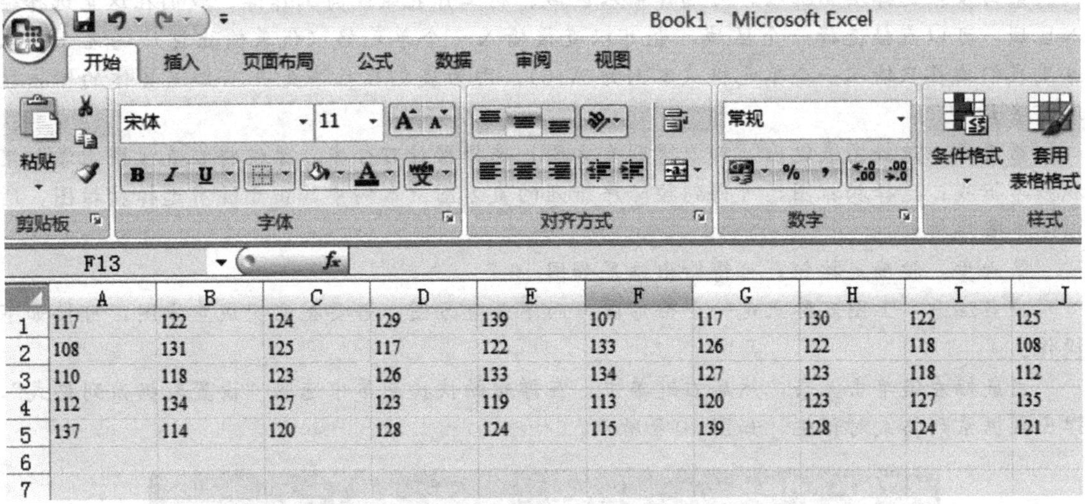

图 10-5 工人月产量资料

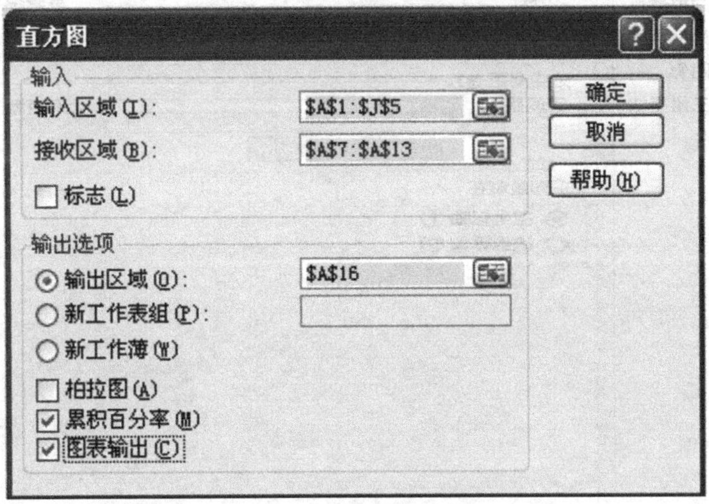

图 10-6 直方图对话框

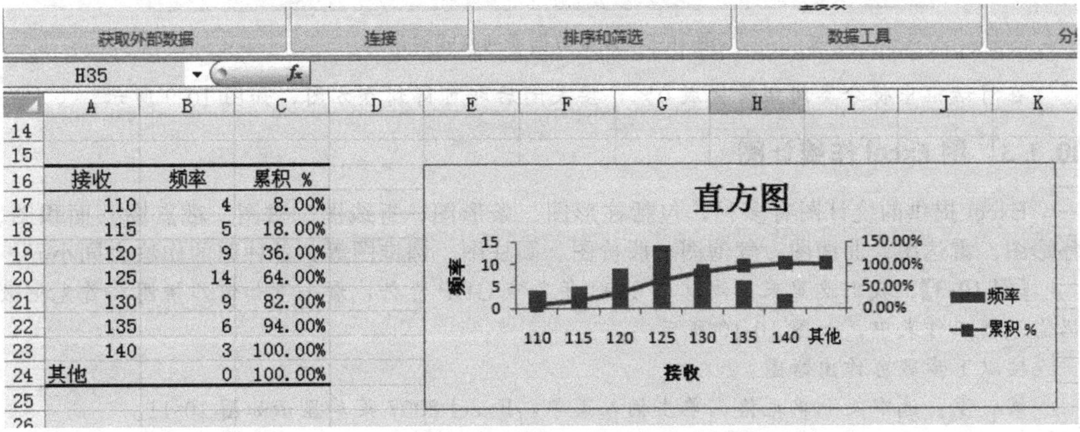

图 10-7 频数分布和直方图

第四步：选择输出选项，可选择输入区域、新工作表组或新工作簿。我们在这里选择输入区域，可以直接选择一个区域，也可以直接输入一个单元格（代表输出区域的左上角），这里我们推荐只输入一个单元格（本例为 A16），因为我们往往事先并不知道具体的输出区域有多大。

第五步：选择图表输出，可以得到直方图；选择累计百分率，系统将在直方图上添加累积频率折线；选择柏拉图，可得到按降序排列的直方图（本例中，由于没有选择柏拉图，所以不是降序排列）。

第六步：按确定按钮，可得输出结果如图 10-7。

应当注意，上图实际上是一个条形图，而不是直方图，若要把它变成直方图，可按如下操作：

用鼠标左键单击直条，然后右键单击，在弹出的快捷菜单中选取“设置数据系列格式”，弹出数据系列格式对话框，如图 10-8 所示。

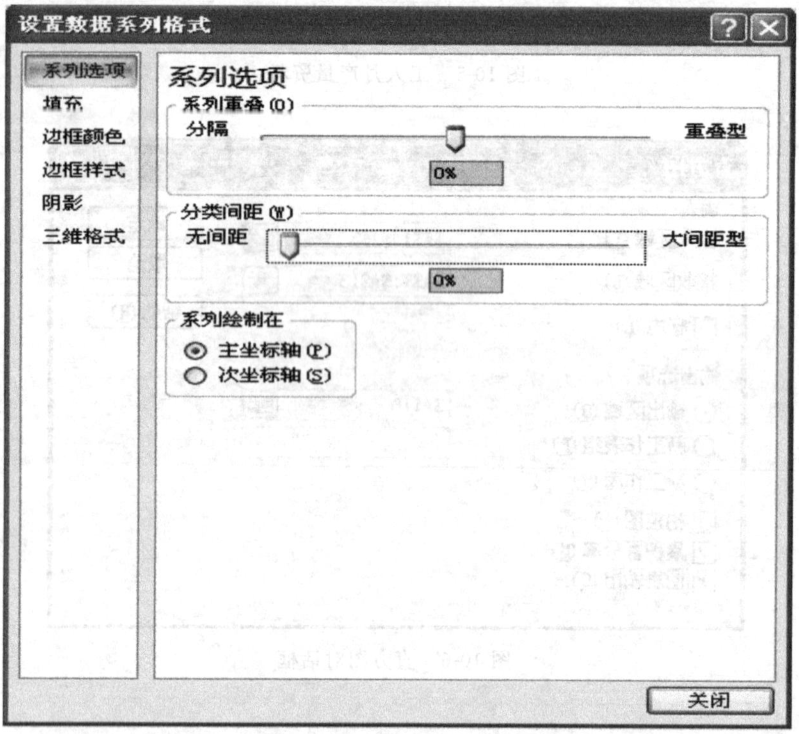

图 10-8　设置数据系列格式对话框

在对话框中将分类间距设置成 0%，按关闭后即可得到直方图，如图 10-9 所示。

10.1.3　用 Excel 作统计图

Excel 提供的统计图有多种，包括柱形图、条形图、折线图、饼图、散点图、面积图、环形图、雷达图、曲面图、气泡图、股价图、圆柱图、圆锥图等，各种图的作法大同小异。

【例 10-3】 我们这里采用浙江省 2008 年各市 GDP 资料，看一下如何作饼图。首先把数据输入到工作表中，如图 10-10 所示。

按以下步骤可作出饼图：

第一步：选中某一单元格，单击插入菜单，Excel 2007 菜单显示如图 10-11。

第二步：在图表类型中选择饼图，再选择二维饼图，如图 10-12 所示。

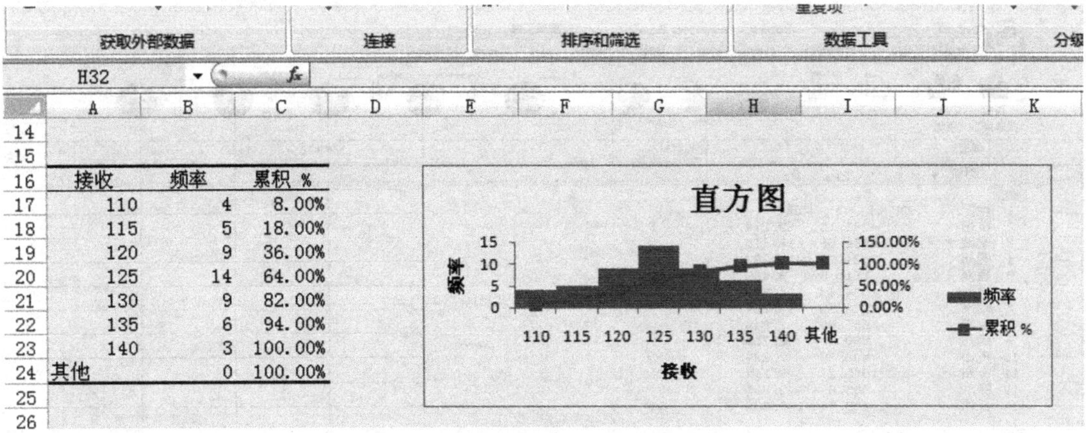

图 10-9 调整后的直方图

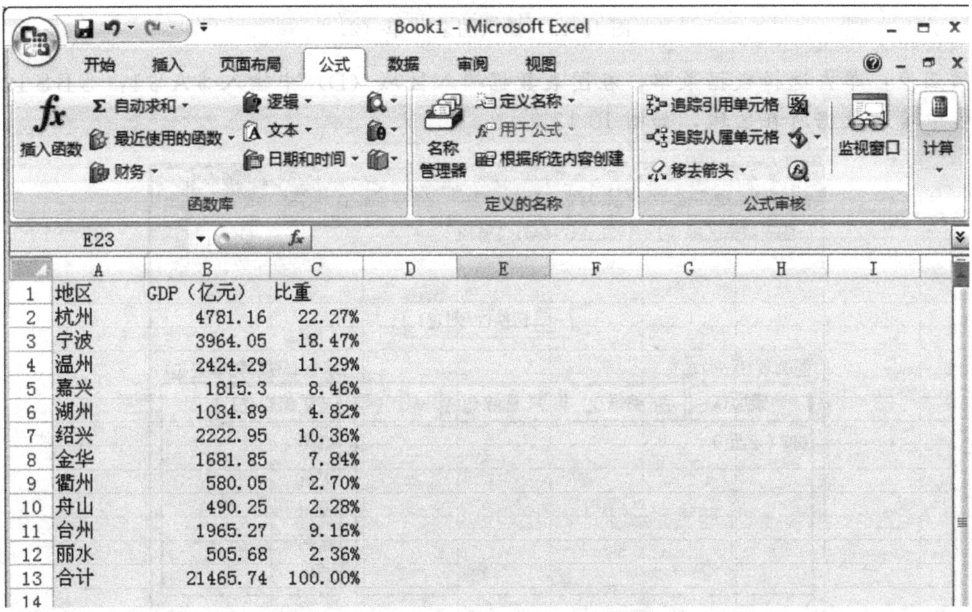

图 10-10 浙江省 2008 年各市 GDP

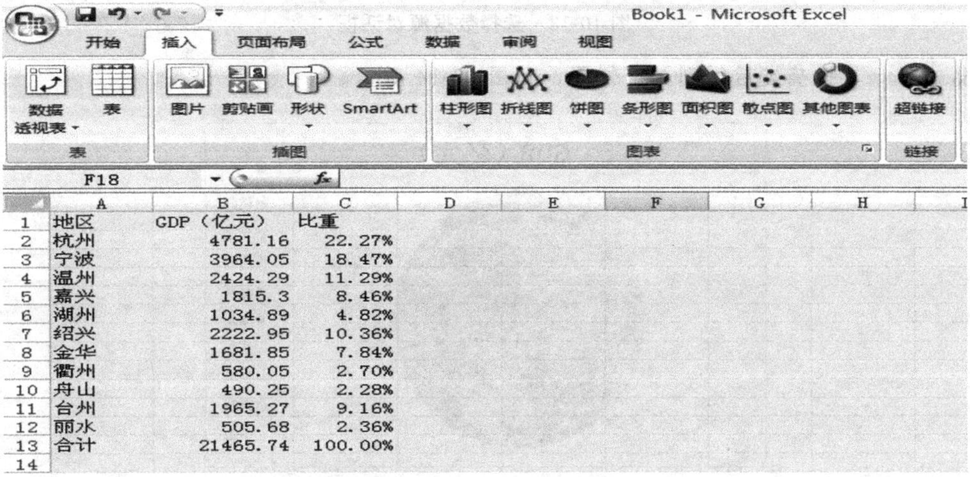

图 10-11 插入图表菜单（1）

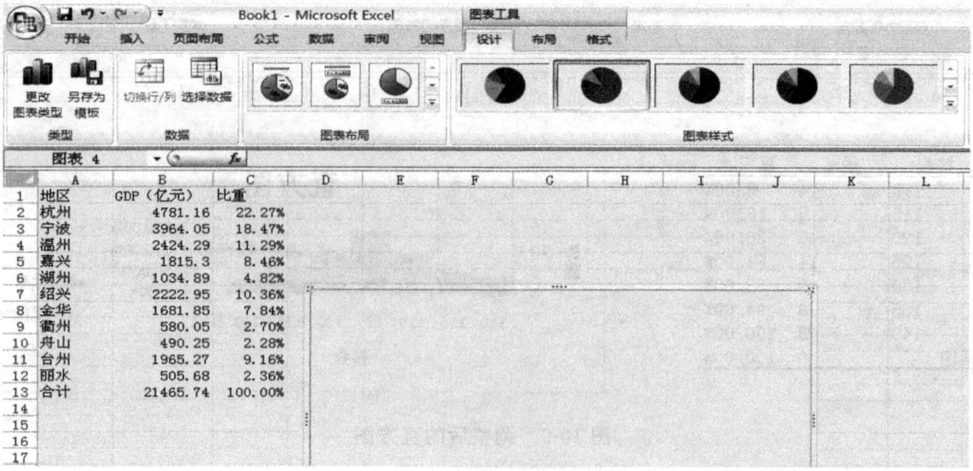

图 10-12 插入图表菜单（2）

第三步：单击选择数据菜单，在图表数据输入区域（D）中输入＄A＄1：＄B＄12 选择对话框中填入数据所在区域，如图 10-13。

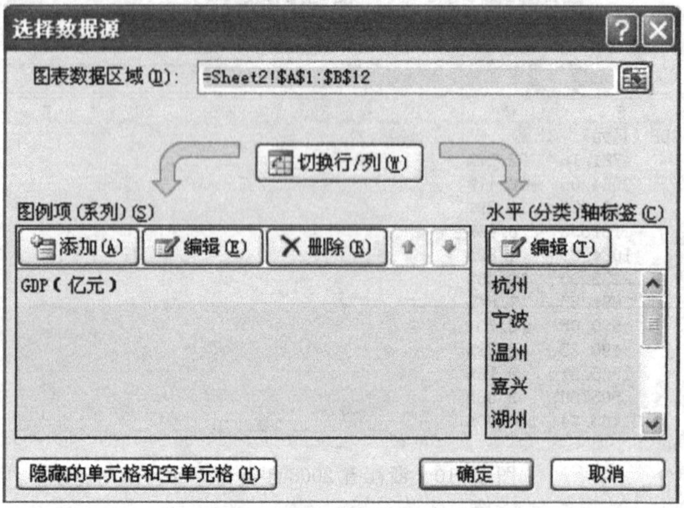

图 10-13 选择数据源对话框

第四步：单击确定后得到如下饼图，如图 10-14 所示。

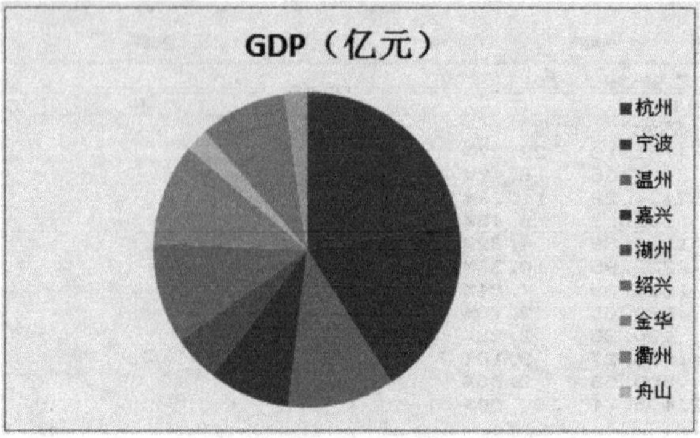

图 10-14 饼图

10.1.4 用 Excel 作散点图

散点图是观察两个变量之间关系程度最为直观的工具之一，利用 EXCEL 的图表向导，可以非常方便的创建并且改进一个散点图，也可以在一个图表中同时显示两个以上变量之间的散点图。

【例 10-4】 我们这里采用我国 1981 到 2000 年的人均 GDP 和人均居民消费资料，看一下如何作散点图。首先把数据输入到工作表中，如图 10-15 所示。

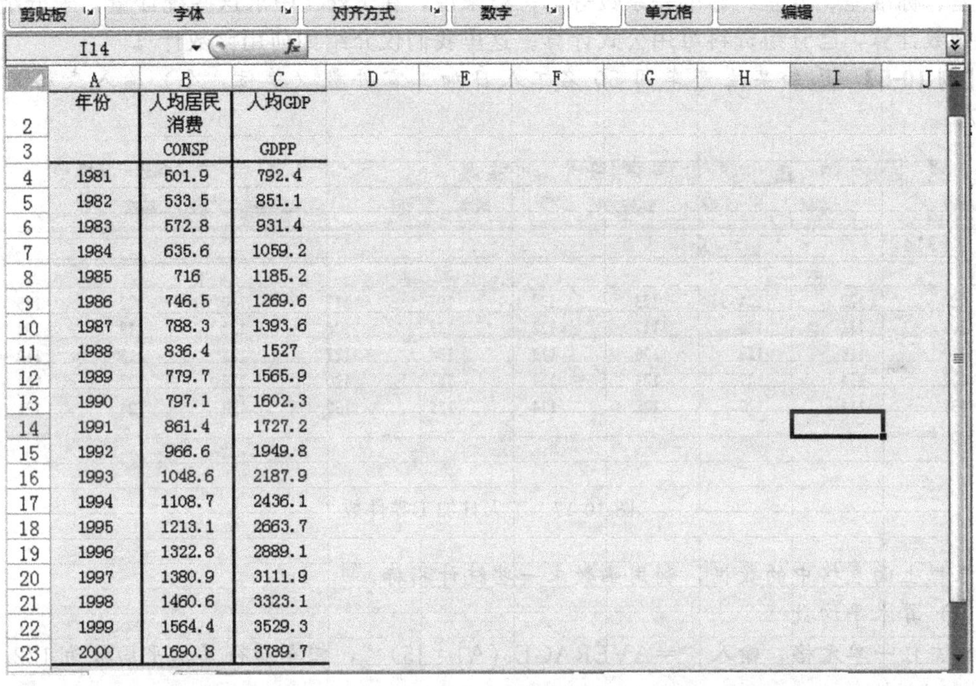

年份	人均居民消费 CONSP	人均GDP GDPP
1981	501.9	792.4
1982	533.5	851.1
1983	572.8	931.4
1984	635.6	1059.2
1985	716	1185.2
1986	746.5	1269.6
1987	788.3	1393.6
1988	836.4	1527
1989	779.7	1565.9
1990	797.1	1602.3
1991	861.4	1727.2
1992	966.6	1949.8
1993	1048.6	2187.9
1994	1108.7	2436.1
1995	1213.1	2663.7
1996	1322.8	2889.1
1997	1380.9	3111.9
1998	1460.6	3323.1
1999	1564.4	3529.3
2000	1690.8	3789.7

图 10-15 我国 1981 到 2000 年的人均 GDP 和人均居民消费资料

具体步骤如上例子相似，选择插入菜单，选择散点图，得散点图如图 10-16。

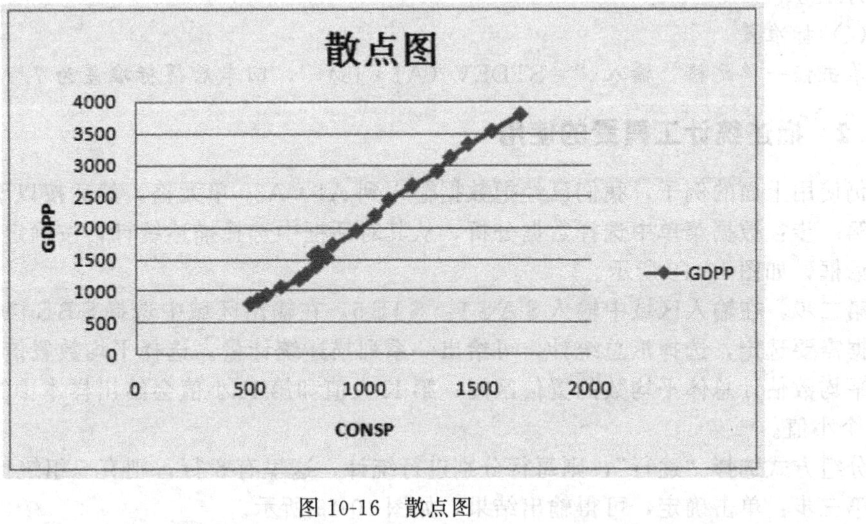

图 10-16 散点图

10.2 用 Excel 计算描述统计量

Excel 中用于计算描述统计量的方法有两种，函数方法和描述统计工具的方法。

10.2.1 用函数计算描述统计量

常用的描述统计量有众数、中位数、算术平均数、调和平均数、几何平均数、极差、四分位差、标准差、方差、标准差系数等。一般来说，在 Excel 中求这些统计量，未分组资料可用函数计算，已分组资料可用公式计算。这里我们仅介绍如何用函数计算。

【例 10-5】 已知某生产车间 50 名工人日加工零件数（单位：个）输入表格后如图 10-17。

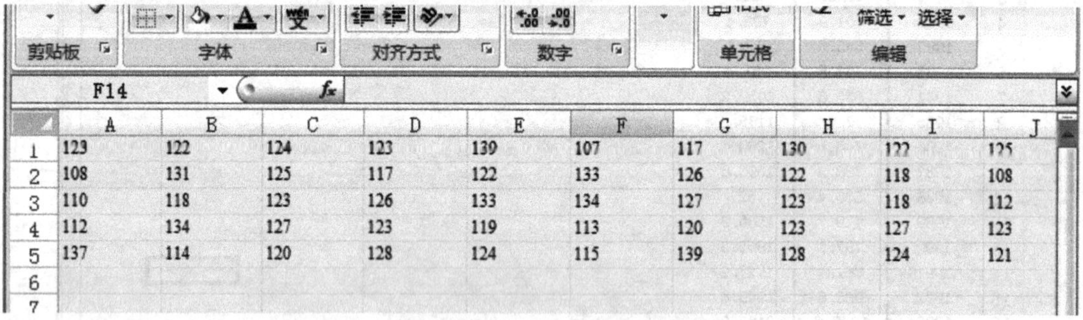

	A	B	C	D	E	F	G	H	I	J
1	123	122	124	123	139	107	117	130	122	125
2	108	131	125	117	122	133	126	122	118	108
3	110	118	123	126	133	134	127	123	118	112
4	112	134	127	123	119	113	120	123	127	123
5	137	114	120	128	124	115	139	128	124	121
6										
7										

图 10-17 工人日加工零件数

根据上面表格中的数据，利用函数求一些统计指标。

(1) 算术平均数

单击任一单元格，输入“=AVERAGE（A1：J5）”，回车后得算术平均数为 122.74。

(2) 众数

单击任一空单元格，输入“=MODE（A1：J5）”，回车后即可得众数为 123

(3) 中位数

仍采用上面的例子，单击任一空单元格，输入“=MEDIAN（A1：J5）”，回车后得中位数为 123。

(4) 标准差

单击任一单元格，输入“=STDEV（A1：J5）”，回车后得标准差为 7.74。

10.2.2 描述统计工具量的使用

仍使用上面的例子，我们已经把数据输入到 A1：A30 单元格，然后按以下步骤操作。

第一步：数据菜单中选择数据分析，从其对话框中选择描述统计，按确定后打开描述统计对话框，如图 10-18 所示。

第二步：在输入区域中输入 A1：J5，在输出区域中选择 B14，其他复选框可根据需要选定，选择汇总统计，可给出一系列描述统计量。选择平均数置信度，会给出用样本平均数估计总体平均数的置信区间；第 K 大值和第 K 小值会给出样本中第 K 个大值和第 K 个小值。

分组方式选择“逐行”，则每行分别进行统计，这里有 5 行，则有 5 组统计结果。

第三步：单击确定，可得输出结果，如图 10-19 所示。

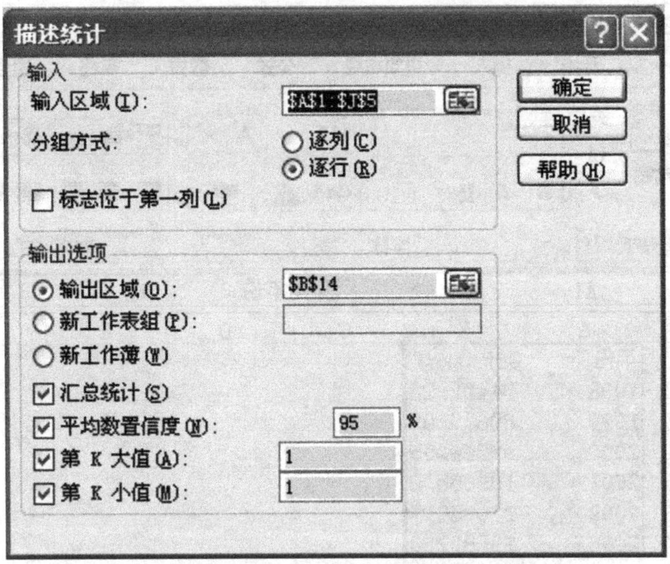

图 10-18 描述统计对话框

行1		行2		行3		行4		行5	
平均	123.2	平均	121	平均	122.4	平均	122.1	平均	125
标准误差	2.589723	标准误差	2.687419	标准误差	2.543838	标准误差	2.084067	标准误差	2.628899
中位数	123	中位数	122	中位数	123	中位数	123	中位数	124
众数	123	众数	108	众数	118	众数	123	众数	128
标准差	8.189424	标准差	8.498366	标准差	8.044322	标准差	6.590397	标准差	8.313309
方差	67.06667	方差	72.22222	方差	64.71111	方差	43.43333	方差	69.11111
峰度	2.202878	峰度	-0.61202	峰度	-0.82444	峰度	0.124663	峰度	-0.46263
偏度	-0.05772	偏度	-0.35437	偏度	-0.08152	偏度	0.048385	偏度	0.484444
区域	32	区域	25	区域	24	区域	22	区域	25
最小值	107	最小值	108	最小值	110	最小值	112	最小值	114
最大值	139	最大值	133	最大值	134	最大值	134	最大值	139
求和	1232	求和	1210	求和	1224	求和	1221	求和	1250
观测数	10	观测数	10	观测数	10	观测数	10	观测数	10
最大(1)	139	最大(1)	133	最大(1)	134	最大(1)	134	最大(1)	139
最小(1)	107	最小(1)	108	最小(1)	110	最小(1)	112	最小(1)	114
置信度(95	5.858361	置信度(95	6.079365	置信度(95	5.754561	置信度(95	4.714486	置信度(95	5.946983

图 10-19 描述统计输出结果

10.3 用 Excel 进行时间序列分析

10.3.1 测定增长量和平均增长量

【例 10-6】 根据我国 1998～2007 年国内生产总值，计算逐期增长量、累计增长量和平均增长量。原始数据如图 10-20，计算结果如图 10-21。

计算步骤如下。

第一步：计算逐期增长量。在 C3 中输入公式：＝B3－B2，并用鼠标拖曳将公式复制到 C3：C11 区域。

第二步：计算累计增长量。在 D3 中输入公式：＝B3－＄B＄2，并用鼠标拖曳公式复制到 D3：D11 区域。

第三步：计算平均增长量（水平法）。在 C13 中输入公式：＝(B11－B2)/9，按回车键，

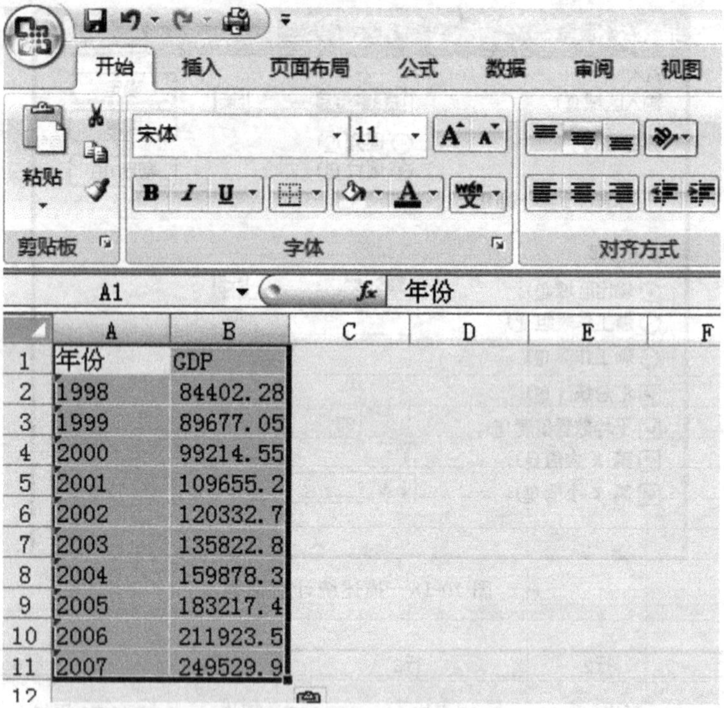

	A	B
1	年份	GDP
2	1998	84402.28
3	1999	89677.05
4	2000	99214.55
5	2001	109655.2
6	2002	120332.7
7	2003	135822.8
8	2004	159878.3
9	2005	183217.4
10	2006	211923.5
11	2007	249529.9

图 10-20　我国 1998～2007 年国内生产总值

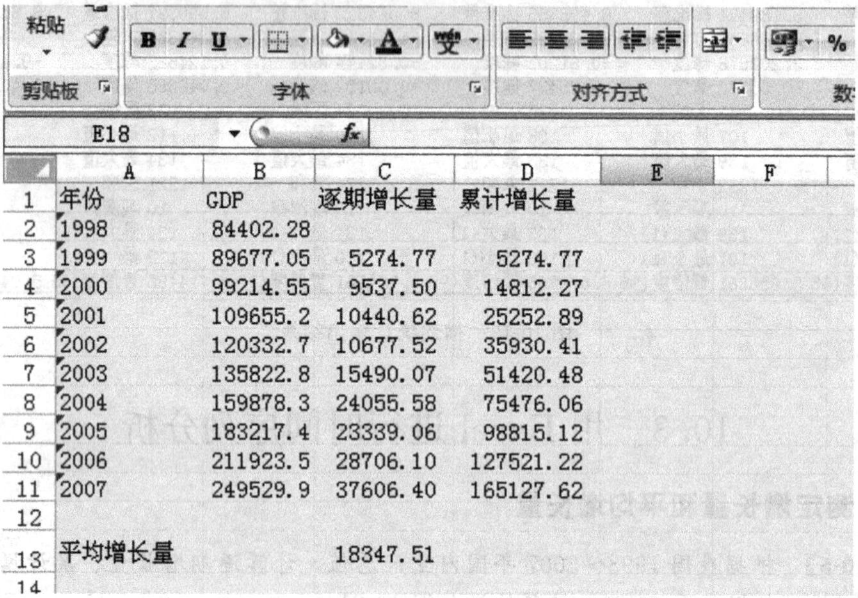

	A	B	C	D
1	年份	GDP	逐期增长量	累计增长量
2	1998	84402.28		
3	1999	89677.05	5274.77	5274.77
4	2000	99214.55	9537.50	14812.27
5	2001	109655.2	10440.62	25252.89
6	2002	120332.7	10677.52	35930.41
7	2003	135822.8	15490.07	51420.48
8	2004	159878.3	24055.58	75476.06
9	2005	183217.4	23339.06	98815.12
10	2006	211923.5	28706.10	127521.22
11	2007	249529.9	37606.40	165127.62
12				
13	平均增长量		18347.51	

图 10-21　用 Excel 计算增长量和平均增长量资料及结果

即可得到平均增长量。

10.3.2　测定发展速度和平均发展速度

【例 10-7】　以我国 1998～2007 年国内生产总值为例，说明如何计算定基发展速度、环比发展速度和平均发展速度，如图 10-22 所示。

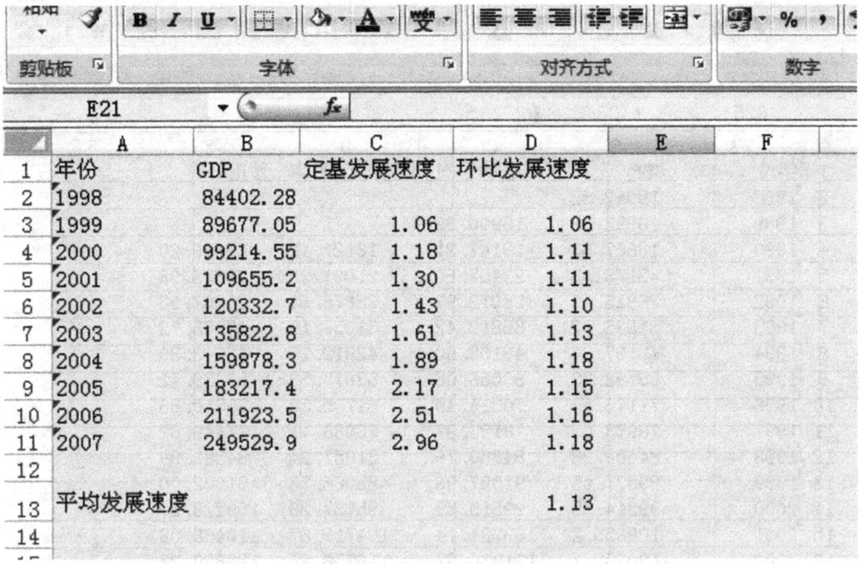

	A	B	C	D
1	年份	GDP	定基发展速度	环比发展速度
2	1998	84402.28		
3	1999	89677.05	1.06	1.06
4	2000	99214.55	1.18	1.11
5	2001	109655.2	1.30	1.11
6	2002	120332.7	1.43	1.10
7	2003	135822.8	1.61	1.13
8	2004	159878.3	1.89	1.18
9	2005	183217.4	2.17	1.15
10	2006	211923.5	2.51	1.16
11	2007	249529.9	2.96	1.18
12				
13	平均发展速度			1.13
14				

图 10-22 用 Excel 计算发展速度和平均发展速度资料及结果

第一步：计算定基发展速度。在 C3 中输入公式：＝B3/＄B＄2，并用鼠标拖曳将公式复制到 C3：C11 区域。

第二步：计算环比发展速度。在 D3 中输入公式：＝B3/B2，并用鼠标拖曳将公式复制到 D3：D11 区域。

第三步：计算平均发展速度（水平法）。选中 D13 单元格，单击插入菜单，选择函数选项，出现插入函数对话框后，选择 GEOMEAN（返回几何平均值）函数，在数值区域中输入 D3：D11 即可。

10.3.3 计算长期趋势

【例 10-8】 我们用我国 1988～2007 年国内生产总值资料来说明如何用移动平均法计算长期趋势，如图 10-23 所示。

第一步：计算三项移动平均。在 C3 中输入“＝(B2＋B3＋B4)/3”，并用鼠标拖曳将公式复制到 C4：C20 区域。

第二步：计算四项移动平均。在 D4 中输入“＝SUM(B2：B5)/4”，并用鼠标拖曳将公式复制到 D5：D20 区域。

第三步：计算二项移动平均：在 E4 中输入“＝(D4＋D5)/2”，并用鼠标拖曳将公式复制到 E5：E19 区域。

10.3.4 计算季节变动

【例 10-9】 利用某种商品四年分季度的销售额资料，说明如何用移动平均趋势剔除法测定季节变动。如图 10-24 所示。

第一步：按图上的格式在 A 列输入年份，在 B 列输入季别，在 C 列输入销售额。

第二步：计算四项移动平均。在 D3 中输入“＝SUM(C2：C4)/4”，并用鼠标拖曳将公式复制到 D3：D15 区域。

第三步：计算趋势值（即二项移动平均）T。在 E4 中输入“＝(D3＋D4)/2”，并用鼠标拖曳将公式复制到 E4：E15 区域。

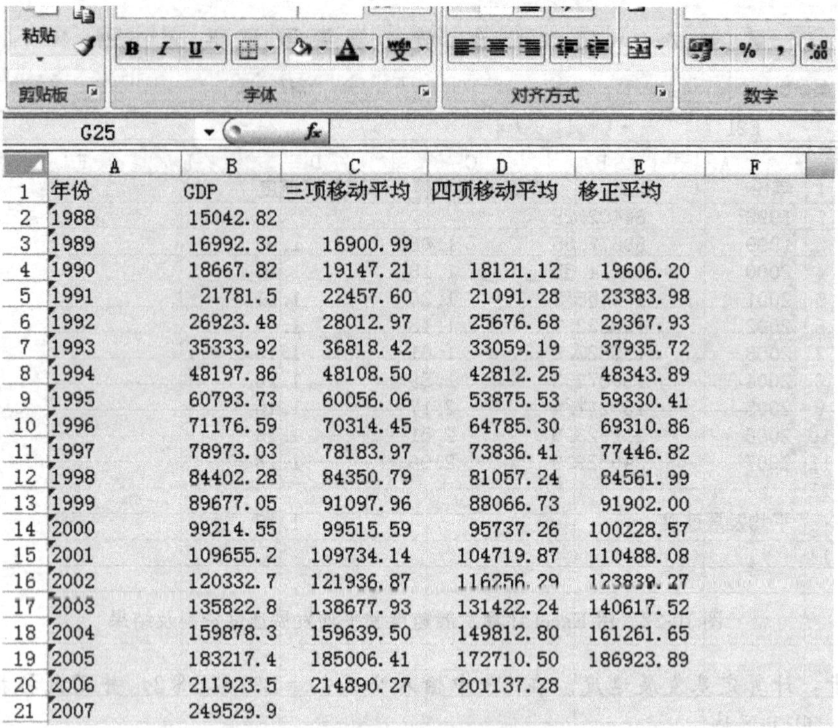

	A	B	C	D	E
1	年份	GDP	三项移动平均	四项移动平均	移正平均
2	1988	15042.82			
3	1989	16992.32	16900.99		
4	1990	18667.82	19147.21	18121.12	19606.20
5	1991	21781.5	22457.60	21091.28	23383.98
6	1992	26923.48	28012.97	25676.68	29367.93
7	1993	35333.92	36818.42	33059.19	37935.72
8	1994	48197.86	48108.50	42812.25	48343.89
9	1995	60793.73	60056.06	53875.53	59330.41
10	1996	71176.59	70314.45	64785.30	69310.86
11	1997	78973.03	78183.97	73836.41	77446.82
12	1998	84402.28	84350.79	81057.24	84561.99
13	1999	89677.05	91097.96	88066.73	91902.00
14	2000	99214.55	99515.59	95737.26	100228.57
15	2001	109655.2	109734.14	104719.87	110488.08
16	2002	120332.7	121936.87	116256.29	123839.27
17	2003	135822.8	138677.93	131422.24	140617.52
18	2004	159878.3	159639.50	149812.80	161261.65
19	2005	183217.4	185006.41	172710.50	186923.89
20	2006	211923.5	214890.27	201137.28	
21	2007	249529.9			

图 10-23 用 Excel 计算长期趋势资料及结果

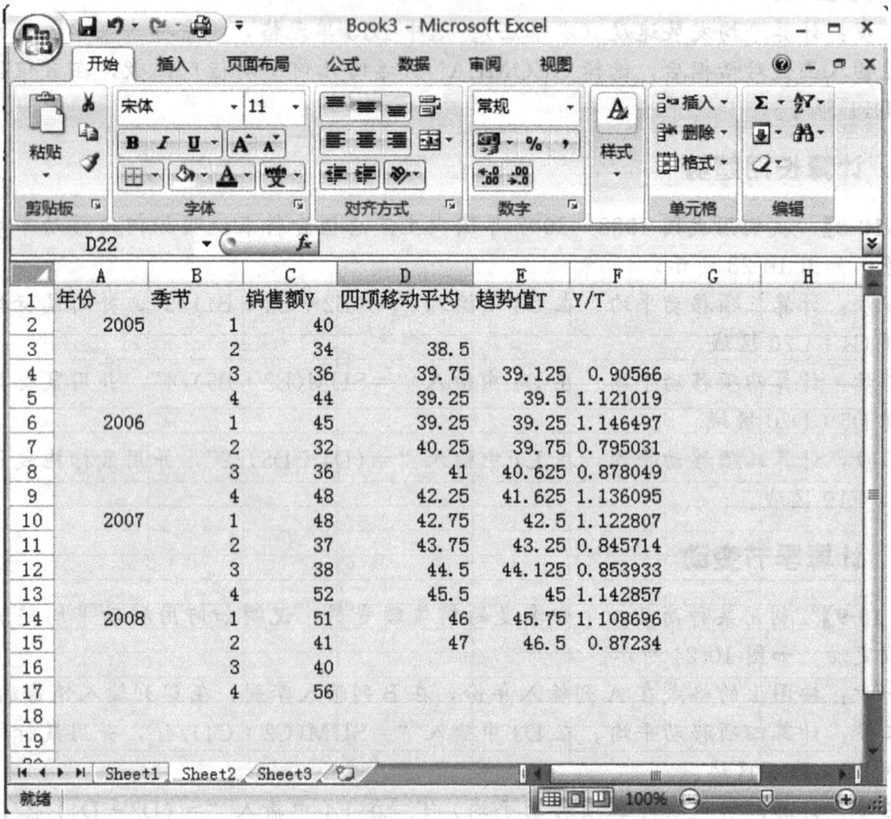

	A	B	C	D	E	F
1	年份	季节	销售额Y	四项移动平均	趋势值T	Y/T
2	2005	1	40			
3		2	34	38.5		
4		3	36	39.75	39.125	0.90566
5		4	44	39.25	39.5	1.121019
6	2006	1	45	39.25	39.25	1.146497
7		2	32	40.25	39.75	0.795031
8		3	36	41	40.625	0.878049
9		4	48	42.25	41.625	1.136095
10	2007	1	48	42.75	42.5	1.122807
11		2	37	43.75	43.25	0.845714
12		3	38	44.5	44.125	0.853933
13		4	52	45.5	45	1.142857
14	2008	1	51	46	45.75	1.108696
15		2	41	47	46.5	0.87234
16		3	40			
17		4	56			
18						
19						

图 10-24 用 Excel 计算季节变动资料

第四步：剔除长期趋势，即计算 Y/T。在 F4 中输入“＝C4/E4”，并用鼠标拖曳将公式复制到 F4：F15 区域。

第五步：重新排列 F4：F15 区域中的数字，使同季的数字位于一列，共排成四列。

第六步：计算各年同季平均数。在 B25 单元格中输入公式：＝average（B22：B24)；在 C25 中输入公式＝average（C22：C24)；在 D25 中输入公式＝average（D21：23)；在 E25 中输入公式＝average（E21：E23)。

第七步：计算调整系数。在 B27 中输入公式：＝4/sum（B25：E25)

第八步：计算季节比率。在 B26 中输入公式：＝B25＊B27，并用鼠标拖曳将公式复制到单元格区域 B26：E26，就可以得到季节比率的值，具体结果见图 10-25。

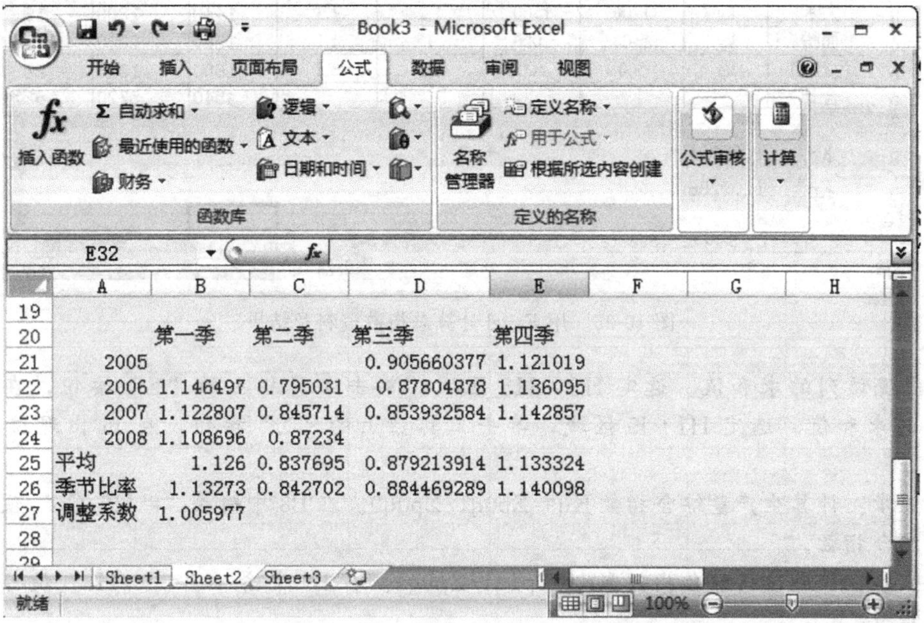

图 10-25 用 Excel 计算季节变动结果

10.4 用 Excel 进行指数分析

10.4.1 用 Excel 计算总指数

【例 10-10】 设某粮油连锁店 1998 年和 1999 年三种商品的零售价格和销售量资料如图 10-26。试分别以基期销售量和零售价格为权数，计算三种商品的价格综合指数和销售量综合指数。

计算步骤如下。

第一步：计算各个 p0q0。在 G3 中输入“＝C3＊E3”，并用鼠标拖曳将公式复制到G3：G5 区域。

第二步：计算各个 p0＊q1。在 H3 中输入“＝D3＊E3”，并用鼠标拖曳将公式复制到 H3：H5 区域。

第三步：计算各个 p1＊q1。在 I3 中输入“＝D3＊F3”，并用鼠标拖曳将公式复制到 I3：I5 区域。

第四步：计算 Σp0q0 和 Σp0q1。选定 G3：G5 区域，单击工具栏上的“Σ”按钮，

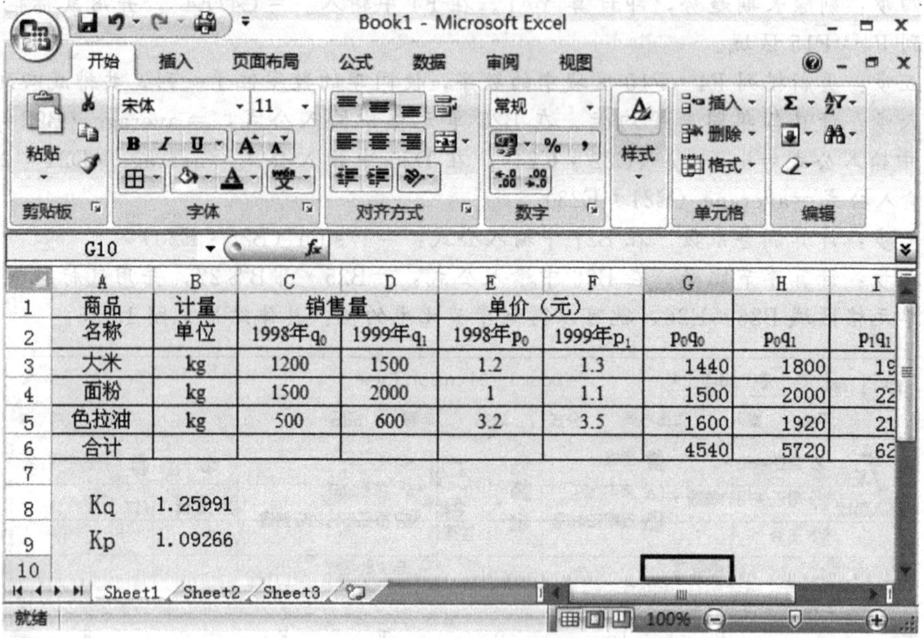

	A	B	C	D	E	F	G	H	I
1	商品	计量	销售量		单价（元）				
2	名称	单位	1998年q_0	1999年q_1	1998年p_0	1999年p_1	p_0q_0	p_0q_1	p_1q_1
3	大米	kg	1200	1500	1.2	1.3	1440	1800	19
4	面粉	kg	1500	2000	1	1.1	1500	2000	22
5	色拉油	kg	500	600	3.2	3.5	1600	1920	21
6	合计						4540	5720	62
7									
8	Kq	1.25991							
9	Kp	1.09266							

图 10-26　用 Excel 计算总指数资料及结果

在 G6 出现该列的求和值。选定 H3：H5 区域，单击工具栏上的“Σ”按钮，在 H6 出现该列的求和值。选定 HI：I5 区域，单击工具栏上的“Σ”按钮，在 I6 出现该列的求和值。

第五步：计算生产量综合指数 Kq=Σp0q1/Σp0q0。在 B8 中输入“=H6/G6”便可得到生产量综合指数。

第六步：计算价格综合指数 Kp=Σp1q1/Σp0q1。在 B9 中输入“=I6/H6”便可得到价格综合指数。

注意：在输入公式的时候，不要忘记等号，否则就不会出现数值。

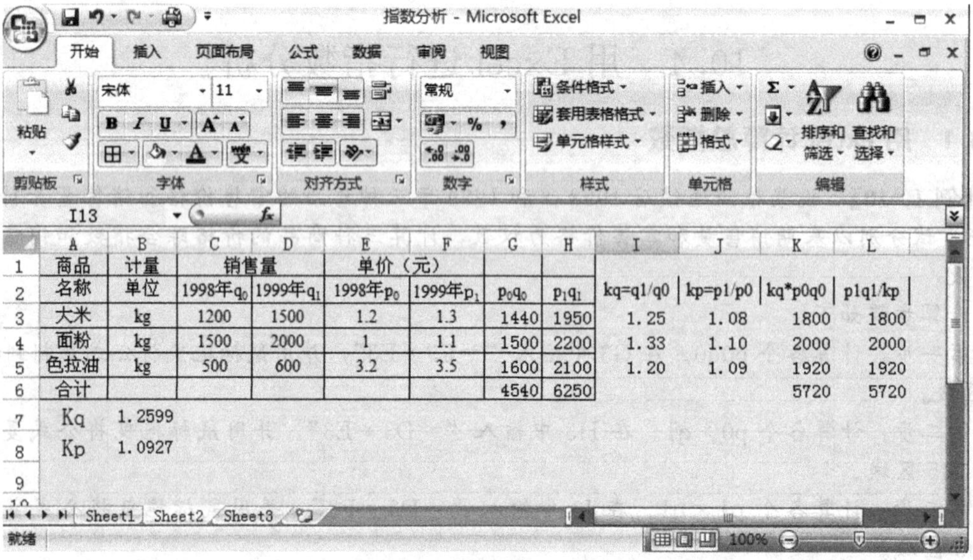

	A	B	C	D	E	F	G	H	I	J	K	L
1	商品	计量	销售量		单价（元）							
2	名称	单位	1998年q_0	1999年q_1	1998年p_0	1999年p_1	p_0q_0	p_1q_1	kq=q1/q0	kp=p1/p0	kq*p0q0	p1q1/kp
3	大米	kg	1200	1500	1.2	1.3	1440	1950	1.25	1.08	1800	1800
4	面粉	kg	1500	2000	1	1.1	1500	2200	1.33	1.10	2000	2000
5	色拉油	kg	500	600	3.2	3.5	1600	2100	1.20	1.09	1920	1920
6	合计						4540	6250			5720	5720
7	Kq	1.2599										
8	Kp	1.0927										

图 10-27　用 Excel 计算平均指数资料及结果

10.4.2 用 Excel 计算平均指数

现以生产量平均指数为例，说明加权算术平均法的计算方法。

【例 10-11】 仍以例【10-10】资料，计算生产量平均指数和价格平均指数。如图 10-27 所示。

计算步骤：

第一步：计算个体指数 k=q1/q0。在 I3 中输入"=D3/C3"，并用鼠标拖曳将公式复制到 I3∶I5 区域。

第二步：计算 k * p0q0 并求和。在 K3 中输入"=I3 * G3"并用鼠标拖曳将公式复制到 K3∶K5 区域。选定 K3∶K5 区域，单击工具栏上的："Σ"按钮，在 K6 列出现该列的求和值。

第三步：计算生产量平均指数。在 B7 中输入"=K6/G5"即得到所求的值。

价格平均指数计算步骤略。

10.5 用 Excel 进行相关与回归分析

【例 10-12】 中国居民人均消费支出与人均 GDP（元/人）如表 10-1 所示。

表 10-1 中国居民人均消费支出与人均 GDP 计量单位：元

年 份	人均居民消费	人均 GDP
	CONSP	GDPP
1978	395.8	675.1
1979	437	716.9
1980	464.1	763.7
1981	501.9	792.4
1982	533.5	851.1
1983	572.8	931.4
1984	635.6	1059.2
1985	716	1185.2
1986	746.5	1269.6
1987	788.3	1393.6
1988	836.4	1527
1989	779.7	1565.9
1990	797.1	1602.3
1991	861.4	1727.2
1992	966.6	1949.8
1993	1048.6	2187.9
1994	1108.7	2436.1
1995	1213.1	2663.7
1996	1322.8	2889.1
1997	1380.9	3111.9
1998	1460.6	3323.1
1999	1564.4	3529.3
2000	1690.8	3789.7

10.5.1 用 Excel 进行相关分析

首先把有关数据输入 Excel 的单元格中。用 Excel 进行相关分析有两种方法，一是利用相关系数函数，另一种是利用相关分析宏。

(1) 利用函数计算相关系数

在 Excel 中，提供了两个计算两个变量之间相关系数的方法，CORREL 函数和 PERSON 函数，这两个函数是等价的，这里介绍用 CORREL 函数计算相关系数。

第一步：单击任一个空白单元格，单击插入菜单，选择函数选项，打开粘贴函数对话框，在函数分类中选择统计，在函数名中选择 CORREL，单击确定后，出现 CORREL 对话框，如图 10-28 所示。

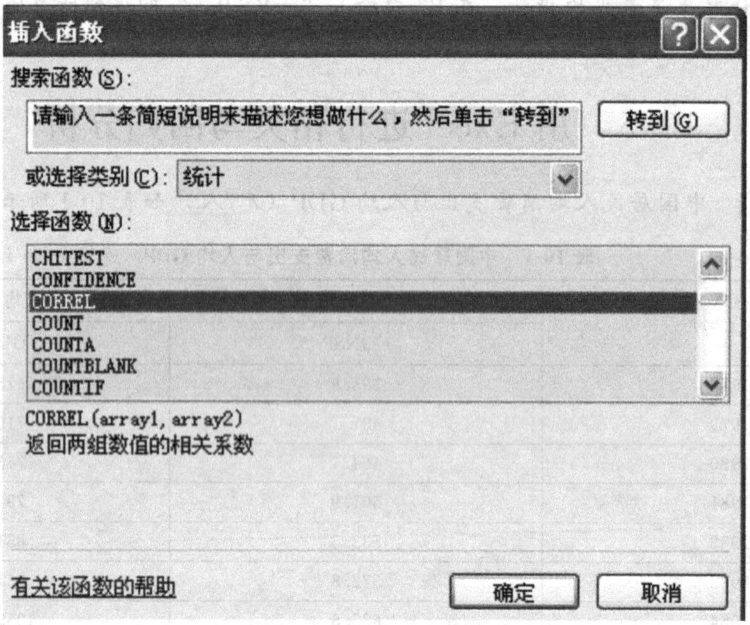

图 10-28 Excel 数据集

第二步：在 array1 中输入 B4∶B26，在 array2 中输入 C4∶C26，即可在对话框下方显示出计算结果为 0.996。如图 10-29 和图 10-30 所示。

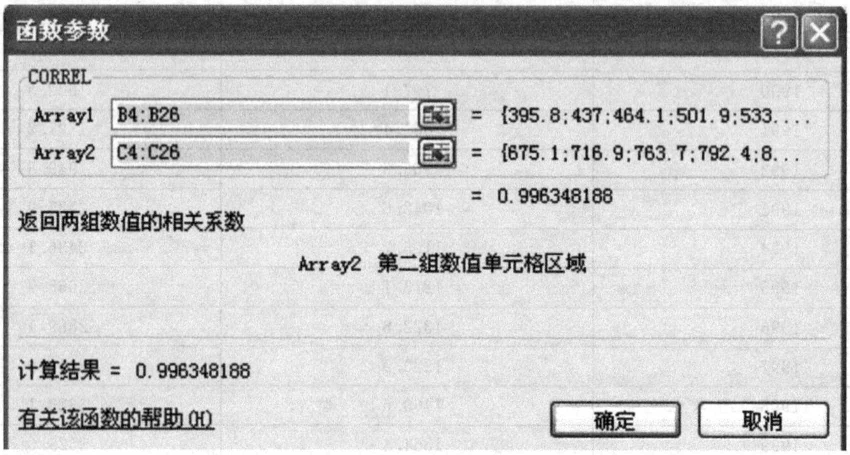

图 10-29 CORREL 对话框及输入结果

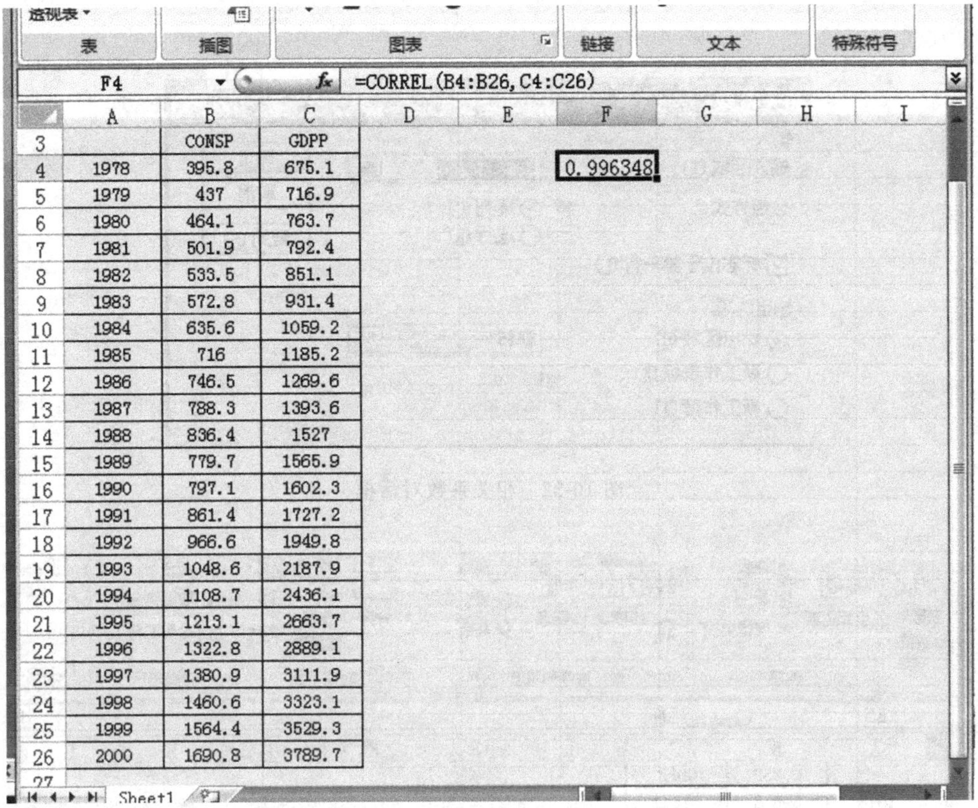
表
插图
图表
链接
文本
特殊符号
F4
=CORREL(B4:B26,C4:C26)
A B C D E F G H I
CONSP GDPP
0.996348
1978 395.8 675.1
1979 437 716.9
1980 464.1 763.7
1981 501.9 792.4
1982 533.5 851.1
1983 572.8 931.4
1984 635.6 1059.2
1985 716 1185.2
1986 746.5 1269.6
1987 788.3 1393.6
1988 836.4 1527
1989 779.7 1565.9
1990 797.1 1602.3
1991 861.4 1727.2
1992 966.6 1949.8
1993 1048.6 2187.9
1994 1108.7 2436.1
1995 1213.1 2663.7
1996 1322.8 2889.1
1997 1380.9 3111.9
1998 1460.6 3323.1
1999 1564.4 3529.3
2000 1690.8 3789.7
Sheet1

图 10-30 Excel 数据集

(2) 用相关系数宏计算相关系数

第一步：单击数据菜单，单击数据分析按钮，在数据分析选项中选择相关系数，弹出相关系数对话框，如图 10-31 和图 10-32 所示。

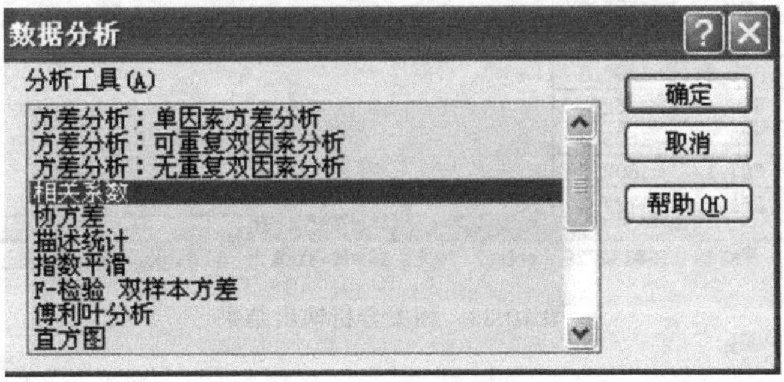

图 10-31 Excel 数据集

第二步：在输入区域输入＄B＄3：＄C＄26，分组方式选择逐列，选择标志位于第一行，在输出区域中输入＄E＄5，单击确定，得输出结果如图 10-33 所示。

在上面的输出结果中，身高和体重的自相关系数均为 1，身高和体重的相关系数为 0.996，和用函数计算的结果完全相同。

10.5.2 用 Excel 进行回归分析

Excel 进行回归分析同样分函数和回归分析宏两种形式，其提供了 9 个函数用于建立回归模型和预测。这 9 个函数分别是：

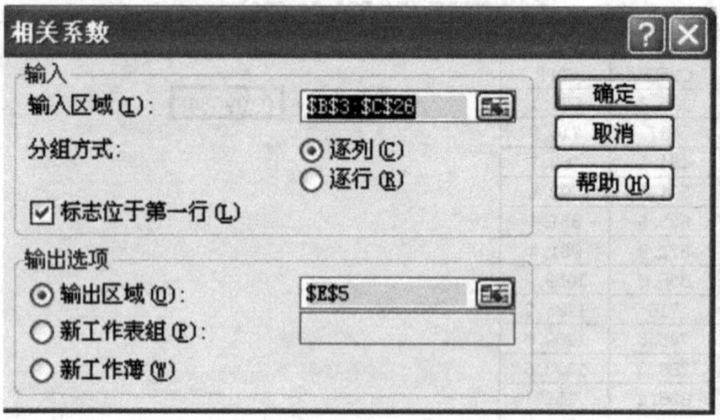

图 10-32　相关系数对话框

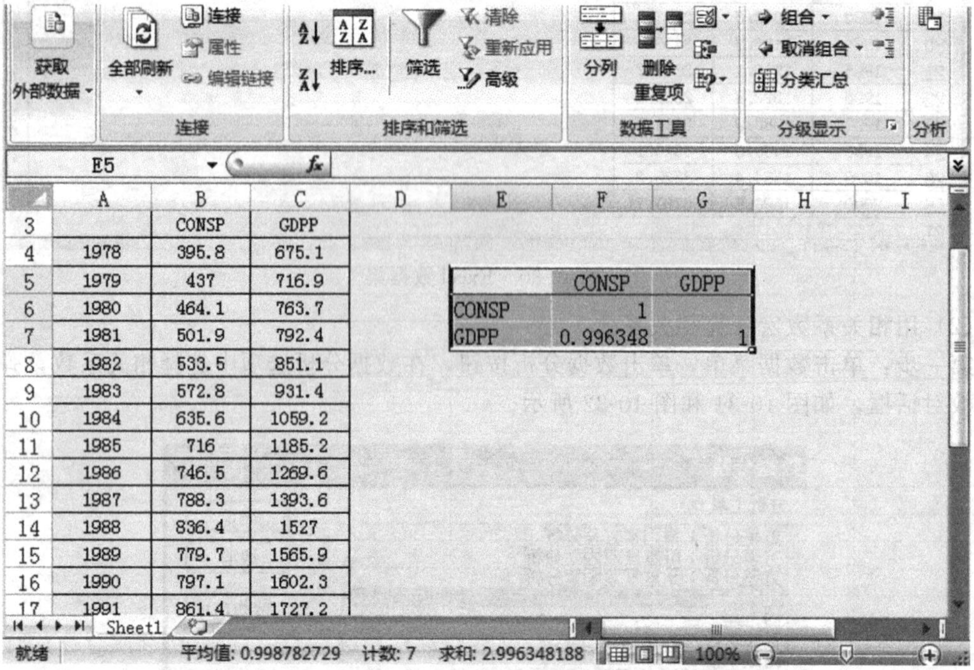

图 10-33　相关分析输出结果

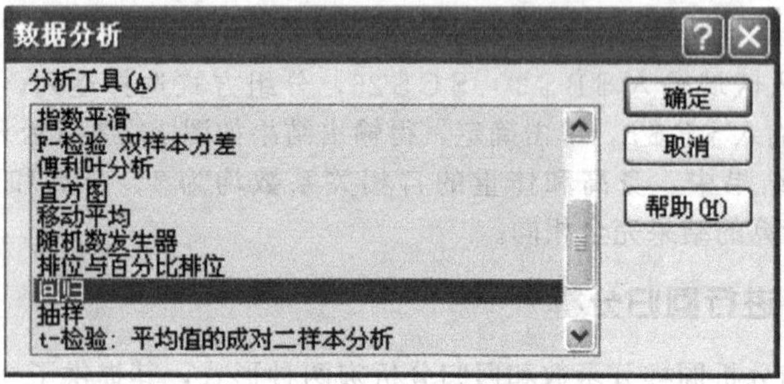

图 10-34　数据分析对话框

INTERCEPT 返回线性回归模型的截距
SLOPE 返回线性回归模型的斜率
RSQ 返回线性回归模型的判定系数

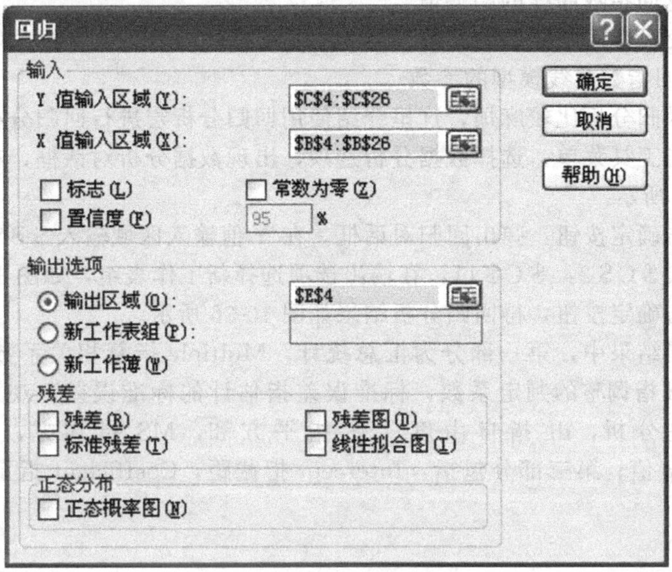

图 10-35　回归对话框

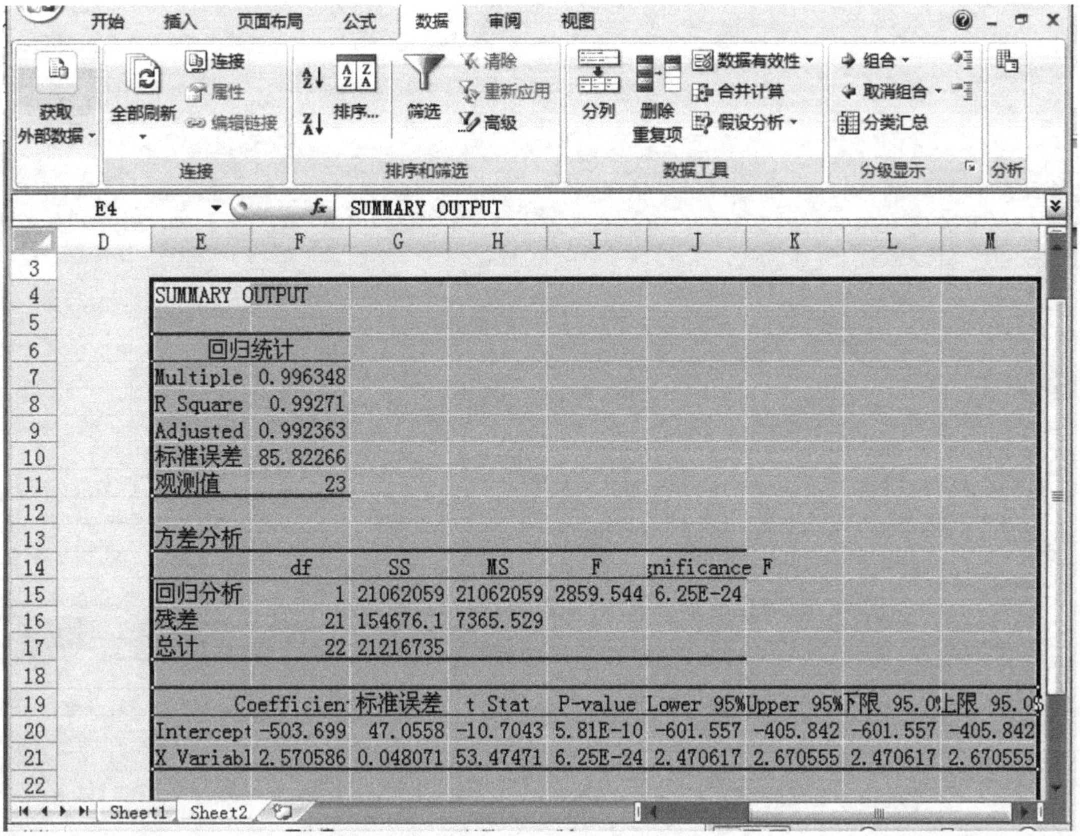

图 10-36　Excel 回归分析结果

FORECAST 返回一元线性回归模型的预测值
STEYX 计算估计的标准误
TREND 计算线性回归线的趋势值
GROWTH 返回指数曲线的趋势值
LINEST 返回线性回归模型的参数
LOGEST 返回指数曲线模型的参数

用函数进行回归分析比较麻烦，这里介绍使用回归分析宏进行回归分析。

第一步：单击工具菜单，选择数据分析选项，出现数据分析对话框，在分析工具中选择回归，如图 10-34 所示。

第二步：单击确定按钮，弹出回归对话框，在 Y 值输入区域输入＄B＄2：＄B＄11，在 X 值输入区域输入＄C＄2：＄C＄11，在输出选项选择新工作表组，如图 10-35 所示。

第三步：单击确定按钮，得回归分析结果如图 10-36 所示。

在上面的输出结果中，第一部分为汇总统计，Multiple 指复相关系数，R Square 指判定系数，Adjusted 指调整的判定系数，标准误差指估计的标准误差，观测值指样本容量；第二部分为方差分析，df 指自由度，SS 指平方和，MS 指均方，F 指 F 统计量，Significance F 指 p 值；第三部分包括：Intercept 指截距，Coefficient 指系数，tstat 指 t 统计量。

附录　常用统计数表

1　相关系数显著性检验表

$n-2$	α	0.10	0.05	0.02	0.01	0.001
1		0.98769	0.99625	0.99507	0.999877	0.9999988
2		0.90000	0.95000	0.98000	0.99000	0.999900
3		0.8054	0.8783	0.93433	0.95873	0.99116
4		0.7293	0.8114	0.8822	0.91720	0.97405
5		0.6694	0.7545	0.8329	0.8745	0.95074
6		0.6215	0.7067	0.7887	0.8343	0.92493
7		0.5822	0.6664	0.7498	0.7977	0.8982
8		0.5494	0.6319	0.7155	0.7646	0.8721
9		0.5214	0.6021	0.6851	0.7348	0.8471
10		0.4973	0.5760	0.6581	0.7079	0.8233
11		0.4762	0.5529	0.6339	0.6835	0.8010
12		0.4575	0.5324	0.6120	0.6614	0.7800
13		0.4409	0.5139	0.5923	0.6411	0.7603
14		04259	0.4973	0.5742	0.6226	0.7429
15		0.4123	0.4821	0.5577	0.6055	0.725
16		0.4000	0.4683	0.5425	0.5897	0.7084
17		0.3887	0.4555	0.5285	0.5751	0.6932
18		0.3783	0.4438	0.5155	0.5614	0.6787
19		0.3687	0.4329	0.5134	0.5487	0.6652
20		0.3593	0.4227	0.4921	0.5368	0.6524
25		0.3233	0.3809	0.4451	0.4869	0.5974
30		0.2960	0.3494	0.4093	0.4487	0.5541
35		0.2746	0.3426	0.3810	0.4182	0.5189
40		0.2573	0.3044	0.3578	0.3932	0.4896
45		0.2428	0.2875	0.3384	0.3721	0.4648
50		0.2306	0.2732	0.3213	0.3541	0.4433
60		0.2108	0.2500	0.2044	0.3243	0.4078
70		0.1954	0.2319	0.2737	0.3017	0.2799
80		0.1829	0.2172	0.2565	0.2880	0.3558
90		0.1726	0.2050	0.2422	0.2673	0.3375
100		0.1368	0.1946	0.2301	0.2540	0.3211

注：表中数字为临界值 $r(\alpha, n-2)$

2 标准正态分布表

$$\Phi(x)=\int_{-\infty}^{x}\frac{1}{\sqrt{2\pi}}e^{-\frac{t^2}{2}}\,dt=P(X\leqslant x)$$

x	0	1	2	3	4	5	6	7	8	9
0.0	0.5000	0.5040	0.5080	0.5120	0.5160	0.5199	0.5239	0.5279	0.5319	0.5359
0.1	0.5398	0.5438	0.5478	0.5517	0.5557	0.5596	0.5636	0.5675	0.5714	0.5753
0.2	0.5793	0.5832	0.5871	0.5910	0.5848	0.5987	0.6026	0.6064	0.6103	0.6141
0.3	0.6179	0.6217	0.6255	0.6293	0.6331	0.6368	0.6406	0.6443	0.6480	0.6517
0.4	0.6554	0.6591	0.6628	0.6664	0.6700	0.6736	0.6772	0.6808	0.6844	0.6879
0.5	0.6915	0.6950	0.6985	0.7019	0.7054	0.7088	0.7123	0.7157	0.7190	0.7224
0.6	0.7257	0.7219	0.7324	0.7357	0.7389	0.7422	0.7454	0.7486	0.7571	0.7549
0.7	0.7580	0.7611	0.7642	0.7673	0.7703	0.7734	0.7764	0.7794	0.7823	0.7852
0.8	0.7881	0.7910	0.7939	0.7967	0.7995	0.8023	0.8051	0.8087	0.8106	0.8133
0.9	0.8159	0.8186	0.8212	0.8283	0.8264	0.8289	0.8315	0.8340	0.8365	0.8389
1.0	0.8413	0.8438	0.8461	0.8485	0.8508	0.8531	0.8554	0.8577	0.8599	0.8621
1.1	0.8643	0.8665	0.8686	0.8708	0.8729	0.8749	0.8770	0.8790	0.8810	0.8830
1.2	0.8849	0.8869	0.8888	0.8907	0.8925	0.8944	0.8962	0.8980	0.8997	0.9015
1.3	0.9023	0.9049	0.9066	0.9082	0.9099	0.9115	0.9131	0.9147	0.9162	0.9177
1.4	0.9192	0.9207	0.9222	0.9236	0.9251	0.9265	0.9278	0.9292	0.9306	0.9319
1.5	0.9332	0.9345	0.9357	0.9370	0.9382	0.9394	0.9406	0.9418	0.9430	0.9441
1.6	0.9452	0.9463	0.9474	0.9484	0.9495	0.9505	0.9515	0.9525	0.9535	0.9545
1.7	0.9554	0.9564	0.9573	0.9582	0.9591	0.9599	0.9608	0.9616	0.9625	0.9633
1.8	0.9641	0.9648	0.9656	0.9664	0.9671	0.9678	0.9686	0.9693	0.9700	0.9706
1.9	0.9713	0.9719	0.9726	0.9732	0.9738	0.9744	0.9750	0.9756	0.9762	0.9767
2.0	0.9772	0.9778	0.9783	0.9788	0.9793	0.9798	0.9803	0.9808	0.9812	0.9817
2.1	0.9821	0.9826	0.9830	0.9834	0.9838	0.9842	0.9846	0.9850	0.9854	0.9857
2.2	0.9861	0.9864	0.9868	0.9871	0.9874	0.9878	0.9881	0.9884	0.9887	0.9890
2.3	0.9893	0.9896	0.9898	0.9901	0.9904	0.9906	0.9909	0.9911	0.9913	0.9916
2.4	0.9918	0.9920	0.9922	0.9925	0.9927	0.9929	0.9931	0.9932	0.9934	0.9936
2.5	0.9938	0.9940	0.9941	0.9943	0.9945	0.9946	0.9948	0.9949	0.9951	0.9952
2.6	0.9953	0.9955	0.9956	0.9957	0.9959	0.9960	0.9961	0.9962	0.9963	0.9964
2.7	0.9965	0.9966	0.9967	0.9968	0.9969	0.9970	0.9971	0.9972	0.9973	0.9974
2.8	0.9974	0.9975	0.9976	0.9977	0.9977	0.9978	0.9979	0.9979	0.9980	0.9981
2.9	0.9981	0.9982	0.9982	0.9983	0.9984	0.9984	0.9985	0.9985	0.9986	0.9986
3.0	0.9987	0.9990	0.9993	0.9995	0.9997	0.9998	0.9998	0.9999	0.9999	1.0000

3 t 分布表

$$P\{t(n)>t_\alpha(n)\}=\alpha$$

n	α=0.25	0.10	0.05	0.025	0.01	0.005
1	1.0000	3.0777	6.3138	12.7062	31.8207	63.6574
2	0.8165	1.8856	2.9200	4.3037	6.9646	9.9248
3	0.7649	1.6377	2.3534	3.1824	2.5407	5.8409
4	0.7407	1.5332	2.1318	2.7764	3.7469	4.6014
5	0.7267	1.4759	2.0150	2.5706	3.3649	4.0322
6	0.7176	1.4398	1.9432	2.4469	3.1427	3.7074
7	0.7111	1.4149	1.8946	2.3634	2.9980	3.4995
8	0.7064	1.3968	1.8595	2.3060	2.8965	3.3554
9	0.7027	1.3830	1.8331	2.2622	2.8214	3.2498
10	0.6998	1.3722	1.8125	2.2281	2.7638	3.1693
11	0.6974	1.3634	1.7959	2.2010	2.7181	3.1058
12	0.6955	1.3562	1.7823	2.1788	2.6810	3.0545
13	0.6938	1.3502	1.7709	2.1604	2.6503	3.0123
14	0.6924	1.3450	1.7613	2.1448	2.6245	2.9768
15	0.6912	1.3406	1.7531	2.1315	2.6205	2.9467
16	0.6901	1.3368	1.7459	2.1199	2.5835	2.9208
17	0.6892	1.3334	1.7396	2.1098	2.5669	2.8982
18	0.6884	1.3304	1.7341	2.1009	2.5524	2.8784
19	0.6876	1.3277	1.7291	2.0930	2.5395	2.8609
20	0.9870	1.3253	1.7247	2.0860	2.5280	2.8453
21	0.6864	1.3232	1.7207	2.0796	2.5177	2.8314
22	0.6858	1.3212	1.7171	2.0739	2.5083	2.8188
23	0.6853	1.3195	1.7139	2.0687	2.4999	2.8073
24	0.6848	1.3178	1.7109	2.0639	2.4922	2.7969
25	0.6844	1.3163	1.7108	2.0595	2.4851	2.7874
26	0.6840	1.3150	1.7056	2.0555	2.4786	2.7787
27	0.6837	1.3137	1.7033	2.0518	2.4727	2.7707
28	0.6834	1.3125	1.7011	2.0484	2.4671	2.7664
29	0.6830	1.3114	1.6991	2.0452	2.4620	2.7564
30	0.6828	1.304	1.6973	2.0423	2.4573	2.7500
31	0.6825	1.3095	1.6599	2.0395	2.4528	2.7440
32	0.6822	1.3086	1.6939	2.0369	2.4487	2.7385
33	0.6820	1.3077	1.6924	2.0345	2.4448	2.7333
34	0.6818	1.3070	1.6909	2.0322	2.4411	2.7384
35	0.6816	1.3062	1.6896	2.0301	2.4377	2.7238
36	0.6814	1.3055	1.6883	2.0281	2.4345	2.7195
37	0.6812	1.3049	1.6871	2.0262	2.4314	2.7154
38	0.6810	1.3042	1.6860	2.0244	2.4286	2.7116
39	0.6808	1.3036	1.6849	2.0227	2.4258	2.7079
40	0.6807	1.3031	1.6839	2.0211	2.4223	2.7045
41	0.6805	1.3025	1.6829	2.0195	2.4208	2.7012
42	1.6804	1.3020	1.6820	2.0181	2.4185	2.6981
43	1.6802	1.3016	1.6811	2.0167	2.4163	2.6951
44	1.6801	1.3011	1.6802	2.0154	2.4141	2.6923
45	0.6800	1.3006	1.6794	2.0141	2.4121	2.6896

4 F分布表

$$P\{F(n_1,n_2)>F_\alpha(n_1,n_2)\}=\alpha$$

$\alpha=0.10$

n_2 \ n_1	1	2	3	4	5	6	7	8	9
1	39.86	49.50	53.59	55.33	57.24	58.20	58.91	59.44	59.86
2	8.53	9.00	9.16	9.24	6.29	9.33	9.35	9.37	9.38
3	5.54	5.46	5.39	5.34	5.31	5.28	5.27	5.25	5.24
4	4.54	4.32	4.19	4.11	4.05	4.01	3.98	3.95	3.94
5	4.06	3.78	3.62	3.52	3.45	3.40	3.37	3.34	3.32
6	3.78	3.46	3.29	3.18	3.11	3.05	3.01	2.98	2.96
7	3.59	3.26	3.07	2.96	2.88	2.83	2.78	2.75	2.72
8	3.46	3.11	2.92	2.81	2.73	2.67	2.62	2.59	2.56
9	3.36	3.01	2.81	2.69	2.61	2.55	2.51	2.47	2.44
10	3.20	2.92	2.73	2.61	2.52	2.46	2.41	2.38	2.35
11	3.22	2.86	2.66	2.54	2.45	2.39	2.34	2.30	2.27
12	3.18	2.81	2.61	2.48	2.39	2.33	2.28	2.24	2.21
13	3.14	2.76	2.56	2.43	2.35	2.28	2.23	2.20	2.16
14	3.10	2.73	2.52	2.39	2.31	2.24	2.19	2.15	2.12
15	3.07	2.70	2.49	2.36	2.27	2.21	2.16	2.12	2.09
16	3.05	2.67	2.46	2.33	2.24	2.18	2.13	2.09	2.06
17	3.03	2.64	2.44	2.31	2.22	2.15	2.10	2.06	2.03
18	3.01	2.62	2.42	2.29	2.20	2.13	2.08	2.04	2.00
19	2.99	2.61	2.40	2.27	2.18	2.11	2.06	2.02	1.98
20	2.97	2.50	2.38	2.25	2.16	2.09	2.04	2.00	1.96
21	2.96	2.57	2.36	2.23	2.14	2.08	2.02	1.98	1.95
22	2.95	2.56	2.35	2.22	2.13	2.06	2.01	1.97	1.93
23	2.94	2.55	2.34	2.21	2.11	2.05	1.99	1.95	1.92
24	2.93	2.54	2.33	2.19	2.10	2.04	1.98	1.94	1.91
25	2.92	2.53	2.32	2.18	2.09	2.02	1.97	1.93	1.89
26	2.91	2.52	2.31	2.17	2.08	2.01	1.96	1.92	1.88
27	2.90	2.51	2.30	2.17	2.07	2.00	1.95	1.91	1.87
28	2.89	2.50	2.98	2.16	2.06	2.00	1.93	1.90	1.87
29	2.89	2.50	2.88	2.15	2.06	1.99	1.93	1.89	1.86
30	2.88	2.49	2.22	2.14	2.05	1.98	1.93	1.88	1.85
40	2.84	2.41	2.23	2.00	2.00	1.93	1.87	1.83	1.79
60	2.79	2.39	2.18	2.04	1.95	1.87	1.82	1.77	1.74
120	2.75	2.35	2.13	1.99	1.90	1.82	1.77	1.72	1.68
∞	2.71	2.30	2.08	1.94	1.85	1.77	1.72	1.67	1.63

n_2 \ n_1	10	12	15	20	24	30	40	60	120	∞
1	60.19	60.71	61.22	61.74	62.06	62.26	62.53	62.79	63.06	63.33
2	9.39	9.41	9.42	9.44	9.45	9.46	9.47	9.47	9.48	9.49
3	5.23	5.22	5.20	5.18	5.18	5.17	5.16	5.15	5.14	5.13
4	3.92	3.90	3.87	3.84	3.83	3.82	3.80	3.79	3.78	3.76

续表

n_2 \ n_1	10	12	15	20	24	30	40	60	120	∞
5	3.30	3.27	3.24	3.21	3.19	3.17	3.16	3.14	3.12	3.10
6	2.94	2.90	2.87	2.84	2.82	2.80	2.78	2.76	2.74	2.72
7	2.70	2.67	2.63	2.59	2.58	2.56	2.54	2.51	2.49	2.47
8	2.54	2.50	2.46	2.42	2.40	2.38	2.36	2.34	2.32	2.29
9	2.42	2.38	2.34	2.30	2.28	2.25	2.23	2.21	2.18	2.16
10	2.32	2.28	2.24	2.20	2.18	2.16	2.13	2.11	2.08	2.06
11	2.25	2.21	2.17	2.12	2.10	2.08	2.05	2.03	2.00	1.97
12	2.19	2.15	2.10	2.06	2.04	2.01	1.99	1.96	1.93	1.90
13	2.14	2.10	2.05	2.01	1.98	1.96	1.93	1.90	1.88	1.85
14	2.10	2.05	2.01	1.96	1.94	1.91	1.89	1.82	1.83	1.80
15	2.06	2.02	1.97	1.92	1.90	1.87	1.85	1.82	1.79	1.76
16	2.03	1.99	1.94	1.89	1.87	1.84	1.81	1.78	1.75	1.72
17	2.00	1.96	1.91	1.86	1.84	1.81	1.78	1.75	1.72	1.69
18	1.98	1.93	1.89	1.84	1.81	1.78	1.75	1.72	1.69	1.66
19	1.96	1.91	1.86	1.81	1.79	1.76	1.73	1.70	1.67	1.63
20	1.94	1.89	1.84	1.79	1.77	1.74	1.71	1.68	1.64	1.61
21	1.92	1.87	1.83	1.78	1.75	1.72	1.69	1.66	1.62	1.59
22	1.90	1.86	1.81	1.76	1.73	1.70	1.69	1.64	1.60	1.57
23	1.89	1.84	1.80	1.74	1.72	1.69	1.66	1.62	1.59	1.55
24	1.88	1.83	1.78	1.73	1.70	1.67	1.64	1.60	1.57	1.53
25	1.87	1.82	1.77	1.72	1.69	1.66	1.63	1.59	1.56	1.52
26	1.86	1.81	1.76	1.71	1.68	1.65	1.61	1.58	1.54	1.50
27	1.85	1.80	1.75	1.70	1.67	1.64	1.60	1.57	1.53	1.49
28	1.84	1.79	1.74	1.69	1.66	1.63	1.59	1.56	1.52	1.48
29	1.83	1.78	1.73	1.68	1.65	1.62	1.58	1.55	1.51	1.47
30	1.82	1.77	1.72	1.67	1.64	1.61	1.57	1.54	1.50	1.46
40	1.76	1.71	1.71	1.61	1.57	1.54	1.51	1.47	1.42	1.38
60	1.71	1.66	1.66	1.54	1.51	1.48	1.44	1.40	1.35	1.29
120	1.65	1.60	1.60	1.48	1.45	1.41	1.37	1.32	1.36	1.19
∞	1.60	1.55	1.55	1.42	1.38	1.34	1.30	1.24	1.17	1.00

$\alpha=0.05$

n_2 \ n_1	1	2	3	4	5	6	7	8	9
1	161.4	199.5	215.7	224.6	230.2	234.0	236.8	238.9	240.5
2	18.51	19.00	19.25	19.25	19.30	19.33	19.35	19.37	19.38
3	10.13	9.55	9.12	9.12	9.90	8.94	8.89	8.85	8.81
4	7.71	6.94	6.39	6.39	6.26	6.16	6.09	6.04	6.00
5	6.61	5.79	5.41	5.19	5.05	4.95	4.88	4.82	4.77
6	5.99	5.14	4.76	4.53	4.39	4.28	4.21	1.15	4.10
7	5.59	4.74	4.35	4.12	3.97	3.87	3.79	3.73	3.68
8	5.32	4.46	4.07	3.84	3.69	3.58	3.50	3.44	3.69
9	5.12	4.26	3.86	3.63	3.48	3.37	3.29	3.23	3.18

续表

n_2 \ n_1	1	2	3	4	5	6	7	8	9
10	4.96	4.10	3.71	3.48	3.33	3.22	3.14	3.07	3.02
11	4.84	3.98	3.59	3.36	3.20	3.09	3.01	2.95	2.90
12	4.75	3.89	3.49	3.26	3.11	3.00	2.91	2.85	2.80
13	4.67	3.81	3.41	3.18	3.03	2.92	2.83	2.77	2.71
14	4.60	3.74	3.34	3.11	2.96	2.85	2.76	2.70	2.65
15	4.54	3.68	3.29	3.06	2.90	2.79	2.71	2.64	2.59
16	4.49	3.63	3.24	3.01	2.85	2.74	2.66	2.59	2.54
17	4.45	3.59	3.20	2.96	2.81	2.70	2.61	2.55	2.49
18	4.41	3.55	3.16	2.93	2.77	2.66	2.58	2.51	2.46
19	4.38	3.52	3.13	2.90	2.74	2.63	2.54	2.48	2.42
20	4.35	3.49	3.10	2.87	2.71	2.60	2.51	2.45	2.39
21	4.32	3.47	3.07	2.84	2.68	2.57	2.49	2.42	2.37
22	4.30	3.44	3.05	2.82	2.66	2.55	2.46	2.40	2.34
23	4.28	3.42	3.03	2.80	2.64	2.53	2.44	2.37	2.32
24	4.26	3.40	3.01	2.78	2.62	2.51	2.42	2.36	2.30
25	4.24	3.39	2.99	2.76	2.60	2.49	2.40	2.34	2.28
26	4.23	3.37	2.98	2.74	2.59	2.47	2.39	2.32	2.27
27	4.21	3.35	2.96	2.73	2.57	2.46	2.37	2.31	2.25
28	4.20	3.34	2.95	2.71	2.56	2.45	2.36	2.29	2.24
29	4.18	3.33	2.93	2.70	2.55	2.43	2.35	2.28	2.22
30	4.17	3.32	2.92	2.69	2.53	2.42	2.33	2.27	2.21
40	4.08	3.23	2.84	2.61	2.45	2.34	2.25	2.18	2.12
60	4.00	3.15	2.76	2.53	2.37	2.25	2.17	2.10	2.04
120	3.92	3.07	2.68	2.45	2.29	2.17	2.09	2.02	2.96
∞	3.84	3.00	2.60	2.37	2.21	2.10	2.01	1.94	1.88

n_2 \ n_1	10	12	15	20	24	30	40	60	120	∞
1	241.9	243.9	245.9	248.0	249.1	250.1	251.1	252.2	253.3	254.3
2	19.40	19.41	19.43	19.45	19.45	19.46	19.47	19.48	19.49	19.50
3	8.79	8.74	8.70	8.66	8.64	8.62	8.59	8.57	8.55	8.53
4	5.96	5.91	5.86	5.80	5.77	5.75	5.72	5.69	5.66	5.63
5	4.74	4.68	4.62	4.56	4.53	4.50	4.46	4.43	4.40	4.36
6	4.06	4.00	3.94	3.87	3.84	3.81	3.77	3.74	3.70	3.67
7	3.64	3.57	3.51	3.44	3.41	3.38	3.34	3.30	3.27	3.23
8	3.35	3.28	3.22	3.15	3.12	3.08	3.04	3.01	2.97	2.93
9	3.14	3.07	3.01	2.94	2.90	2.86	2.83	2.79	2.95	2.71
10	2.98	2.91	2.85	2.77	2.74	2.70	2.66	2.62	2.58	2.54
11	2.85	2.79	2.72	2.65	2.61	2.57	2.53	2.49	2.45	2.40
12	2.75	2.69	2.62	2.54	2.51	2.47	2.43	2.38	2.34	2.30
13	2.67	2.60	2.53	2.46	2.42	2.38	2.34	2.30	2.25	2.21
14	2.60	2.53	2.46	2.39	2.35	2.31	2.27	2.22	2.18	2.13
15	2.54	2.48	2.40	2.33	2.29	2.25	2.20	2.16	2.11	2.07
16	2.49	2.42	2.35	2.28	2.24	2.19	2.15	2.11	2.06	2.01
17	2.45	2.38	2.31	2.23	2.19	2.15	2.10	2.06	2.01	1.96
18	2.41	2.34	2.27	2.19	2.15	2.11	2.06	2.02	1.97	1.92
19	2.38	2.31	2.23	2.16	2.11	2.07	2.03	1.98	1.93	1.88

续表

n_2 \ n_1	10	12	15	20	24	30	40	60	120	∞
20	2.35	2.28	2.20	2.12	2.08	2.04	1.99	1.95	1.90	1.84
21	2.32	2.25	2.18	2.10	2.05	2.01	1.96	1.92	1.87	1.81
22	2.30	2.23	2.15	2.07	2.03	1.98	1.94	1.89	1.84	1.78
23	2.27	2.20	2.13	2.05	2.01	1.96	1.91	1.86	1.81	1.76
24	2.25	2.18	2.11	2.03	1.98	1.94	1.89	1.84	1.79	1.73
25	2.24	2.16	2.09	2.01	1.96	1.92	1.87	1.82	1.77	1.71
26	2.22	2.15	1.07	1.99	1.95	1.90	1.85	1.80	1.75	1.69
27	2.20	2.13	1.06	1.97	1.93	1.88	1.84	1.79	1.73	1.67
28	2.19	2.12	1.04	1.96	1.91	1.87	1.82	1.77	1.71	1.65
29	2.18	2.10	1.03	1.94	1.90	1.85	1.81	1.75	1.70	1.64
30	2.16	2.09	2.01	1.93	1.89	1.84	1.79	1.74	1.68	1.62
40	2.08	2.00	1.92	1.84	1.79	1.74	1.69	1.64	1.58	1.51
60	1.99	1.92	1.84	1.75	1.70	1.65	1.59	1.53	1.47	1.39
120	1.91	1.83	1.75	1.66	1.61	1.55	1.50	1.43	1.35	1.25
∞	1.83	1.75	1.67	1.57	1.52	1.46	1.39	1.32	1.22	1.00

$\alpha=0.01$

n_2 \ n_1	1	2	3	4	5	6	7	8	9
1	4052	4999.5	5403	5626	5764	5859	5928	5982	6062
2	98.50	99.00	99.17	99.25	99.30	99.33	99.36	99.37	99.39
3	34.12	30.82	29.46	28.71	28.24	27.91	27.67	27.49	27.35
4	21.20	18.00	16.69	15.98	15.52	15.21	14.98	14.80	14.66
5	16.26	13.27	12.06	11.39	10.97	10.67	10.46	10.29	10.16
6	13.75	10.92	9.78	9.15	8.75	8.47	8.46	8.10	7.98
7	12.25	9.55	8.45	7.85	7.46	7.19	6.99	6.84	6.72
8	11.26	8.65	7.59	7.01	6.63	6.37	6.18	6.03	5.91
9	10.56	8.02	6.99	6.42	6.06	5.80	5.61	5.47	5.35
10	10.04	7.56	6.55	5.99	5.64	5.39	5.20	5.06	4.94
11	9.65	7.21	6.22	5.67	5.32	5.07	4.49	4.74	4.63
12	9.33	6.93	5.95	5.41	5.06	4.82	4.64	4.50	4.39
13	9.07	6.70	5.74	5.21	4.86	4.62	4.44	4.30	4.19
14	8.86	6.51	5.56	5.04	4.69	4.46	4.28	4.14	4.03
15	8.68	6.36	5.42	4.89	4.56	4.32	4.14	4.00	3.89
16	8.53	6.23	5.29	4.77	4.44	4.20	4.03	3.39	3.78
17	8.40	6.11	5.18	4.67	4.34	4.10	3.93	3.79	3.68
18	8.29	6.01	5.09	4.58	4.25	4.01	3.84	3.71	3.60
19	8.18	5.93	5.01	4.50	4.17	3.94	3.77	3.63	3.52
20	8.10	5.85	4.94	4.43	4.10	3.87	3.70	3.56	3.46
21	8.02	5.78	4.87	4.37	4.04	3.81	3.64	3.51	3.40
22	7.95	5.72	4.82	4.31	3.99	3.76	3.59	3.45	3.35
23	7.88	5.66	4.76	4.26	3.94	3.71	3.54	3.41	3.30
24	7.82	5.61	4.72	4.22	3.90	3.67	3.50	3.36	3.26
25	7.77	5.57	4.68	4.18	3.85	3.63	3.46	3.32	3.22
26	7.72	5.53	4.64	4.14	3.82	3.59	3.42	3.29	3.18
27	7.68	5.49	4.60	4.11	3.78	3.56	3.39	3.26	3.15
28	7.64	5.45	4.57	4.07	3.75	3.53	3.36	3.23	3.12
29	7.60	5.42	4.54	4.04	3.73	3.50	3.33	3.20	3.09

续表

n_2 \ n_1	1	2	3	4	5	6	7	8	9
30	7.56	5.39	4.51	4.02	3.70	3.47	3.31	3.17	3.07
40	7.31	5.18	4.31	3.83	3.51	3.29	3.12	2.99	2.89
60	7.08	4.98	4.13	3.65	3.34	3.12	3.95	2.82	2.72
120	6.85	4.79	3.95	3.48	3.17	2.96	2.79	2.96	2.56
∞	6.63	4.61	3.78	3.32	3.02	2.80	2.64	2.51	2.41

n_2 \ n_1	10	12	15	20	24	30	40	60	120	∞
1	6056	6106	6157	6209	6235	6261	6287	6313	6339	6366
2	99.40	99.42	99.43	99.45	99.46	99.47	99.47	99.48	99.49	99.50
3	27.33	27.05	26.87	26.69	26.60	26.50	26.41	26.32	26.22	26.13
4	14.55	14.37	14.20	14.02	13.93	13.84	13.75	13.65	13.56	13.46
5	10.05	9.29	9.72	9.55	9.47	9.38	9.29	9.20	9.11	9.02
6	7.87	7.72	7.56	7.40	7.31	7.23	7.14	7.06	6.97	6.88
7	6.62	6.47	6.31	6.16	6.07	5.99	5.91	5.82	5.74	5.65
8	5.81	5.67	5.52	5.36	5.28	5.20	5.12	5.03	4.95	4.86
9	5.26	5.11	4.96	4.81	4.73	4.65	4.57	4.48	4.40	4.31
10	4.85	4.71	4.56	4.41	4.33	4.25	4.17	4.08	4.00	3.91
11	4.54	4.40	4.25	4.10	4.02	3.95	3.86	3.78	3.69	3.60
12	4.30	4.16	4.01	3.86	3.78	3.70	3.62	3.54	3.45	3.36
13	4.10	3.96	3.82	3.66	3.59	3.51	3.43	3.34	3.25	3.17
14	3.94	3.80	3.66	3.51	3.43	3.35	4.27	3.18	3.09	3.00
15	3.80	3.67	3.52	3.37	3.29	3.21	3.13	3.05	2.96	2.87
16	3.69	3.55	3.41	3.26	3.18	3.10	3.02	2.93	2.84	2.74
17	3.59	3.46	3.31	3.16	308	3.00	2.92	2.83	2.75	2.65
18	3.51	3.37	3.23	3.08	3.00	2.92	2.84	2.75	2.66	2.57
19	3.34	3.30	3.15	3.00	2.92	2.84	2.76	2.67	2.58	2.49
20	3.37	3.23	3.09	2.94	2.86	2.78	2.69	2.61	2.52	2.42
21	3.31	3.17	3.03	2.88	2.80	2.72	2.64	2.55	2.46	2.36
22	3.26	3.12	2.98	2.83	2.75	2.67	2.58	2.50	2.40	2.31
23	3.21	3.07	2.93	2.78	2.70	2.62	2.54	2.45	2.35	2.26
24	3.17	3.03	2.89	2.74	2.66	2.58	2.49	2.40	2.31	2.21
25	3.13	2.99	2.85	2.70	2.62	2.54	2.45	2.36	2.27	2.17
26	3.09	2.96	2.81	2.66	2.58	2.50	2.42	2.33	2.23	2.13
27	3.06	2.93	2.78	2.63	2.55	2.47	2.38	2.29	2.20	2.10
28	3.03	2.90	2.75	2.60	2.52	2.44	2.35	2.26	2.17	2.06
29	3.00	2.87	2.73	2.57	2.49	2.41	2.33	2.23	2.14	2.03
30	2.98	2.84	2.70	2.55	2.47	2.39	2.30	2.21	2.11	2.01
40	2.80	2.66	2.52	2.37	2.29	2.20	2.11	2.02	1.92	1.80
60	2.63	2.50	2.35	2.20	2.12	2.03	1.94	1.84	1.78	1.60
120	2.47	2.34	2.19	2.03	1.95	1.86	1.76	1.66	1.53	1.38
∞	2.32	2.18	2.04	1.88	1.79	1.70	1.59	1.47	1.32	1.00

参 考 文 献

[1] 徐国祥. 统计学. 上海：上海人民出版社，2007.

[2] 贾俊平，金勇进. 统计学. 北京：中国人民大学出版社，2004.

[3] 黄良文，曾五一. 统计学原理. 北京：中国统计学出版社，2000.

[4] 陈珍珍，罗乐勤. 统计学. 北京：科学出版社，2006.

[5] 刘晓利. 统计学原理. 北京：北京大学出版社，中国林业出版社，2007.

[6] 尉雪波. 统计学. 北京：经济科学出版社，中国林业出版社，2008.

[7] 王文博，赵昌昌. 统计学——经济社会统计. 西安：西安交通大学出版社，2005.

[8] 董云展. 统计学. 北京：高等教育出版社，2008.

[9] 王松桂，陈敏，陈立萍. 线性统计模型——线性回归与方差分析. 北京：高等教育出版社，1999.

[10] 赵卫亚. 计量经济学教程. 上海：上海财经大学出版社，2003.